4°Y²
2537

LES PIRATES DES PRAIRIES PAR GUSTAVE AIMARD.

F. ROY, éditeur, 222, boulevard Saint-Germain, PARIS.

LES

# PIRATES DES PRAIRIES

SCEAUX. — IMPRIMERIE CHARAIRE ET FILS

LES

# PIRATES DES PRAIRIES

PAR

## GUSTAVE AIMARD

PARIS
F. ROY, LIBRAIRE-ÉDITEUR
222, BOULEVARD SAINT-GERMAIN, 222

1891

Liv. 99. F. ROY. Reproduction interdite.   1. PIRATES DES PRAIRIES.

# LES
# PIRATES DES PRAIRIES

## I

### LA CACHE

Deux mois se sont écoulés. Nous sommes dans le désert. Devant nous se déroule l'immensité. Quelle plume assez éloquente oserait entreprendre de décrire ces incommensurables océans de verdure auxquels les Américains du Nord ont, dans leur langage imagé, donné le nom poétique et mystérieux de *Far West* (Ouest lointain), c'est-à-dire la région inconnue par excellence, aux aspects à la fois grandioses et saisissants, doux et terribles, prairies sans bornes, dans lesquelles on trouve cette *flore* riche, puissante, échevelée et d'une vigueur de production contre laquelle l'Inde seule peut lutter?

Ces plaines n'offrent d'abord à l'œil ébloui du voyageur téméraire qui ose s'y hasarder qu'un vaste tapis de verdure émaillé de fleurs, sillonné par de larges rivières, et paraissent d'une régularité désespérante, se confondant à l'horizon avec l'azur du ciel.

Ce n'est que peu à peu, lorsque la vue s'habitue à ce tableau, que, quittant l'ensemble pour les détails, on distingue çà et là des collines assez élevées, les bords escarpés des cours d'eau, enfin mille accidents imprévus qui rompent agréablement cette monotonie dont le regard est d'abord attristé, et que les hautes herbes et les gigantesques productions de la flore cachent complètement.

Comment énumérer les produits de cette nature primitive, qui s'élancent, se heurtent, se croisent et s'entrelacent à l'infini, décrivant des paraboles majestueuses, formant des arcades grandioses et complétant enfin le plus splendide et le plus sublime spectacle qu'il soit donné à l'homme d'admirer par ses éternels contrastes et ses harmonies saisissantes?

Au-dessus des gigantesques fougères, des *mezquites*, des cactus, des nopals, des mélèzes et des arbousiers chargés de fruits, s'élèvent l'acajou aux feuilles oblongues, le *moriche* ou arbre à pin, l'*abanijo* dont les larges feuilles se développent en éventail, le *pirijao* qui laisse pendre les énormes grappes de ses fruits dorés, le palmier royal dont le tronc est denué de feuilles et qui balance au moindre souffle sa tête majestueuse et touffue, la canne de l'Inde, le limonier, le goyavier, le bananier, le *chirimoya* au fruit enivrant, le chêne-liège, l'arbre du Pérou, le palmier à cire distillant sa gomme résineuse.

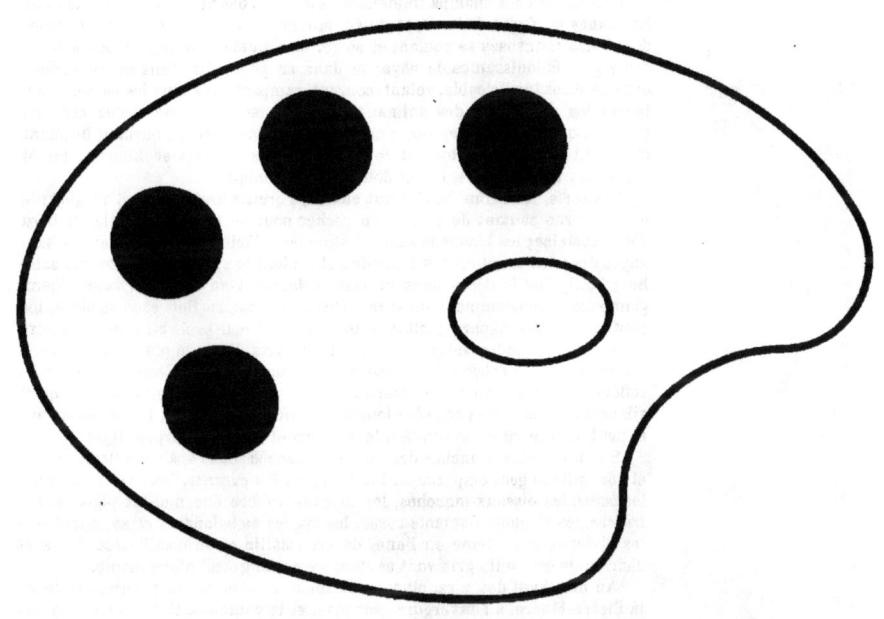

**Original en couleur
NF Z 43-120-8**

Puis ce sont des champs immenses de dahlias, des fleurs plus blanches que les neiges du *Coffre de Perote* et du Chimborazo, ou plus rouges que le sang, des lianes immenses se roulant et se tordant autour du tronc des arbres, des vignes éblouissantes de sève; et dans ce pêle-mêle, dans ce tohu-bohu, dans ce chaos inextricable, volant, courant, rampant dans tous les sens et dans toutes les directions, des animaux de toutes sortes et de toutes espèces, oiseaux, quadrupèdes, reptiles, amphibies, chantant, criant, hurlant, bramant et sifflant sur tous les tons et toutes les notes du clavier humain, tantôt moqueurs et menaçants, tantôt doux et mélancoliques.

Les cerfs, les daims bondissant effarés, l'oreille droite et l'œil au guet; le longue-corne sautant de rocher en rocher pour se poser immobile au bord d'un précipice; les bisons pesants et stupides à l'œil triste; les chevaux sauvages dont les nombreuses manades ébranlent le sol dans leur course sans but; l'alligator le corps dans la vase et dormant au soleil; l'*iguane* hideux grimpant nonchalamment après un arbre; le *puma*, ce lion sans crinière, les panthères et les jaguars guettant sournoisement leur proie au passage; l'ours brun, le gourmand chasseur de miel; l'ours gris, l'hôte le plus redoutable de ces contrées; le *cotejo* à la morsure venimeuse; le caméléon, dont la robe reflète toutes les nuances; le lézard vert, le basilic enfin, pêle-mêle et rampant silencieux et sinistres sous les feuilles; le monstrueux boa; le serpent corail, si petit et si terrible; le *cascabel*, le *macaurel* et le grand serpent tigré.

Sur les hautes branches des herbes et cachée sous l'épais feuillage, chante et gazouille la gent emplumée: les *tanagras*, les *curassos*, les *loros* braillards, les *haras*, les oiseaux-mouches, les toucans au bec énorme, les pigeons, les *trogons*, les élégants flamants roses, les cygnes se balançant et se jouant sur les rivières, et de liane en liane, de broussaille en broussaille, les légers et charmants écureuils gris vont sautant avec une grâce inimaginable.

Au plus haut des airs, planant en longs cercles sur la prairie, l'aigle de la Sierra-Madre, à l'envergure immense, et le vautour à tête chauve, choisissent la proie sur laquelle ils vont s'abattre avec la rapidité de la foudre.

Puis, tout à coup, écrasant sous les sabots de son cheval le sable et les cailloux pailletés d'or étincelant au soleil, apparaît, comme par enchantement, un Indien à la peau rouge et luisante comme du cuivre neuf, aux membres robustes, aux gestes empreints de grâce et de majesté et à l'œil dominateur; un Indien Pawnie, Navajoé, Comanche, Apache ou Sioux, qui, faisant tournoyer son lasso ou son lakki autour de sa tête, chasse devant lui une troupe de buffles épouvantés ou de chevaux sauvages, ou bien une panthère, une once ou un jaguar, qui fuient en bondissant avec de sourds hurlements de frayeur et de rage.

Cet enfant du désert, si grand, si noble et si dédaigneux du péril, qui traverse les prairies avec une vélocité incroyable, qui en connaît les mille détours, est bien réellement le roi de ce pays étrange, que seul il peut parcourir de nuit et de jour, dont il ne redoute pas les dangers sans nombre; luttant corps à corps contre la civilisation européenne qui s'avance pas à pas, l'accule dans ses derniers retranchements et l'envahit de toutes parts.

Aussi, malheur au trappeur ou au chasseur qui se risque à traverser

OEUVRES DE GUSTAVE AIMARD

LE SACHEM STANAPAT.

N° 4. — Reproduction interdite.   F. ROY, éditeur.

isolément ces parages! Ses os blanchiront dans la prairie et sa chevelure ornera le bouclier d'un chef indien ou la crinière de son cheval.

Tel est l'aspect sublime, saisissant et terrible que présente encore aujourd'hui le Far West.

Le jour où nous reprenons notre récit, au moment où le soleil atteignait son zénith, le silence funèbre qui planait sur le désert fut tout à coup troublé par un léger bruit qui se fit entendre dans les buissons touffus qui bordent le Rio-Gila, dans un des parages les plus inexplorés de ces solitudes.

Les branches s'écartèrent avec précaution, et au milieu des feuilles et des lianes un homme montra son visage ruisselant de sueur et empreint d'une expression de terreur et de désespoir.

Cet homme, après avoir regardé autour de lui avec inquiétude et s'être assuré que nul ne l'épiait, dégagea lentement et avec hésitation son corps des herbes et des broussailles qui le cachaient, fit quelques pas dans la direction du fleuve et se laissa tomber sur le sol en poussant un profond soupir.

Presque en même temps, un énorme molosse croisé de loup et de terre-neuve bondit hors des buissons et se coucha à ses pieds.

L'homme qui venait d'apparaître si inopinément sur les rives du Rio-Gila était le Cèdre-Rouge !

Sa position semblait des plus critiques, car il était seul dans ce désert, sans armes et sans vivres !

Nous disons sans armes, parce que le long couteau pendu à sa ceinture de peau de daim lui était presque inutile.

Dans le Far West, cet océan infini de verdure, un homme désarmé est un homme mort !

La lutte lui devient impossible contre les innombrables ennemis qui le guettent au passage et n'attendent qu'une occasion favorable pour l'attaquer.

Le Cèdre-Rouge était privé de ces richesses inestimables du chasseur : un rifle, un cheval.

De plus, il était seul !

L'homme, tant qu'il voit son semblable, quand même ce semblable serait un ennemi, ne se croit pas abandonné. Au fond de son cœur, il reste un espoir vague dont il ne se rend pas compte, mais qui le soutient et lui donne du courage.

Mais, dès que toute figure humaine a disparu, que l'homme, grain de sabre imperceptible dans le désert, se retrouve face à face avec Dieu, il tremble, car alors le sentiment de sa faiblesse se révèle à lui ; il comprend combien il est chétif devant ces œuvres colossales de la nature et combien est insensée la lutte qu'il lui faut soutenir pour soulever un coin du linceul de sable qui s'abaisse peu à peu sur lui et l'enserre de tous les côtés à la fois.

Le Cèdre-Rouge était un vieux coureur des bois. Maintes fois, pendant ses excursions dans les prairies, il s'était trouvé dans des situations presque désespérées, et toujours il s'en était tiré à force d'audace, de patience et surtout de volonté.

1. Voir le *Chercheur de pistes*.

Seulement, jamais encore il ne s'était vu aussi complètement dénué de tout qu'en ce moment.

Il lui fallait cependant prendre un parti.

Il se leva en poussant un juron à demi étouffé, puis, sifflant son chien, seul être qui lui fût resté fidèle dans son malheur, il se mit lentement en marche, sans même se donner la peine de s'orienter

En effet, qu'avait-il besoin de choisir une direction ? toutes n'étaient-elles pas bonnes pour lui et ne devaient-elles pas, après un laps de temps plus ou moins long, aboutir au même point... la mort !

Il chemina ainsi pendant quelques heures, la tête basse, voyant autour de lui bondir les asshatas et les bighorns, qui semblaient le narguer. Les bisons daignaient à peine relever la tête à son passage, et le regardaient, de leur grand œil mélancolique, comme s'ils comprenaient que leur implacable ennemi était désarmé et qu'ils n'avaient rien à redouter de lui.

Les elks, posés en équilibre sur la pointe des rochers, sautaient et gambadaient autour de lui, pendant que son chien, qui ne comprenait rien à cette chose toute nouvelle pour lui, regardait son maître et paraissait lui demander ce que tout cela voulait dire.

La journée se passa ainsi tout entière, sans apporter le moindre changement en bien dans la position du squatter, mais, au contraire, l'aggravant.

Le soir arrivé, il se laissa tomber sur le sable, éguisé de fatigue et de faim.

Le soleil avait disparu. L'ombre envahissait rapidement la prairie.

Déjà se faisaient entendre les hurlements des bêtes fauves qui, la nuit, sortent de leurs repaires pour se désaltérer et aller en quête de leur pâture.

Le squatter désarmé ne pouvait allumer de feu pour les éloigner.

Il regarda autour de lui ; un dernier instinct de conservation, peut-être cette suprême lueur d'espérance, étincelle divine qui ne s'éteint jamais au cœur de l'homme le plus malheureux, l'engagea à chercher un abri.

Il monta sur un arbre, et, après s'être solidement attaché de crainte d'une chute, si, ce qui n'était pas probable, il s'endormait, il ferma les yeux et chercha le sommeil, afin de tromper au moins quelques instants la faim qui le consumait et d'oublier sa déplorable position.

Mais le sommeil ne visite pas ainsi les malheureux, et c'est justement lorsqu'on l'appelle de tous ses vœux qu'il s'obstine à ne pas venir.

Nul, s'il ne l'a pas éprouvé lui-même, ne peut se figurer l'horreur d'une nuit d'insomnie dans le désert.

Les ténèbres se peuplent de spectres lugubres ; les bêtes fauves hurlent, les serpents s'enroulent après les arbres, prennent parfois dans leurs anneaux froids et visqueux le misérable à demi mort de frayeur.

Personne ne peut dire de combien de siècles se compose une minute dans cette effroyable situation, et quelle est la longueur de ce cauchemar, pendant lequel l'esprit bourrelé et maladif crée, comme à plaisir, les plus monstrueuses élucubrations, surtout lorsque l'estomac est vide et que, par cela même, le cerveau est plus facilement envahi par le délire.

Au lever du soleil, le squatter poussa un soupir de soulagement.

Pourtant, que signifiait pour lui l'apparition de la lumière, si ce n'est le commencement d'un jour de souffrances intolérables et d'effroyables tortures ? Mais au moins il voyait clair ; il pouvait se rendre compte de ce qui se passait autour de lui ; le soleil le réchauffait et lui redonnait un peu de force.

Il descendit de l'arbre sur lequel il avait passé la nuit et se remit en route.

Pourquoi marchait-il ? Il ne le savait pas lui-même ; cependant il marchait comme s'il avait eu un but à atteindre, quoiqu'il sût pertinemment qu'il n'avait de secours à attendre de personne, et qu'au contraire, dans ce désert immense, le premier visage qu'il apercevrait serait celui d'un ennemi.

Mais l'homme dont l'esprit est fortement trempé est ainsi fait. Jamais il ne s'abandonne, il lutte jusqu'au dernier moment, et, s'il ne veut pas compter sur la Providence, il espère, sans oser se l'avouer à lui-même, dans le hasard.

Il nous serait impossible d'expliquer quelles étaient les pensées qui tourbillonnaient en foule dans le cerveau du squatter, tandis que, d'un pas incertain, il parcourait, silencieux et sombre, les vastes solitudes de la prairie.

Vers midi, la chaleur devint tellement intense que, vaincu par tant de douleurs morales et physiques, il se laissa tomber, accablé, au pied d'un arbre.

Il resta longtemps étendu sur la terre.

Enfin, poussé par le besoin, il se leva chancelant, se soutenant à peine, et chercha des racines ou des herbes qui pussent tromper, sinon assouvir, la faim qui lui brûlait les entrailles.

Ses recherches furent longtemps infructueuses ; pourtant il finit par trouver une espèce de *yuca*, racine pâteuse assez semblable au manioc, qu'il dévora avec délices.

Il se fit une certaine provision de cette racine, qu'il partagea avec son chien, et, après avoir largement bu au fleuve, il se préparait à reprendre sa marche, un peu réconforté par ce repas plus que frugal, lorsque tout à coup son œil éteint lança un éclair, sa physionomie s'anima, et il murmura d'une voix tremblante d'émotion :

— Si c'en était une !

Voici ce qui avait causé l'exclamation du Cèdre-Rouge.

Au moment où il reprenait sa marche en jetant machinalement un regard autour de lui, il lui sembla remarquer qu'à une certaine place l'herbe était plus drue, plus haute et plus forte que partout ailleurs. Cette différence, visible seulement pour un homme habitué de longue date à la prairie, et encore en regardant avec la plus minutieuse attention, ne lui échappa pas.

Les Indiens et les chasseurs, obligés souvent à une course rapide, soit pour éviter une embuscade ennemie, soit pour suivre le gibier, sont dans la nécessité d'abandonner une grande partie du butin qu'ils possèdent ou des marchandises qu'ils portent avec eux pour traiter.

Comme ils ne se soucient nullement de perdre ce butin ou ces marchandises, ils font ce que, dans la langue des trappeurs, on nomme une *cache*.

Voici comment se pratique une cache :

On commence par étendre des couvertures et des peaux de bison autour de la place où on veut faire la cache ; puis, avec une bêche, on lève de larges plaques de gazon en rond, en carré ou en ovale, suivant la forme qu'on veut donner à la cache ; alors on creuse, en ayant soin de mettre toute la terre qu'on sort du trou sur les couvertures préparées à cet effet.

Lorsque la cache est assez profonde, on en garnit les parois avec des peaux de bison, de crainte de l'humidité, et l'on dépose les marchandises en les recouvrant de peaux de bison ; ensuite on remet la terre, que l'on tasse avec soin ; on replace dessus le gazon, en ayant soin de l'arroser pour qu'il reprenne facilement, et la terre qui reste est portée au fleuve, dans lequel elle est jetée jusqu'à la dernière parcelle, afin de faire disparaître les moindres traces de la cache que l'on réussit, du reste, à dissimuler si bien, que l'œil seul d'un homme d'une adresse inouïe parvient parfois à les reconnaître, et encore, souvent, ne retrouve-t-il que des caches anciennes qui ont été fouillées déjà, et dans lesquelles il ne reste plus rien.

Les objets confiés aux caches peuvent se conserver pendant cinq ou six ans sans se détériorer.

Combien de choses enfouies de cette façon sont perdues à cause de la mort de leurs propriétaires tués au coin d'un buisson, dans une embuscade, en emportant avec eux dans la tombe le secret de la place où ils ont déposé leurs richesses !

Nous avons dit que le squatter croyait avoir découvert une cache.

Dans sa position, cette trouvaille était pour lui d'un prix inestimable ; elle pouvait lui offrir les objets de première nécessité dont il était dépourvu, et le faire pour ainsi dire renaître à la vie, en lui fournissant les moyens de recommencer son existence de chasse, de pillage et de vagabondage.

Il resta quelques minutes le regard fixé sur l'endroit où il soupçonnait que se trouvait la cache, l'esprit agité de sentiments indéfinissables.

Enfin il modéra son émotion, et, le cœur palpitant de crainte et d'espoir, avec cette honnêteté innée dans les hommes accoutumés à la vie des prairies qui, quelque bandits qu'ils soient, et tout en volant sans scrupule le bien d'autrui, se font pourtant un point d'honneur de ne pas le gaspiller et de ne priver le légitime propriétaire que de ce qui leur est absolument nécessaire, il étendit avec soin auprès de la cache sa robe de bison et sa couverture, afin de recueillir la terre ; puis, s'agenouillant, il dégaina son couteau et enleva un carré de gazon.

Il est impossible de rendre le frémissement et l'anxiété de cet homme lorsqu'il plongea pour la première fois son couteau dans le sol. Il détacha ainsi avec précaution, l'une après l'autre, toutes les plaques de gazon qui lui semblèrent former le contour de la cache.

Ce premier travail terminé, il se reposa un instant pour reprendre haleine et en même temps pour savourer quelques minutes cette émotion pleine de volupté et de douleur qu'on éprouve en accomplissant un acte dont dépendent la vie ou la mort.

Au bout d'un quart d'heure, il passa sa main sur son front couvert de sueur et se remit résolument au travail, fouillant avec son couteau la terre

Il se remit au travail, fouillant avec son couteau la terre qu'il enlevait ensuite avec ses mains.

qu'il enlevait ensuite avec ses mains, et qu'il posait soit sur la couverture, soit sur la robe de bison.

C'était réellement une rude besogne que celle-là, surtout pour un homme accablé de fatigue et affaibli par les privations.

Plusieurs fois, à bout de forces, il fut contraint de s'arrêter : l'ouvrage avançait lentement; aucun indice ne venait corroborer la croyance du squatter.

Liv. 100. F. ROY, édit. — Reproduction interdite.  2. PIRATES DES PRAIRIES.

Maintes fois il fut sur le point d'abandonner cette vaine recherche ; mais là était pour lui la seule chance de salut ; là seulement, s'il réussissait, il trouverait les moyens de redevenir un franc et libre coureur des bois : aussi se cramponnait-il à cette dernière planche de salut que le hasard lui avait offerte, avec cette énergie du désespoir, force immense, levier d'Archimède qui ne trouve rien d'impossible.

Pourtant depuis longtemps déjà le malheureux creusait avec son couteau ; un large trou était béant devant lui, rien encore ne lui faisait entrevoir une réussite ; aussi, malgré l'énergie indomptable de son caractère, il sentit le découragement envahir une autre fois son esprit.

Une larme de rage impuissante perla à ses paupières rougies par la fièvre, et il jeta son couteau dans la fosse en poussant un blasphème et en lançant au ciel un regard d'amer défi.

Le couteau rendit en tombant un son métallique et rebondit sur lui-même.

Le squatter le saisit vivement et l'examina avec soin. La pointe était cassée net.

Il recommença avec frénésie à creuser avec ses ongles, comme une bête fauve, dédaignant de se servir de son couteau plus longtemps.

Bientôt il mit à découvrir une peau de bison.

Au lieu de soulever immédiatement cette peau qui recouvrait sans doute tous les trésors dont il convoitait la possession, il se prit à la couver de l'œil avec une anxiété terrible.

Le Cèdre-Rouge ne s'était pas trompé.

Il avait bien réellement découvert une cache.

Sa vieille expérience ne lui avait pas failli.

Mais que contenait cette cache ?

Peut-être avait-elle été fouillée et était-elle vide.

Lorsqu'il n'avait qu'un mouvement à faire pour s'en assurer, il hésitait.

Il avait peur !

Depuis plus de trois heures qu'il travaillait pour en arriver là, il s'était bercé de tant de rêves, il s'était forgé tant de chimères, qu'il redoutait instinctivement de les voir s'évanouir tout à coup et de retomber de la hauteur de ses espérances déçues dans l'affreuse réalité qui le pressait dans ses griffes de fer.

Longtemps il hésita ainsi ; enfin, prenant subitement son parti, d'une main tremblante d'émotion, le cœur palpitant et l'œil hagard, d'un mouvement brusque et rapide comme la pensée, il arracha la robe de bison.

Alors il eut un éblouissement et poussa un cri de joie semblable au rugissement d'un tigre.

Il était tombé sur une cache de chasseur.

Elle contenait des trappes de toutes sortes en fer, des rifles, des pistolets doubles et simples, des cornes à poudre, des sacs remplis de balles, des couteaux, et ces mille objets indispensables aux coureurs des bois.

Le Cèdre-Rouge se sentit renaître ; un changement subit s'opéra en lui, il redevint l'être implacable et indomptable qu'il était avant la catastrophe dont il avait été la victime, sans crainte et sans remords, prêt à recommencer la lutte contre la nature entière, et se riant des périls et des embûches qu'il pourrait rencontrer sur son chemin.

Il choisit le meilleur rifle, deux paires de pistolets doubles, un couteau fortement emmanché, à lame large, droite et longue de quinze pouces.

Il s'empara aussi des harnais nécessaires à l'équipement d'un cheval, de deux cornes de poudre, d'un sac de balles et d'une gibecière en peau d'elk richement brodée à l'indienne, contenant un briquet et tout le nécessaire pour un campement.

Il trouva aussi du tabac et des pipes, dont il se chargea.

La plus grande privation qu'il avait endurée était de ne pouvoir fumer.

Lorsqu'il se fut chargé de tout ce qu'il trouva à sa convenance, il replaça tout dans son état primitif, et fit adroitement disparaître les indices qui auraient dénoncé à d'autres la cache qui lui avait été si utile.

Dès que ce devoir d'honnête homme fut rempli envers le propriétaire qu'il avait dépouillé, le Cèdre-Rouge jeta son rifle sur l'épaule, siffla son chien, et s'éloigna à grands pas en murmurant :

— Ah ! ah ! vous croyez avoir forcé le sanglier dans sa bauge ! nous verrons s'il saura prendre sa revanche !

Par quel enchaînement de circonstances inouïes le squatter, que nous avons vu s'enfoncer dans le désert à la tête d'une troupe nombreuse et résolue, s'était-il trouvé ainsi abandonné, sur le point de périr dans la prairie ?

## II

### L'AFFUT.

Nous avons dit en terminant notre deuxième partie, que, derrière la troupe commandée par le Cèdre-Rouge, une autre troupe était entrée dans le désert. Cette troupe, dirigée par Valentin Guillois, se composait de Curumilla, du général Ibañez, de don Miguel Zarate et de son fils.

Ce que cherchaient ces cinq hommes, ce n'était pas un placer, c'était la vengeance.

Arrivés sur le territoire indien, le Français jeta un regard interrogateur autour de lui, et, arrêtant son cheval, il se tourna vers don Miguel :

— Avant d'aller plus loin, dit-il, nous ferons bien, je crois, de tenir conseil, afin de bien convenir de nos faits et d'arrêter un plan de campagne dont nous ne nous écarterons plus.

— Mon ami, répondit l'hacendero, vous savez que tout notre espoir repose sur vous ; agissez donc comme vous le jugerez convenable.

— Bien, fit Valentin. Voici l'heure où la chaleur oblige dans le désert toutes les créatures vivantes à se réfugier sous l'ombrage des arbres, nous

nous arrêterons donc ; l'endroit où nous sommes est des mieux choisis pour une halte de jour.

— Soit, répondit laconiquement l'hacendero.

Les cavaliers mirent pied à terre et ôtèrent le mors de leurs chevaux, afin que les pauvres animaux pussent prendre un peu de nourriture en broutant l'herbe maigre et brûlée qui poussait à grand'peine dans ce terrain ingrat.

Le lieu était effectivement des mieux choisis : c'était une clairière assez vaste, traversée par un de ces nombreux ruisseaux sans nom qui sillonnent les prairies dans tous les sens, et qui, après un cours de quelques kilomètres, vont grossir les fleuves dans lesquels ils se perdent.

Un épais dôme de feuillage offrait aux voyageurs un abri indispensable contre les rayons verticaux d'un soleil vertical.

Bien qu'il fût environ midi, l'air, rafraîchi dans la clairière par les émanations de la source, invitait à goûter ce sommeil au milieu du jour si bien nommé *siesta*.

Mais les voyageurs avaient autre chose de plus sérieux à faire que de se laisser aller au sommeil.

Dès que toutes les précautions furent prises en cas d'une attaque possible, Valentin s'assit au pied d'un arbre en faisant signe à ses amis de prendre place à ses côtés.

Les trois blancs acquiescèrent immédiatement à son invitation, tandis que Curumilla allait sans rien dire, selon son habitude, se placer le rifle à la main à quelques pas de la clairière afin de veiller au salut de tous.

Après quelques minutes de réflexion, Valentin prit la parole :

— Caballeros, dit-il, le moment est venu de nous expliquer franchement : nous sommes à présent sur le territoire ennemi ; autour de nous, dans un périmètre de plus de deux mille milles, s'étend le désert. Nous allons avoir à lutter non seulement contre les hommes blancs ou les Peaux-Rouges que nous rencontrerons sur notre route, mais encore contre la faim, la soif et les bêtes fauves de toutes sortes. Ne cherchez pas à donner à mes paroles un autre sens que celui que j'y attache moi-même ; vous me connaissez de longue date, don Miguel, vous savez quelle amitié je vous ai vouée.

— Je le sais, et je vous en remercie, répondit l'hacendero d'un ton pénétré.

— Bref, continua Valentin, aucun obstacle, de quelque nature qu'il soit, ne sera assez fort pour m'arrêter dans la mission que je me suis donnée.

— J'en suis convaincu, mon ami.

— Bien, mais moi, je suis un vieux coureur des bois ; la vie des déserts avec ses privations et ses périls m'est parfaitement connue ; cette piste que je vais suivre ne sera presque qu'un jeu pour moi et pour le brave Indien mon compagnon.

— Où voulez-vous en venir ? interrompit don Miguel avec inquiétude.

— A ceci, répondit franchement le chasseur : vous autres caballeros, habitués à une vie de luxe et de loisirs, peut-être ne pourrez-vous pas supporter cette rude existence à laquelle vous allez être condamnés ; dans le premier moment de la douleur vous vous êtes bravement élancés sans réfléchir à la poursuite des ravisseurs de votre fille, sans calculer autrement les conséquences de votre action.

— C'est vrai, murmura don Miguel.

— Il est donc de mon devoir, reprit Valentin, de vous avertir : ne craignez pas de reculer, soyez franc avec moi comme je le suis avec vous ; Curumilla et moi nous suffirons pour accomplir la tâche que nous nous sommes donnée. A dix kilomètres au plus derrière vous s'étend la frontière mexicaine, reprenez-en le chemin, et laissez-nous le soin de vous rendre votre enfant, si vous ne vous sentez pas capable d'affronter sans faiblir les innombrables dangers qui nous menacent. Un malade, en retardant notre poursuite, nous mettrait dans l'impossibilité non seulement de réussir, mais encore nous exposerait à être tués ou scalpés. Réfléchissez donc sérieusement, mon ami, et, mettant de côté toute question d'amour-propre, faites-moi une réponse qui me donne complètement ma liberté d'action.

Pendant cette espèce de discours dont intérieurement il reconnaissait la justesse, don Miguel était demeuré la tête penchée sur la poitrine, les sourcils froncés. Lorsque Valentin se tut, l'hacendero se redressa, et prenant la main du chasseur qu'il serra chaleureusement :

— Mon ami, répondit-il, ce que vous m'avez dit, vous deviez me le dire ; vos paroles ne me choquent en rien, d'autant plus que seul l'intérêt que vous me portez et l'amitié qui nous lie vous les ont dictées ; les observations que vous me faites, je me les suis déjà faites à moi-même, mais quoi qu'il arrive, ma résolution est immuable, je ne reculerai pas jusqu'à ce que j'aie retrouvé ma fille.

— Je savais que telle serait votre réponse, don Miguel, fit le chasseur ; un père ne peut consentir à abandonner son enfant aux mains des bandits sans tenter tous les moyens pour la délivrer; seulement je devais vous dire ce que je vous ai dit. Ne parlons donc plus de cela, et occupons-nous, séance tenante, à dresser notre plan de campagne.

— Oh ! oh ! dit en riant le général, voyons un peu.

— Vous m'excuserez, général, répondit Valentin, mais la guerre que nous faisons est complètement différente de celle des peuples civilisés : dans le désert, la ruse seule fait triompher.

— Eh ! rusons ; je ne demande pas mieux, d'autant plus qu'avec le peu de forces dont nous disposons, je ne vois guère comment nous pourrions faire autrement.

— C'est vrai, reprit le chasseur : nous ne sommes que cinq ; mais, croyez-moi, cinq hommes déterminés sont plus redoutables qu'on ne pourrait le supposer, et j'espère bientôt le prouver à nos ennemis.

— Bien parlé, ami, s'écria don Miguel avec joie. *Cuerpo de Dios !* ces gringos maudits ne tarderont pas à s'en apercevoir.

— Nous avons, continua Valentin, des alliés qui, le moment venu, nous seconderont vaillamment : la nation des Comanches s'intitule avec orgueil la *Reine des prairies;* ses guerriers sont de redoutables adversaires. L'Unicorne ne nous fera pas défaut avec sa tribu ; nous avons, de plus, des intelligences dans le camp ennemi, le cacique des Coras.

— Que nous disiez-vous donc? fit gaiement le général; *carai!* notre succès est assuré alors.

Valentin secoua la tête.

— Non, dit-il; le Cèdre-Rouge a des alliés aussi; les pirates des prairies et les Apaches se joindront à lui, j'en suis convaincu.

— Peut-être, observa don Miguel.

— Le doute n'est pas admissible dans cette circonstance; le chasseur de chevelures est trop rompu à la vie du désert pour ne pas chercher à mettre de son côté toutes les chances de réussite.

— Mais si cela arrive, ce sera une guerre générale, s'écria l'hacendero.

— Sans doute, reprit Valentin; c'est à quoi je veux parvenir. A deux jours de marche du lieu où nous sommes, il y a un village navajoé. J'ai rendu quelques services au *Loup-Jaune*, son principal chef; il faut nous rendre auprès de lui avant que le Cèdre-Rouge tente de le voir, et, à tout prix, nous nous assurerons son alliance. Les Navajoés sont des guerriers prudents et courageux.

— Ne craignez-vous pas les suites de ce retard?

— Une fois pour toutes, caballeros, répondit Valentin, souvenez-vous que dans le pays où nous sommes la ligne droite est toujours la plus longue.

Les trois hommes courbèrent la tête avec résignation.

— L'alliance du Loup-Jaune nous est indispensable; avec son appui il nous sera facile de...

L'arrivée subite de Curumilla coupa la parole au chasseur.

— Que se passe-t-il donc? lui demanda-t-il.

— Écoutez! répondit laconiquement le chef.

Les quatre hommes prêtèrent anxieusement l'oreille.

— Vive Dieu! s'écria Valentin en se levant précipitamment, que se passe-t-il donc?

Et suivi de ses compagnons il se glissa dans le fourré.

Les Mexicains, dont les sens étaient émoussés, n'avaient rien entendu dans le premier moment, mais le bruit qui avait frappé l'ouïe exercée du chasseur et de son compagnon depuis longtemps était déjà parvenue à leurs oreilles.

Tout à coup des cris féroces éclatèrent mêlés à des coups de feu.

Cachés derrière les arbres, les cinq voyageurs regardaient.

Ils ne tardèrent pas à apercevoir un homme qui détalait monté sur un coureur blanc d'écume, poursuivi par une trentaine de cavaliers indiens.

— A cheval! commanda Valentin à voix basse, nous ne pouvons laisser assassiner cet homme.

— Hum! murmura le général, nous jouons gros jeu; ils sont nombreux.

— Ne voyez-vous pas que cet individu appartient à notre couleur? reprit Valentin.

— C'est vrai, dit don Miguel; quoi qu'il arrive, nous ne devons pas le laisser ainsi massacrer de sang-froid par ces Indiens féroces.

Cependant les poursuivants et le poursuivi se rapprochaient de plus en plus du lieu où se tenaient les chasseurs embusqués derrière les arbres.

— L'homme après lequel les Indiens s'acharnaient ainsi se redressait fièrement sur sa selle, et, tout en galopant à fond de train, il se retournait de temps en temps pour décharger son rifle dans le groupe de ses ennemis.

A chaque coup un guerrier tombait; ses compagnons poussaient alors des hurlements effroyables et répondaient de leur côté par une grêle de flèches et de balles.

Mais l'inconnu secouait dédaigneusement la tête en ricanant, et continuait sa course.

— *Caspita!* fit le général avec admiration, voilà un brave compagnon!

— Sur mon âme! s'écria don Pablo, ce serait dommage qu'il fût tué.

— Il faut le sauver! ne put s'empêcher de dire don Miguel.

Valentin sourit doucement.

— Je vais essayer, dit-il. A cheval!

Chacun se mit en selle.

— Maintenant, continua Valentin, restez invisibles derrière les broussailles. Ces Indiens sont des Apaches; lorsqu'ils arriveront à portée de fusil, vous ferez feu tous ensemble sans vous montrer.

Chacun arma son rifle et se tint prêt.

Il y eut un moment d'attente suprême; le cœur des chasseurs battait avec force.

Les Indiens approchaient toujours, penchés sur le cou de leurs chevaux haletants, brandissant leurs armes avec fureur et jetant, par intervalles, leur formidable cri de guerre; ils arrivaient avec une vélocité vertigineuse, précédés, à une centaine de pas au plus, par l'homme qu'ils poursuivaient et qu'ils ne devaient pas tarder à atteindre, car son cheval fatigué et à demi fourbu râlait péniblement et ralentissait visiblement sa course.

Enfin l'inconnu passa avec la rapidité d'un éclair devant le fourré qui recélait, sans qu'il lui fût possible de le soupçonner, ceux qui allaient tenter pour son salut une diversion qui pouvait les perdre.

— Attention! commanda Valentin à voix basse.

Les rifles s'abaissèrent dans la direction des Apaches.

— Visez avec soin, reprit Valentin, il faut que chaque coup tue un homme.

Une minute s'écoula, une minute longue comme un siècle.

— Feu! cria tout à coup le chasseur, feu maintenant!

Cinq coups de feu éclatèrent avec un fracas terrible.

## III

#### UNE ANCIENNE CONNAISSANCE DU LECTEUR

A cette attaque imprévue, les Apaches poussèrent un hurlement de frayeur. Mais, avant qu'il leur fût possible de maîtriser leurs chevaux, une seconde décharge fit cinq nouvelles victimes dans leurs rangs.

Alors une terreur folle s'empara des Indiens, ils tournèrent bride et se mirent à fuir dans toutes les directions.

Dix minutes plus tard ils avaient disparu.

Les chasseurs ne songèrent pas un instant à se montrer et à les poursuivre.

Curumilla avait, lui, mis pied à terre, était sorti du fourré en rampant, et, parvenu sur le champ de bataille, il avait consciencieusement achevé et scalpé les Apaches qui étaient tombés sous les balles de ses compagnons.

Il avait en même temps lacé un cheval sans cavalier qui était venu passer à quelques pas de lui, puis il était venu rejoindre ses amis.

— A quelle tribu appartiennent ces chiens? lui demanda Valentin.

— Le Bison, répondit Curumilla.

— Oh! oh! fit le chasseur, nous avons eu la main heureuse alors; c'est, je crois, Stanapat qui est le chef de la tribu du Bison.

Curumilla baissa affirmativement la tête, et, après avoir entravé le cheval qu'il avait lacé auprès des chevaux des chasseurs, il alla tranquillement s'asseoir sur le bord du ruisseau.

Cependant l'inconnu était surpris au moins autant que les Apaches du secours imprévu qui lui était si providentiellement arrivé au moment où il se croyait perdu sans ressource.

Au bruit de la fusillade, il avait arrêté son cheval, et, après un moment d'hésitation, il revint lentement sur ses pas.

Valentin surveillait tous ses mouvements.

L'inconnu, arrivé devant le fourré, s'élança à terre, écarta d'une main ferme les broussailles qui lui barraient le passage, et se dirigea résolument vers la clairière où les Mexicains étaient embusqués.

Cet homme que le lecteur connaît déjà, n'était autre que l'individu que le Cèdre-Rouge nommait don Melchior et qu'il semblait si fort redouter.

Quand il se trouva en présence des Mexicains, don Melchior se découvrit et les salua avec courtoisie.

Ceux-ci lui rendirent poliment son salut.

— *Viva Dios!* s'écria-t-il, j'ignore qui vous êtes, caballeros; mais je vous remercie sincèrement de votre intervention de tout à l'heure; je vous dois la vie.

LES PIRATES DES PRAIRIES

Tout en galopant à fond de train, il se retournait de temps en temps pour décharger son rifle dans le groupe de ses ennemis.

— Dans le Far-West, répondit noblement Valentin, une chaîne invisible lie les uns aux autres les hommes d'une même couleur, qui ne forment pour ainsi dire qu'une seule famille.

— Oui, fit l'inconnu, avec un accent pensif, il devrait en être ainsi; malheureusement, ajouta-t-il en secouant négativement la tête, les beaux principes que vous émettez, caballero, sont fort peu mis en pratique; mais ce n'est pas en ce moment que je me plaindrai de les avoir négligés, puisque c'est à votre généreuse intervention que je dois d'être encore compté parmi les vivants.

Les assistants s'inclinèrent.

L'inconnu continua :

— Veuillez me dire qui vous êtes, caballeros, afin que je conserve dans mon cœur des noms qui me seront toujours chers.

Valentin fixa sur l'homme qui parlait ainsi un regard clair et perçant qui semblait vouloir lire jusqu'au fond de son cœur ses plus secrètes pensées.

L'inconnu sourit tristement.

— Pardonnez-moi, dit-il, ce qu'il y a d'amer dans mes paroles; j'ai beaucoup souffert, et, malgré moi, souvent un flot d'amères pensées monte de mon cœur à mes lèvres.

— L'homme est sur la terre pour souffrir, répondit gravement Valentin. Chacun de nous a ici-bas sa croix à porter; don Miguel de Zarate, son fils et le général Ibañez sont la preuve de ce que j'avance.

Au nom de don Miguel de Zarate, une vive rougeur empourpra les joues de l'inconnu, et son œil lança un éclair, malgré tous ses efforts pour rester impassible.

— J'ai souvent entendu parler de don Miguel de Zarate, fit-il en s'inclinant; j'ai appris les dangers qu'il a courus, dangers auxquels il n'a échappé que grâce à un brave et loyal chasseur.

— Ce chasseur est devant vous, dit don Miguel. Hélas! il nous reste d'autres dangers plus grands à courir encore.

L'inconnu le regarda un instant avec attention, puis il fit un pas en avant, et croisant les bras sur la poitrine :

— Écoutez! dit-il d'une voix profonde, c'est Dieu réellement qui vous a inspiré de me venir en aide, car dès ce moment je me voue corps et âme à votre service, je vous appartiens comme la lame à la poignée. Je sais pourquoi, vous, don Miguel de Zarate, vous, don Pablo, vous, général Ibañez, et vous, Koutonepi, car, si je ne me trompe, vous êtes ce chasseur célèbre dont la réputation s'étend dans toutes les prairies de l'Ouest...

— C'est moi, en effet, répondit Valentin avec modestie.

— Je sais, dis-je, continua l'inconnu, quelle raison a été assez forte pour vous obliger à rompre toutes vos habitudes pour venir vivre dans les affreuses solitudes du Far-West.

— Vous savez? s'écrièrent les chasseurs avec étonnement.

— Tout! répondit fermement l'inconnu : je sais la trahison qui vous a obligé à vous livrer entre les mains de vos ennemis; je sais enfin que votre fille a été enlevée par le Cèdre-Rouge.

A cette révélation, un frémissement parcourut les membres des chasseurs.

— Qui donc êtes-vous, pour être si bien instruit? demanda Valentin.

Un sourire triste plissa une seconde les lèvres de l'inconnu.

— Qui je suis? dit-il avec mélancolie; qu'importe, puisque je veux vous servir?

— Mais encore, puisque nous avons répondu aux questions que vous nous avez adressées, vous devez, à votre tour, répondre aux nôtres.

— C'est juste, reprit l'inconnu ; soyez donc satisfaits. Je suis l'homme aux mille noms : à Mexico, on me nomme don Luis Arroyal, associé de la maison de banque Simpson, Pedro Munez, Carvalho et Compagnie ; dans les provinces du nord du Mexique, où je me suis depuis longtemps rendu populaire par les folles dépenses, el Gambusino ; sur les côtes des États-Unis et dans le golfe du Mexique où par manière de passe-temps, je commande un cutter et fais la guerre aux négriers de l'Union, *the Unknown* (l'Inconnu), chez les Nord-Américains, *the Blood's Son* (le Fils du Sang) ; mais mon vrai nom, celui que me donnent les hommes qui connaissent de moi le peu qu'il me convient d'en laisser savoir, est *la Venganza* (La Vengeance). Êtes-vous satisfaits maintenant, caballeros ?

Personne ne répondit.

Les chasseurs avaient tous entendu parler de différentes façons de cet homme extraordinaire, les bruits les plus étranges couraient sur son compte au Mexique, aux États-Unis et jusque dans les prairies ; à côté d'actions héroïques et de traits de bonté dignes de tous éloges, on citait de cet homme des actes d'une cruauté inouïe et d'une férocité sans exemple. Il inspirait une mystérieuse terreur aux blancs et aux Peaux-Rouges qui, chacun de leur côté, redoutaient de se trouver en contact avec lui, sans que, cependant, aucune preuve fût venue corroborer les récits contradictoires que l'on faisait sur lui.

Souvent Valentin et ses compagnons avaient entendu parler du Blood's Son, mais c'était la première fois qu'ils se trouvaient en face de lui, et malgré eux ils s'étonnaient de lui voir une si grande mine et une si noble prestance.

Valentin fut le premier qui recouvra son sang-froid.

— Depuis longtemps, dit-il, votre nom est arrivé jusqu'à moi ; j'avais le désir de vous connaître, l'occasion s'en présente, j'en suis heureux, puisque je pourrai enfin vous juger, ce qui m'a été impossible jusqu'à présent à travers les récits exagérés que l'on fait sur vous. Vous pouvez nous être utile, dites-vous, dans l'entreprise que nous tentons, merci ; nous acceptons votre offre aussi franchement que vous nous la faites. Dans une expédition comme celle-là, l'appui d'un homme de cœur ne saurait être à dédaigner, d'autant plus que l'ennemi que nous voulons forcer est redoutable.

— Plus que vous ne le supposez, interrompit l'inconnu d'une voix sombre. Depuis vingt ans je lutte contre le Cèdre-Rouge, et je n'ai pu encore parvenir à l'abattre. Oh ! c'est un rude adversaire, allez ! Je le sais, moi qui suis son ennemi le plus implacable et qui jusqu'ici ai vainement employé tous les moyens pour tirer de lui une vengeance éclatante.

En prononçant ces paroles, le visage du Blood's Son avait pris une teinte livide ; ses traits s'étaient contractés. Il semblait en proie à une émotion extraordinaire.

Valentin le considéra un instant avec un mélange de pitié et de sympathie. Le chasseur qui avait tant souffert savait, comme toutes les âmes blessées, compatir aux douleurs des hommes qui, comme lui, portaient dignement l'adversité.

— Nous vous aiderons, répondit-il en lui tendant loyalement la main; au lieu de cinq, nous serons six à le combattre.

L'œil de l'inconnu s'éclaira d'une lueur étrange; il serra fortement la main qui lui était tendue et répondit d'une voix sourde, avec une expression impossible à rendre :

— Nous serons cinquante, j'ai des compagnons au désert!...

Valentin jeta un regard joyeux à ses compagnons à cette nouvelle qui lui annonçait un appui formidable sur lequel il était loin de compter.

— Mais cinquante hommes ne suffisent pas pour lutter contre ce démon qui est associé aux pirates des prairies et allié aux Indiens les plus redoutables.

— Qu'à cela ne tienne, reprit Valentin; nous nous allierons aussi à des tribus indiennes; mais je vous jure que je ne quitterai pas la prairie sans avoir vu jusqu'à la dernière goutte couler le sang de ce misérable.

— Dieu vous entende! murmura l'inconnu. Si mon cheval n'avait pas été aussi fatigué, je vous aurais engagés à me suivre, car nous n'avons pas un instant à perdre si nous voulons forcer cette bête fauve; malheureusement, nous sommes obligés d'attendre quelques heures.

Curumilla s'avança.

— Voici un cheval pour mon frère pâle, dit-il en désignant du doigt l'animal que quelques instants auparavant il avait lacé.

L'inconnu poussa un cri de joie.

— En selle, s'écria-t-il, en selle!

— Où nous conduisez-vous? demanda Valentin.

— Auprès de mes compagnons, répondit-il, dans la retraite que j'ai choisie. Là, nous nous entendrons sur les moyens qu'il convient d'employer pour abattre notre ennemi commun.

— Bon, fit Valentin, parfaitement raisonné. Sommes-nous éloignés de votre retraite?

— Non, vingt ou vingt-cinq milles au plus; nous y serons au coucher du soleil.

— En route alors, reprit Valentin.

Les associés se mirent en selle et s'élancèrent au galop dans la direction des montagnes.

Quelques minutes plus tard, ce lieu était retombé dans son calme et son silence habituels, il ne restait plus, comme preuve du passage de l'homme dans le désert, que quelques cadavres mutilés au-dessus desquels les grands vautours fauves commençaient à voler en cercles avec des cris rauques et sinistres avant de s'abattre dessus.

## IV

### LE CÈDRE-ROUGE AUX ABOIS

Les six hommes marchaient à la suite les uns des autres, suivant une de ces inextricables *sentes* tracées par les bêtes fauves, qui sillonnent le désert dans tous les sens.

Le Blood's Son servait de guide à la petite troupe, suivi immédiatement par Curumilla.

Le chef indien, avec le génie particulier à sa race, s'avançait silencieusement, comme toujours, mais jetant à droite et à gauche ces regards perçants auxquels rien n'échappe, et qui font des Peaux-Rouges des êtres à part.

Soudain Curumilla se jeta à bas de son cheval et se courba vers le sol en poussant une exclamation de surprise.

C'était une chose si extraordinaire et tellement en dehors des habitude de l'Ulmen araucan de l'entendre parler, que Valentin pressa le pas de son cheval afin de s'informer de ce qui se passait.

— Que vous arrive-t-il donc, chef? lui demanda-t-il dès qu'il fut auprès de lui.

— Que mon frère regarde, répondit simplement Curumilla.

Valentin descendit de cheval et se peucha vers la terre.

L'Indien lui montrait une empreinte à demi effacée, mais qui cependant conservait encore l'apparence d'un fer à cheval.

Le chasseur la considéra longtemps avec la plus grande attention, puis il se mit à marcher avec précaution du côté où l'empreinte semblait se diriger; bientôt d'autres plus visibles apparurent à ses yeux.

Ses compagnons s'étaient arrêtés et attendaient silencieusement qu'il s'expliquât.

— Eh bien? dit enfin don Miguel.

— Il n'y a pas de doute possible, répondit Valentin, comme se parlant à lui-même, le Cèdre-Rouge a passé par ici.

— Hum! fit le général, croyez-vous?

— J'en suis sûr. Le chef vient de me montrer l'empreinte parfaitement marquée du fer de son cheval.

— Oh! oh! observa don Miguel, un fer de cheval est un bien petit indice; tous se ressemblent.

— Oui, comme un arbre ressemble à un autre, reprit vivement Valentin Écoutez, le chef a remarqué que le squatter, je ne sais par quel hasard, se trouve monter un cheval ferré des quatre pieds, tandis que les hommes qui composent sa troupe n'ont les leurs ferrés que des pieds de devant; en sus, son cheval rejette, en marchant, les pieds de côté, ce qui fait que l'empreinte n'est pas nette.

— En effet, murmura le Blood's Son, cette observation est juste, un Indien seul pouvait la faire; mais le Cèdre-Rouge est à la tête d'une troupe nombreuse qui n'a pu passer par ici, sans cela nous verrions ses traces.

— C'est vrai, dit le général; que concluez-vous de cela?

— Une chose bien simple : il est probable que le Cèdre-Rouge aura laissé, pour des raisons qui nous sont inconnues, ses hommes campés à quelques milles d'ici, et qu'il se sera momentanément éloigné.

— J'y suis maintenant, dit le Blood's Son; non loin de l'endroit où nous nous trouvons se trouve un repaire de pirates : le Cèdre-Rouge aura probablement été les joindre pour leur demander assistance en cas de besoin.

— C'est cela, fit Valentin; les traces sont toutes fraîches, notre homme ne doit pas être loin.

— Il faut le poursuivre, dit vivement don Pablo, qui, jusqu'à ce moment, avait gardé un morne silence.

— Qu'en dites-vous, caballeros? dit Valentin en se tournant vers les assistants.

— Poursuivons-le, répondirent-ils tous d'une voix.

Alors, sans plus délibérer, ils se mirent, sous la direction de Valentin et de Curumilla, à suivre les empreintes.

Ce que le chasseur avait dit était en effet arrivé. Le Cèdre-Rouge, lorsqu'il fut entré dans le désert, après avoir installé sa troupe dans une forte position, était remonté à cheval et s'était éloigné en avertissant ses compagnons que, dans deux jours ou dans quatre au plus, il serait de retour, et en les laissant, provisoirement, sous les ordres du moine.

Le Cèdre-Rouge ne se croyait pas suivi d'aussi près par Valentin, aussi n'avait-il pris que peu de précautions pour dérober sa marche.

Marchant seul, malgré l'empreinte découverte par Curumilla, il aurait sans doute échappé aux recherches du chasseur et de l'Indien, mais sans qu'il s'en aperçût, en quittant son camp, un de ses chiens l'avait suivi; les traces laissées par l'animal servirent de guide à ceux qui le poursuivaient au moment où ils avaient complètement perdu sa piste.

Cependant les chasseurs continuaient leurs recherches.

Valentin et Curumilla avaient mis pied à terre et s'avançaient doucement la tête baissée, examinant avec soin le sable et la terre sur lesquels ils passaient.

— Prenez garde, disait Valentin à ses compagnons qui le suivaient pas à pas, ne marchez pas si vite; lorsque l'on suit une piste, il faut faire attention où l'on pose le pied et ne pas regarder ainsi de côté et d'autre. Tenez, ajouta-t-il en se baissant tout à coup et en arrêtant don Pablo, il y a ici des empreintes que vous allez effacer. Voyons un peu cela, continua-t-il en regardant de plus près : ce sont les traces du fer que nous avions perdues depuis quelque temps; le cheval du Cèdre-Rouge a une façon toute particulière de poser les pieds, que je me fais fort de reconnaître au premier coup d'œil. Hum! hum! continua-t-il, maintenant je sais où le trouver.

— Vous en êtes sûr? interrompit dom Miguel.

— Ce n'est pas difficile, comme vous allez voir.

— En route ! en route! crièrent don Pablo et le général.

— Caballeros, observa le chasseur, veuillez vous souvenir que dans les prairies il ne faut jamais élever la voix. Au désert les branches ont des yeux et les feuilles ont des oreilles. Maintenant remontons à cheval et traversons le fleuve.

Les six hommes, réunis en une troupe compacte, afin d'offrir plus de résistance au courant très fort en cet endroit, firent entrer leurs chevaux dans le Gila.

Le passage s'exécuta sans encombre, et bientôt les chevaux prirent pied sur l'autre rive.

— Maintenant, dit Valentin, ouvrons les yeux, la chasse commence ici.

Don Pablo et le général restèrent sur les bords du fleuve pour garder les chevaux, et le reste de la troupe se mit en mouvement, formant une ligne de tirailleurs d'une soixantaine de pas d'étendue.

Valentin avait recommandé à ses compagnons de concentrer leurs recherches dans un espace de cent cinquante mètres au plus en demi-cercle, de façon à aboutir à un fourré presque impraticable situé au pied d'une colline qui bordait la rive du fleuve de ce côté.

Chaque homme s'avançait à pas de loup, le fusil en arrêt, regardant de tous les côtés à la fois et ne laissant pas en arrière un buisson, un caillou ou un brin d'herbe sans l'examiner attentivement.

Tout à coup Curumilla poussa un cri imitant, à s'y méprendre, le cri de la pie, signal de rassemblement en cas d'une découverte importante.

Ils se précipitèrent vers l'endroit d'où partait le signal.

Au milieu des hautes herbes, la terre était piétinée, et les basses branches des arbres cassées.

— Le cheval du Cèdre-Rouge a été attaché ici, dit Valentin. Attention! nous allons forcer l'ours dans sa tanière. Vous savez à quel homme nous avons affaire; soyons prudents, sinon il y aura bientôt des os brisés et des peaux trouées parmi nous.

Sans ajouter un mot de plus, le chasseur reprit la tête de la ligne; il écarta avec soin les broussailles et s'enfonça dans le fourré sans hésiter.

En ce moment on entendit les hurlements furieux d'un chien.

— Holà! dit une voix rude, qu'y a-t-il, Black? Est-ce que les Peaux-Rouges n'ont pas assez de leur leçon de cette nuit et veulent recommencer l'attaque?

Ces mots furent suivis du bruit sec d'un rifle qu'on arme.

Valentin commanda d'un geste à ses compagnons de s'arrêter, et s'avançant hardiment :

— Ce ne sont point les Indiens, dit-il d'une voix haute et ferme; c'est moi, Koutonepi, une ancienne connaissance qui veut causer avec vous.

— Je n'ai rien à vous dire, répondit le Cèdre-Rouge toujours invisible. Je ne sais pourquoi vous venez me relancer ici ; jamais nous n'avons été assez bien ensemble, j'imagine, pour que vous sentiez le besoin de ma compagnie.

— C'est vrai, fit le chasseur; vous pouvez même assurer que toujours, au contraire, nous avons été assez mal ; mais n'importe, rappelez votre chien.

— Si vos intentions sont bonnes et si vous êtes seul, avancez, vous serez reçu en ami.

Et il siffla son chien, qui le rejoignit.

— Pour ce qui est de mes intentions, je puis assurer qu'elles sont bonnes, répondit l'ancien spahi en écartant les branches.

Il se trouva tout à coup en présence du Cèdre-Rouge, qui se tenait, le rifle à la main, devant l'ouverture étroite d'une grotte.

Les deux hommes étaient à peine à une quinzaine de pas l'un l'autre, s'examinant d'un air soupçonneux.

D'ailleurs, c'est un peu l'habitude des prairies, où toutes les rencontres sont les mêmes; la méfiance tient la première place.

— Arrêtez-vous, dit le squatter; pour ce que nous avons à dire, nous n'avons pas besoin de causer oreille à oreille. Que nous importe que les oiseaux ou les serpents entendent notre conversation? Allons, parlez; que venez-vous chercher ici? Dévidez votre écheveau, et surtout soyez bref; je n'ai pas le temps d'écouter vos histoires.

— Hum! répondit l'autre, mes histoires valent bien les vôtres, et peut-être auriez-vous mieux fait de passer votre temps à les écouter, au lieu d'agir comme vous l'avez fait.

— Que voulez-vous dire? demanda le Cèdre-Rouge en frappant violemment le sol de la crosse de son rifle; vous savez que je n'aime pas les sermons. Je suis un chasseur libre, et j'agis comme il me convient.

— Allons! allons! reprit le Français d'une voix conciliatrice, tout en se rapprochant doucement; ne le prenez pas sur ce ton : tout peut s'arranger, que diable! De quoi s'agit-il, en définitive? d'une femme que vous avez enlevée; voilà tout.

Le bandit écoutait Valentin sans trop attacher d'importance à ses paroles.

Depuis quelques instants son oreille attentive semblait percevoir des sons vagues; son œil sondait l'épaisseur des bois; les ailes de ses narines se gonflaient, enfin tous ses instincts de bête fauve s'étaient réveillés.

Un pressentiment lui disait qu'il courait un danger inconnu.

De son côté, le chasseur surveillait les moindres gestes de son sombre interlocuteur; aucun des changements de sa physionomie ne lui avait échappé, et, quoique impassible en apparence, il se tenait sur ses gardes.

— Traître! s'écria tout à coup le squatter en épaulant son rifle, tu vas mourir!

— Comme vous y allez, repartit Valentin en se jetant derrière un arbre; pas encore, s'il vous plaît.

— Rendez-vous, Cèdre-Rouge! s'écria don Miguel en paraissant suivi de l'inconnu et de Curumilla ; rendez-vous!

— Comment dites-vous cela?... Que je me rende! Essayez de m'y contraindre, *by God!* Je vous jure que je vous tuerai auparavant, répondit le bandit avec un accent terrible; je tiens votre vie entre mes mains, savez-vous?

— Allons, reprit Valentin, ne faites donc pas ainsi le méchant; nous sommes quatre, vous n'avez pas la prétention de nous tuer tous, que diable!

L'ombre gigantesque d'un homme, reflétée par la lueur du foyer, apparut à l'entrée de la grotte.

— Pour la dernière fois, voulez-vous vous retirer? dit le bandit avec un geste de colère.
— Allons! allons! cria le Blood's Son d'une voix retentissante; ne tentez pas une résistance impossible, Cèdre-Rouge, votre heure est venue.

Aux sons de cette voix, le visage du bandit se couvrit soudain d'une pâleur livide, et un tremblement convulsif agita tous ses membres.

— Méfiez-vous, il va tirer ! s'écria Valentin.

Deux coups de feu retentirent si près l'un de l'autre, que les explosions se confondirent.

Le fusil du squatter, brisé entre ses mains, tomba en éclats sur le sol.

Valentin, qui voulait s'emparer du bandit vivant, n'avait trouvé que ce moyen de détourner sa balle, qui, en effet, siffla inoffensive à ses oreilles.

— *Con mil demonios !* s'écria le chasseur de chevelures avec fureur en se précipitant comme un fou dans la grotte où il fut suivi de près par ses ennemis qui, excepté Curumilla, s'élancèrent à sa poursuite.

Mais là ils le retrouvèrent armé de ses pistolets.

Tel que le sanglier forcé dans sa bauge, le bandit luttait avec la frénésie du désespoir, ne renonçant pourtant pas encore à s'échapper.

Son chien, embusqué à ses côtés, les yeux sanglants et la mâchoire ouverte, n'attendait qu'un signe de son maître pour se jeter sur les assaillants.

Le squatter lâcha successivement quatre coups de pistolet qui, tirés trop précipitamment, ne blessèrent personne.

Alors, renonçant à faire feu davantage, il lança à la tête de ses adversaires ses armes inutiles, et, bondissant comme une panthère, il disparut subitement dans le fond de la grotte en s'écriant avec un ricanement sinistre :

— Je ne suis pas pris encore !

Dans toutes les péripéties de cette scène, le bandit avait toujours conservé son sang-froid, calculant les chances de salut qui lui restaient, afin de pouvoir en profiter immédiatement.

Tout en occupant ses adversaires, il avait songé que la grotte avait une seconde issue.

Il s'arrêta en proférant un horrible blasphème ; il avait oublié que le Gila débordé inondait en ce moment cette issue par laquelle il croyait fuir.

Le misérable tourna quelques instants autour de la grotte avec la rage impuissante de la bête fauve tombée dans un piège.

Il entendait dans les détours de la caverne les pas de ceux qui le suivaient dans l'obscurité se rapprocher de plus en plus, les secondes étaient comptées pour lui ; une minute encore, il était perdu.

— Malédiction, fit-il, tout me manque à la fois !

Il fallait échapper à tout prix et tâcher d'atteindre son cheval attaché à une légère distance au dehors, sur un petit îlot de sable que l'eau, qui montait toujours, menaçait de couvrir bientôt. Le bandit jeta un dernier regard autour de lui, prit son élan et plongea dans l'abîme, qui se referma sur lui en grondant.

Valentin et ses compagnons apparurent presque aussitôt armés de torches, mais le bandit avait disparu ; tout était muet dans la grotte.

— Le misérable s'est fait justice ! dit l'hacendero.

Le chasseur secoua la tête.

— J'en doute, répondit-il.

— Écoutez ! s'écria vivement l'inconnu.

Un coup de feu venait de retentir.

Les trois hommes se précipitèrent au dehors.

Voici ce qui était arrivé :

Au lieu de suivre ses compagnons, le chef indien, certain que le Cèdre-Rouge n'aurait pas été assez sot pour se retirer dans un souterrain sans issue, avait préféré surveiller les bords du fleuve, au cas où le bandit essayerait de fuir de ce côté.

Les prévisions du chef étaient justes. Le Cèdre-Rouge avait, en effet, ainsi que nous l'avons vu, tenté de fuir par la seconde issue de la grotte.

Après avoir nagé assez longtemps entre deux eaux, le squatter aborda sur un petit îlot et disparut presque instantanément dans un épais fourré.

Aucun de ses mouvements n'avait échappé à Curumilla, caché derrière la pointe d'un rocher.

Le Cèdre-Rouge se montra de nouveau.

Il était à cheval.

Le chef indien l'ajusta avec soin, et au moment où l'animal posait le bout de son sabot dans l'eau, il roula foudroyé en entraînant son cavalier dans sa chute.

Le cheval avait eu le crâne fracassé par la balle de Curumilla.

Le Cèdre-Rouge se releva avec la rapidité de l'éclair et se jeta à corps perdu dans le fleuve.

Les chasseurs se regardèrent un instant avec désappointement.

— Bah ! dit philosophiquement Valentin, ce bandit n'est plus à craindre maintenant, nous lui avons rogné les ongles !

— C'est vrai, dit le Blood's Son, mais ils repousseront !

## V

### LA GROTTE

Nous reprendrons maintenant notre récit au point où nous l'avons laissé en terminant notre premier chapitre, et nous rejoindrons le Cèdre-Rouge qui, grâce aux armes trouvées dans la cache, a repris toute sa férocité et rêve déjà à la vengeance.

La position du bandit ne laissait pas d'être perplexe et aurait fort effrayé tout individu dont l'esprit eût été moins trempé que le sien.

Quelque grand que soit le désert, quelque approfondie que soit la connaissance qu'un homme possède des refuges de la prairie, s'il est seul, il est impossible que, malgré son courage et son adresse, il échappe longtemps aux recherches des gens qui ont intérêt à le trouver.

Cela venait d'être prouvé, d'une manière péremptoire, au Cèdre-Rouge ; il ne se dissimulait pas les difficultés sans nombre qui l'entouraient, il ne pouvait songer à regagner son camp. Les ennemis lancés sur sa piste n'auraient pas tardé à l'atteindre, et, cette fois, ils ne l'auraient pas aussi facilement laissé échapper.

Cette position était intolérable, il fallait à tout prix la faire cesser.

Mais le Cèdre-Rouge n'était pas homme à demeurer abattu sous le coup qui l'avait frappé ; il se releva, afin de pouvoir promptement préparer sa vengeance.

De même que toutes les natures mauvaises, le squatter considérait comme une insulte toutes les tentatives faites pour se soustraire à ses perfidies.

En ce moment, il avait un rude compte à régler avec les blancs et avec les Peaux-Rouges.

Seul comme il était, il ne pouvait songer à rejoindre ses compagnons et à attaquer des ennemis qui l'auraient abattu et broyé sous leurs talons comme un reptile venimeux, il lui fallait des alliés.

Son hésitation fut de courte durée, son plan dressé en quelques minutes. Il résolut d'accomplir le projet qui lui avait fait abandonner ses compagnons, et il se dirigea vers un village des Indiens Apaches, situé à peu de distance.

Ce n'était cependant pas là que, pour le moment, il avait l'intention de se rendre, car, après une marche rapide de plus de trois heures, il fit tout à coup un crochet sur la droite, et, s'éloignant des bords du Rio-Gila qu'il avait suivis jusque-là, il abandonna la route du village et s'engagea dans une région montagneuse et accidentée de la prairie, qui différait complètement, par l'aspect et les mouvements de terrain, des plaines que jusqu'à ce moment il avait parcourues.

Le sol s'exhaussait sensiblement : il était coupé par des ruisseaux larges comme des rivières qui descendaient se perdre dans le Gila.

Des bouquets de bois de hautes futaies de plus en plus rapprochés servaient, pour ainsi dire, d'avant-garde à une sombre forêt vierge qui verdissait dans les lointains de l'horizon.

Le paysage prenait peu à peu une apparence plus sauvage et plus abrupte, et des collines de plus en plus hautes, contreforts de l'imposante Sierra-Madre, montraient çà et là leurs pics dénudés.

Le Cèdre-Rouge marchait toujours de ce pas léger et élastique propre aux hommes habitués à franchir à pied de longues distances, ne regardant ni à droite ni à gauche, paraissant suivre une direction déterminée d'avance et qu'il connaissait parfaitement. Souriant à ses pensées, il ne semblait nullement s'apercevoir que le soleil avait presque disparu derrière la masse imposante des arbres de la forêt vierge, et que la nuit tombait avec une rapidité extrême.

Les hurlements des bêtes fauves commençaient à retentir dans les profondeurs des ravines, se mêlant aux miaulements des carcajous et aux aboiements des loups des prairies, dont les troupes rôdaient déjà à une certaine distance du bandit.

Mais lui, insensible en apparence à tous ces avertissements de se préparer un gîte pour la nuit, continuait à s'avancer dans les montagnes au milieu desquelles il se trouvait engagé depuis quelque temps.

Arrivé à une espèce de carrefour, si l'on peut se servir de cette expression en parlant d'un pays où les routes n'existent pas, il s'arrêta et s'orienta en regardant de tous côtés.

Puis après quelques minutes d'hésitation, il s'enfonça dans une sente étroite profondément encaissée entre deux collines, et gravit résolument une côte assez rapide.

Enfin, après une fatigante montée de trois quarts d'heure, il arriva à un endroit où la sente, brusquement interrompue, ne présentait plus qu'un gouffre au fond duquel on entendait les sourds murmures d'une eau invisible.

Le précipice avait de vingt-cinq à trente mètres de large, distance comblée par un énorme mélèze jeté en travers et servant de pont.

A l'extrémité de ce pont improvisé se trouvait l'entrée d'une grotte naturelle dans laquelle brillaient par intervalles les lueurs d'un feu.

Le Cèdre-Rouge s'arrêta.

Un sourire de satisfaction plissa ses lèvres minces à la vue de la réverbération des flammes contre les parois de la grotte.

— Ils y sont, dit-il à demi-voix et comme s'il se répondait à lui-même.

Alors il porta ses doigts à sa bouche, et, avec une perfection rare, il imita à trois reprises différentes le cri sourd et cadencé du mawkawis.

Un instant après, un cri pareil sortit de la grotte.

Le Cèdre-Rouge frappa trois fois dans ses mains.

L'ombre gigantesque d'un homme, reflétée par la lueur du foyer, apparut à l'entrée de la grotte, et une voix rude et forte cria dans le castillan le plus pur :

— Qui vive?

— Ami ! répondit le bandit.

— Ton nom, *caraï*, reprit l'inconnu ; il n'y a pas d'amis dans le désert à cette heure de la nuit.

— Oh ! oh ! fit le Cèdre-Rouge en riant d'un gros rire, je vois que don Pedro Sandoval est toujours aussi prudent.

— Homme ou démon, toi qui me connais si bien, dit l'inconnu d'un ton un peu radouci, quel est ton nom encore une fois, ou, vive Dieu ! je te plante une couple de chevrotines dans le crâne ! Ainsi, ne me laisse pas plus longtemps courir le risque de tuer un ami.

— Eh ! là ! là ! modérez-vous, digne hidalgo ; n'avez-vous donc pas reconnu ma voix, et avez-vous la mémoire si courte que vous avez déjà oublié le Cèdre-Rouge ?

— Le Cèdre-Rouge, reprit l'Espagnol avec étonnement ; vous n'êtes donc pas encore pendu, mon digne ami ?

— Pas encore, que je sache, compadre ; j'espère vous le prouver avant peu.

— Passez alors, au nom du diable, ne restons pas plus longtemps à causer à distance.

L'inconnu quitta la tête du pont où il s'était placé probablement afin d'en disputer le passage en cas de besoin, et il se rangea sur le côté en désarmant son rifle.

Sans attendre une nouvelle invitation, le Cèdre-Rouge s'élança sur l'arbre et l'eut franchi en quelques secondes.

Il serra affectueusement la main de l'Espagnol, puis tous deux entrèrent dans la grotte.

Cette grotte ou cette caverne, comme on voudra l'appeler, était vaste et haute, divisée en plusieurs compartiments par de grandes nattes plantées droites, s'élevant jusqu'à la hauteur de huit pieds au moins et formant dix chambres ou cellules, cinq de chaque côté de la grotte, en commençant à vingt pieds à peu près de l'entrée, espace laissé libre pour servir de cuisine ou de salle à manger.

L'entrée de chaque cellule était fermée par un zarapé attaché à l'extrémité de la cloison et retombant jusqu'au sol en guise de portière.

Au fond du couloir laissé libre entre les deux rangées de cellules, il y avait un autre compartiment servant de magasin, puis un corridor naturel s'étendait sous la montagne et allait, après de nombreux détours, aboutir à un ravin presque inabordable.

Tout montrait que cette grotte n'était pas un campement choisi pour une nuit ou deux par des chasseurs, mais une habitation adoptée depuis de longues années, et dans laquelle on avait rassemblé tout le confort qu'il est possible de se procurer dans ces régions éloignées de tout centre de population.

Autour du feu, sur lequel rôtissait un énorme quartier d'elk, neuf hommes armés jusqu'aux dents étaient assis et fumaient silencieusement.

A l'entrée du Cèdre-Rouge, ils se levèrent et vinrent lui serrer la main avec empressement et une sorte de respect.

Ces hommes portaient le costume des chasseurs ou coureurs des bois.

Leurs traits caractérisés, leurs physionomies féroces et cauteleuses, sur lesquelles étaient marquées en caractères indélébiles les traces des plus honteuses et des plus ignobles passions, vigoureusement éclairées par les lueurs fantastiques du foyer, avaient quelque chose d'étrange et de sombre qui inspirait la terreur et la répulsion.

On devinait au premier coup d'œil que ces gens, ramassis immonde d'aventuriers de toutes nations, perdus de vices et forcés de fuir au désert pour éviter les coups de la justice humaine qui les avait rejetés du sein de la société, avaient déclaré une guerre acharnée à ceux qui les avaient mis hors du droit commun des gens, et étaient, en un mot, ce qu'on est convenu d'appeler des *pirates des prairies*.

Hommes sans pitié, plus redoutables cent fois que les plus féroces Peaux-Rouges, qui cachent une âme de boue et un cœur de tigre sous une apparence humaine, et qui, ayant adopté la vie sauvage du Far West, ont pris tous les vices des deux races blanche et rouge, sans conserver une seule de leurs qualités; scélérats enfin qui ne connaissent que le meurtre et le vol, et qui, pour un peu d'or, sont capables des plus grands crimes.

Voilà quelle était la compagnie que le Cèdre-Rouge était venue chercher si loin.

Hâtons-nous de constater, ce que le lecteur croira facilement, qu'il ne s'y trouvait nullement déplacé et que ses antécédents lui méritaient, au contraire, une certaine considération de la part de ces bandits qu'il connaissait de longue date.

— Caballeros, dit Sandoval en s'inclinant avec une exquise politesse devant les brigands ses confrères, voici notre ami le Cèdre-Rouge de retour parmi nous; fêtons-le comme un bon compagnon qui nous manquait depuis trop longtemps et que nous sommes heureux de revoir.

— Señores, répondit le Cèdre-Rouge en prenant place au foyer, je vous remercie de votre cordiale réception; j'espère vous prouver bientôt que je ne suis pas ingrat !

— Eh ! fit un des bandits, notre ami aurait-il quelque bonne nouvelle à nous donner? Elle serait la bienvenue, le diable m'emporte! Depuis un mois nous en sommes réduits aux expédients pour vivre !

— En êtes-vous réellement là? demanda le squatter avec intérêt.

— Parfaitement, appuya Sandoval, et Pericco ne vous a dit que la stricte vérité.

— Diable ! diable ! reprit le Cèdre-Rouge, j'arrive à temps, alors.

— Hein? firent les bandits en dressant les oreilles.

— Eh ! mais, il me semble pourtant que, depuis quelque temps, les caravanes deviennent plus nombreuses dans les prairies; il ne manque pas de trappeurs blancs ou rouges que l'on peut de temps en temps débarrasser du soin de garder leurs peaux de castor; j'ai même entendu parler de plusieurs expéditions de gambusinos.

— Les gambusinos sont aussi gueux que nous, reprit Sandoval, et quant aux trappeurs, ce sont eux justement qui nous portent préjudice. Ah! notre ami, le désert ne vaut plus rien maintenant; les blancs se rapprochent trop, ils envahissent peu à peu le territoire des Peaux-Rouges, et, dans dix ans d'ici, qui sait si on ne trouvera pas des villes à dix lieues à la ronde de l'endroit où nous sommes?

— Il y a du vrai dans ce que vous dites là, murmura le Cèdre-Rouge en secouant la tête d'un air pensif.

— Oui, fit Pericco, malheureusement le remède est difficile, sinon impossible à trouver.

— Peut-être, fit le Cèdre-Rouge, en hochant la tête d'une certaine façon qui donna fort à penser aux pirates; en attendant, ajouta-t-il, comme j'ai fait une longue route, que je me sens fatigué et que j'ai un appétit d'enfer, avec votre permission, je vais manger, d'autant plus qu'il est tard et que le rôti est cuit à point.

Sans plus de cérémonie, le Cèdre-Rouge coupa une large tranche d'elk qu'il plaça devant lui et se mit incontinent à manger.

Les pirates l'imitèrent.

Pendant quelque temps, la conversation fut naturellement interrompue.

Un repas de chasseurs n'est jamais long; celui-ci fut vite terminé, grâce à l'impatience des bandits dont la curiosité était éveillée au plus haut point par les quelques paroles que le squatter avait prononcées.

— Ah çà! reprit Sandoval en allumant une cigarette, maintenant que le souper est fini, causons un peu; voulez-vous, compagnon?

— Volontiers, répondit le Cèdre-Rouge en s'accommodant le plus confortablement possible tout en bourrant sa pipe.
— Vous disiez donc? continua Sandoval.
— Parbleu ! interrompit le squatter, je ne disais rien, c'est vous qui vous plaigniez, je crois, de ce que les blancs, qui tendent à se rapprocher de plus en plus de nos parages, réduisaient votre commerce au néant.
— C'est cela même; voilà justement ce que je disais.
— Vous ajoutiez, si je me le rappelle bien, que le remède était impossible à trouver.
— Ce à quoi vous avez répondu : *Peut-être*.
— En effet, je crois avoir prononcé ce mot.
— Eh bien ?
— Eh bien ! je le répète.
— Ah ! très bien, expliquez-vous alors.
— Je ne demande pas mieux.
— Vous nous ferez plaisir.
— Ecoutez-moi bien.
— Nous sommes tout oreilles.
— L'affaire que je viens vous proposer est d'une simplicité primitive : depuis quelques années les blancs envahissent peu à peu le désert, qui, dans un temps donné, temps qui n'est pas éloigné, finira par disparaître sous les efforts incessants de la civilisation.
— C'est vrai.
— Eh bien ! si vous le voulez, avant un mois vous serez riches.
— Nous le voulons, *caraï!* s'écrièrent les bandits d'une voix formidable.
— Voici la chose en deux mots : j'ai découvert un placer d'une richesse incalculable; à vingt lieues d'ici, j'ai laissé une centaine d'hommes qui se sont dévoués à ma fortune. Voulez-vous les imiter et me suivre ? je promets à chacun de vous plus d'or qu'il n'en a vu dans toute sa vie ou qu'il a rêvé en posséder jamais.
— Hum ? fit Sandoval, c'est tentant.
— J'ai pensé à vous, mes vieux camarades, continua le Cèdre-Rouge avec une bonhomie hypocrite, et je suis venu. Maintenant vous connaissez mon projet; réfléchissez à ce que je vous ai dit ; demain, au lever du soleil, vous me répondrez.

Et, sans se mêler davantage à la conversation, le Cèdre-Rouge s'enveloppa dans un zarapé et s'endormit en laissant les bandits discuter entre eux les chances de réussite que présentait sa magnifique proposition.

Doña Clara avait été confiée par le chasseur de chevelures à sa femme Bethsy et à Ellen.

## VI

### LA PROPOSITION

Le Cèdre-Rouge, aussitôt entré dans le Far West, avait, avec cette expérience des vieux coureurs des bois, qu'il possédait au suprême degré, choisi un emplacement commode pour faire camper sa troupe.

Il ne voulait pas s'engager dans le désert sans s'assurer d'alliés sur qui, en cas d'attaque, il pût compter.

L'embuscade des Pawnies, préparée avec cette habileté qui caractérise les sauvages, embuscade qui avait été sur le point de réussir, et à laquelle le hasard seul lui avait offert les moyens d'échapper, était pour lui un avertissement des pièges qui lui seraient tendus et des dangers qui le menaceraient à chaque pas dans le cours du long voyage qu'il allait entreprendre à travers les prairies.

Le Cèdre-Rouge était un de ces hommes qui ont pour principe de ne rien négliger pour assurer la réussite de leurs projets ; il se résolut de se mettre, le plus tôt possible, à l'abri de toute insulte.

Pour cela, il lui fallait abandonner pendant quelque temps sa *cuadrilla* (troupe), afin d'aller lui-même à la recherche des hommes qu'il comptait mettre dans ses intérêts, et avec lesquels il avait l'intention de faire cause commune, tout en se réservant *in petto* de les tromper autant qu'il le pourrait, dès qu'il en aurait tiré toute l'assistance nécessaire.

Il était urgent que le Cèdre-Rouge s'abouchât avec ses amis; mais, nous le répétons, pour cela, il lui fallait quitter sa troupe, au moins pendant trois ou quatre jours, et là se présentait à lui une difficulté qu'il ne lui était pas facile de vaincre.

Mais le squatter était trop rompu à la vie d'aventure pour ne pas savoir comment prendre des individus comme ceux qui, en ce moment, servaient sous ses ordres.

Son premier soin fut de choisir un endroit où il pût faire camper sa troupe de façon à ce qu'elle fût à l'abri des insultes des rôdeurs indiens, et qu'elle pût, en cas d'attaque sérieuse, résister avec avantage.

Le Rio-Gila forme un nombre considérable d'îles boisées, dont quelques-unes, élevées, en forme de cône, sont d'un accès fort difficile à cause de l'escarpement de leurs rives, et surtout à cause de la rapidité du courant du fleuve.

Ce fut dans une de ces îles que le squatter campa sa troupe.

Les arbres du Pérou, les mezquités et les cotonniers, qui poussaient en abondance sur cette île, mêlés aux lianes qui s'enchevêtraient dans tous les sens après leurs branches et le long de leurs troncs, formaient des fourrés inextricables derrière lesquels on pouvait hardiment soutenir un siège, tout en offrant cet immense avantage de former un mur de verdure, grâce à la transparence duquel il était facile de surveiller les deux rives et de signaler les mouvements suspects de la prairie.

Dès que les gambusinos eurent posé le pied sur l'île, ils se glissèrent comme des serpents dans l'intérieur, en traînant leurs chevaux après eux et en ayant soin de ne rien faire qui pût révéler leur campement aux yeux si clairvoyants des Indiens.

Aussitôt que le camp fut établi et que le Cèdre-Rouge crut que, provisoirement du moins, sa troupe était en sûreté, il convoqua les principaux chefs, afin de leur communiquer ses intentions.

Ces chefs étaient d'abord Fray Ambrosio, puis Andrès Garote, les deux chasseurs canadiens Harry et Dick, et en dernier lieu les fils du squatter, Nathan et Sutter, et enfin le sachem des Coras.

Plusieurs arbres avaient été abattus afin de former un emplacement convenable pour les feux et les tentes des femmes ; le Cèdre-Rouge, appuyé sur son cheval tout sellé, fut bientôt le centre des chefs rangés autour de lui.

— Señores, dit-il dès qu'il les vit rassemblés, nous voici enfin dans le Far West ; maintenant commence réellement notre expédition ; je compte sur votre courage et surtout sur votre expérience pour la mener à bonne fin ; mais la prudence exige que, dans ces prairies où nous sommes à chaque instant exposés à être assaillis par des ennemis de toute sorte, nous nous ménagions des alliés qui, en cas de besoin, puissent nous protéger efficacement. L'embuscade à laquelle nous avons échappé, il y a quarante-huit heures à peine, nous fait un devoir de redoubler de vigilance, et surtout de nous hâter de nous mettre en communication avec les amis que nous avons dans le désert.

— Qui, fit le moine ; mais ces amis, je ne les connais pas.
— Je les connais, moi ; cela doit suffire, reprit le Cèdre-Rouge.
— Fort bien, répondit Fray Ambrosio ; mais où sont-ils ?
— Je sais où les trouver. Vous êtes dans une position excellente, dans laquelle vous pouvez tenir longtemps, sans craindre d'être forcés ; voici ce que j'ai résolu.

— Voyons, compadre, expliquez-vous ; j'ai hâte de connaître vos projets, dit le moine.

— Vous allez être satisfait : je me mets immédiatement à la recherche de mes amis, que je suis certain de trouver d'ici à quelques heures ; vous, vous ne bougerez pas d'ici jusqu'à mon retour.

— Hum ! Et resterez-vous longtemps absent ?
— Deux jours, trois au plus.
— C'est bien long, fit Garote.
— Vous, pendant ce temps-là, dissimulez votre présence autant que possible ; que nul ne se doute que vous êtes ici campés. Je vous amènerai les dix meilleurs rifles du Far West, et avec leur protection et celle de Stanapat, le grand chef apache de la tribu du Bison, que je compte voir aussi, nous pourrons en toute sûreté traverser le désert.

— Mais qui commandera la troupe en votre absence ? demanda Fray Ambrosio.

— Vous, répondit le Cèdre-Rouge, vous et ces caballeros ; seulement souvenez-vous de ceci sous aucun prétexte, ne sortez de cette île.

— Il suffit, Cèdre-Rouge, vous pouvez partir ; nous ne bougerons pas jusqu'à votre retour.

Après quelques autres paroles de peu d'importance, le Cèdre-Rouge se mit en selle, sortit de la clairière, lança son cheval dans le fleuve, et, arrivé en terre ferme, il s'enfonça dans les hautes herbes, où bientôt il disparut.

Il était environ six heures du soir quand le squatter avait quitté ses compagnons pour se mettre à la recherche de ceux qu'il voulait faire ses alliés.

Les gambusinos n'avaient fait que peu d'attention au départ de leur chef, départ dont ils ignoraient la cause et qu'ils ne supposaient pas devoir se prolonger longtemps.

La nuit était tout à fait tombée. Les gambusinos, fatigués d'une longue route, dormaient, enveloppés de leurs zarapés, autour des feux ; seules, deux sentinelles veillaient au salut commun.

Ces deux sentinelles étaient Dick et Harry, les deux chasseurs canadiens que le hasard avait si malencontreusement fourvoyés au milieu de ces bandits.

Le dos appuyé contre le tronc d'un énorme mezquité, trois hommes causaient entre eux à voix basse.

Ces trois hommes étaient Andrés Garote, Fray Ambrosio et la Plume-d'Aigle. A quelques pas d'eux s'élevait une cabane en branchage, sous l'abri précaire de laquelle reposaient la femme du squatter, sa fille Ellen et doña Clara.

Les trois hommes, absorbés par leur conversation, ne remarquèrent pas une ombre blanche qui sortit de la cabane, glissa silencieuse parmi les arbres, et vint s'appuyer contre l'arbre même au pied duquel ils se trouvaient.

La Plume-d'Aigle, avec cette pénétration qui distingue les Indiens avait deviné la haine qui existait entre Fray Ambrosio et le Cèdre-Rouge ; mais le Coras avait gardé cette découverte au fond de son cœur, tout en se réservant d'en profiter lorsque l'occasion s'en présenterait.

— Chef, dit le moine, soupçonnez-vous quels sont les alliés que le Cèdre-Rouge va chercher ?

— Non, répondit celui-ci, comment le saurais-je ?

— Cela doit vous intéresser pourtant, car vous n'êtes pas aussi ami du gringo que vous voulez le paraître.

— Les Indiens ont l'esprit très épais ; que mon père s'explique afin que je puisse lui répondre.

— Écoutez, reprit le moine d'une voix sèche et d'un accent bref, je sais qui vous êtes ; votre déguisement, tout habile et exact qu'il soit, n'a pas suffi pour vous faire échapper à la clairvoyance de mon regard ; du premier coup d'œil je vous ai reconnu. Croyez-vous que si j'avais dit au Cèdre-Rouge : Cet homme est ou un espion ou un traître, il s'est faufilé parmi nous afin de nous faire tomber dans un piège préparé de longue main, en un mot cet homme n'est autre que Moukapec, le principal cacique des Coras ; croyez-vous, dis-je, que le Cèdre-Rouge aurait hésité à vous brûler la cervelle, hein, chef ? répondez.

Pendant ces paroles dont la signification était terrible pour lui, le Coras était demeuré impassible ; pas un muscle de son visage n'avait tressailli. Lorsque le moine se tut, il sourit dédaigneusement et se contenta de répondre d'une voix hautaine en le regardant fixement :

— Pourquoi mon père n'a-t-il pas dit cela au chasseur de chevelures ? Il a eu tort.

Le moine fut décontenancé par cette réponse à laquelle il était loin de s'attendre : il comprit qu'il se trouvait en face d'une de ces natures énergiques sur lesquelles les menaces n'avaient pas de prise. Cependant il s'était trop avancé pour reculer; il résolut de continuer et d'aller jusqu'au bout, quoi qu'il dût en arriver.

— Peut-être! répondit-il avec un mauvais sourire; dans tous les cas, je suis toujours à même de prévenir notre chef lorsqu'il reviendra.

— Mon père agira à sa guise, répondit sèchement le chef, Moukapec est un guerrier renommé, les aboiements des coyotes ne lui ont jamais fait peur.

— Allons, allons, Indien, vous avez tort, dit Garote en s'interposant, vous vous méprenez sur les intentions du señor padre à votre égard; je suis intimement convaincu qu'il ne veut vous nuire en aucune façon.

— Moukapec n'est pas une vieille femme qu'on peut tromper avec des paroles, dit le Coras; peu lui importe les intentions présentes de l'homme qui, lors du pillage de son pays et du massacre de ses frères, excitait ses ennemis au meurtre et à l'incendie; le chef suit sa vengeance seul, il saura l'atteindre sans s'allier à un de ses ennemis pour y parvenir. J'ai dit.

Après avoir prononcé ces mots, le chef indien se leva, se drapa dans sa robe de bison et s'éloigna à grands pas en laissant les deux Mexicains déconcertés de cette résistance à laquelle ils étaient loin de s'attendre.

Tous deux le suivirent quelques instants des yeux avec une admiration mêlée de colère.

— Hum! murmura enfin le moine, chien de sauvage, bête brute indienne, il me le payera!

— Prenez garde, señor padre, dit le gambusino, nous ne sommes pas en veine en ce moment. Laissons cet homme contre lequel nous ne pouvons rien; cherchons autre chose. Tout vient à point à qui sait attendre, le moment arrivera de nous venger de lui; jusque-là dissimulons, c'est, je crois, ce que nous avons de mieux à faire.

— Avez-vous remarqué qu'en nous quittant le Cèdre-Rouge n'a pas ouvert la bouche sur sa prisonnière?

— A quoi bon? il sait fort bien qu'elle est en sûreté ici. Dans cette île toute fuite est impossible.

— C'est juste, mais pourquoi donc a-t-il enlevé cette femme?

— Qui sait? le Cèdre-Rouge est un de ces hommes dont il est toujours dangereux de sonder les pensées. Jusqu'à présent nous ne voyons pas encore assez clairement dans sa conduite; laissons-le revenir, peut-être alors le but qu'il se propose nous sera-t-il dévoilé.

— Cette femme me gêne ici, reprit le moine d'une voix sourde.

— Que faire? Là-bas, à Santa-Fré, je n'ai pas hésité à vous servir pour nous en débarrasser; maintenant il est trop tard, ce serait une folie d'y songer. Que nous importe, en somme, qu'elle soit ou ne soit pas avec nous? Croyez-moi, prenez-en votre parti et n'y pensez plus. Bah! ce ne sera pas elle qui nous empêchera d'atteindre le placer.

Le moine secoua la tête d'un air mécontent, mais il ne répondit pas.

Le gambusino s'enveloppa dans son zarapé, s'étendit sur le sol et s'endormit.

Fray Ambrosio, lui, demeura plongé dans de sérieuses réflexions.
A quoi pensait-il?
A quelque trahison, sans aucun doute.
Lorsque la femme qui était restée appuyée contre le mezquité tout le temps de la conversation eut reconnu qu'elle était finie, elle s'éloigna doucement et rentra dans la hutte.


## VII

#### ELLEN ET DONA CLARA.

Depuis qu'elle était retombée au pouvoir du Cèdre-Rouge, doña Clara, en proie à une sombre tristesse, s'était abandonnée sans résistance à ses ravisseurs, désespérant de leur échapper jamais, surtout depuis qu'elle avait vu les gens au pouvoir desquels elle se trouvait prendre définitivement la route du désert.

Pour une jeune fille habituée à tous les raffinements du luxe et à ces mille petits soins dont l'amour paternel la comblait incessamment, la nouvelle existence qui commençait était une suite non interrompue de tortures, au milieu d'hommes à demi sauvages, dont les façons brutales et les paroles grossières lui faisaient continuellement redouter des insultes qu'elle aurait été trop faible pour repousser.

Cependant, jusqu'à ce moment, la conduite du Cèdre-Rouge avait été, nous ne dirons pas respectueuse à son égard, le squatter ignorait ces raffinements, mais au moins elle avait été assez convenable, c'est-à-dire qu'il avait affecté de ne pas s'occuper d'elle, tout en ordonnant à ses gens de ne la tourmenter d'aucune façon.

Doña Clara avait été confiée par le chasseur de chevelures à sa femme Bethsy et à Ellen.

La mégère, après avoir lancé un regard louche à la jeune fille, lui avait tourné le dos et ne lui avait pas une seule fois adressé la parole, conduite qui avait été on ne peut plus agréable à la jeune Mexicaine.

Quant à Ellen, elle s'était constituée, de son autorité privée, l'amie de la prisonnière, à laquelle elle rendait tous les petits services que sa position lui permettait, avec une délicatesse et un tact que l'on aurait été, certes, loin d'attendre d'une jeune fille élevée dans le désert par un père comme le sien.

Dans les premiers moments, toute à sa douleur, doña Clara n'avait attaché aucune attention aux soin d'Ellen ; mais peu à peu, malgré elle, la douceur inaltérable de l'Américaine, sa patience, que rien ne rebutait, l'avaient touchée ; elle avait été, malgré elle, sensible aux services que celle-ci lui rendait sans cesse, et elle s'était insensiblement laissée aller à éprouver pour la jeune fille du squatter un sentiment de reconnaissance qui bientôt s'était changé en amitié.

La jeunesse est naturellement confiante : lorsqu'une grande douleur la presse, le besoin de confier cette douleur à une personne qui semble y compatir la rend expansive.

Seule au milieu des bandits parmi lesquels le hasard l'avait jetée, doña Clara devait inévitablement, dès que le premier paroxysme de la douleur serait passé, chercher autour d'elle une personne qui la consolât et l'aidât, à défaut d'autre secours, à supporter le malheur immense qui l'accablait.

C'était ce qui était arrivé, beaucoup plus vite que dans toute autre circonstance, grâce à la sympathique bonté de la jeune Américaine, qui, en quelques heures, avait trouvé le chemin de son cœur.

Le Cèdre-Rouge, auquel rien n'échappait, avait sournoisement souri de l'amitié des deux jeunes filles, dont cependant il avait feint de ne pas s'apercevoir.

Chose étrange, le Cèdre-Rouge, cet implacable chasseur de chevelures, cet homme qui semblait n'avoir rien d'humain, qui suait le crime par tous les pores, dont la férocité n'avait pas de limites, avait au fond de l'âme un sentiment qui le rattachait d'une façon victorieuse à la grande famille humaine, un amour profond, sans bornes pour Ellen, l'amour du tigre pour ses petits.

Cette frêle enfant était la seule créature pour laquelle il sentait son cœur battre plus vite. Qu'il était grand, qu'il était fort, l'amour que le Cèdre-Rouge éprouvait pour cette naïve enfant !

C'était un culte, une adoration. Un mot de cette bouche mignonne mettait une joie indicible au cœur du féroce bandit.

Un sourire de ses lèvres roses le comblait de bonheur.

Par ses charmantes caresses, ses douces et insinuantes paroles, Ellen en était venue à gouverner despotiquement cette réunion d'oiseaux de proie qui était sa famille.

Le chaste baiser que chaque matin lui donnait sa fille était un rayon de soleil qui, pour tout le jour, réchauffait l'âme du terrible bandit devant qui tout le monde tremblait, et qui tremblait, lui, devant le léger froncement des sourcils de celle qui pour lui résumait toutes les joies et tous les bonheurs de la vie.

C'était avec un plaisir extrême qu'il voyait sa fille se faire son complice innocent en captant la confiance de sa prisonnière et gagnant son amitié.

Cette frêle enfant était, à son avis, le geôlier le plus sûr qu'il pût donner à doña Clara.

Aussi, pour faciliter autant que possible tout ce qui devait accroître cette amitié, il avait complètement fermé les yeux, et ainsi que nous l'avons dit, feint d'ignorer le manège des deux enfants.

C'était Ellen qui avait écouté la conversation du moine et du gambusino.

Au moment où elle se préparait à rentrer dans la hutte, un bruit étouffé de voix qu'elle entendit dans l'intérieur l'engagea à s'arrêter et à prêter l'oreille.

Doña Clara parlait à voix basse à un homme, et cet homme était le sachem des Coras.

Ellen, surprise au dernier point, écouta curieusement cette conversation, qui bientôt l'intéressa vivement.

Après avoir quitté les deux Mexicains, la Plume-d'Aigle s'était, pendant quelques minutes, promené dans le camp avec une insouciance affectée destinée à égarer les soupçons de ceux qui auraient été tentés de surveiller ses pas.

Lorsqu'il crut avoir éloigné toute suspicion, le chef indien se rapprocha insensiblement de la cabane qui servait de refuge aux jeunes filles, et y entra après s'être assuré d'un coup d'œil que nul ne l'observait.

Doña Clara était seule en ce moment. Nous avons dit au lecteur où se trouvait Ellen ; quant à la femme du squatter, docile aux recommandations de son mari, qui lui avait ordonné de ne gêner en rien sa prisonnière, elle dormait couchée auprès du feu dans la clairière.

La jeune fille, la tête penchée sur la poitrine, était plongée dans de tristes et profondes réflexions.

Au bruit des pas de l'Indien, elle releva la tête, et ne put retenir un mouvement d'effroi en l'apercevant.

La Plume-d'Aigle s'aperçut immédiatement de l'impression qu'il produisait sur elle ; il s'arrêta sur le seuil de la cabane, croisa les bras sur la poitrine et s'inclinant respectueusement :

— Que ma sœur se rassure, dit-il d'une voix douce et insinuante, c'est un ami qui lui parle.

— Un ami ! murmura doña Clara en jetant à la dérobée un regard sur lui, les malheureux n'ont point d'amis.

L'Indien fit quelques pas pour se rapprocher de la jeune fille et reprit en se penchant vers elle :

— Le jaguar a été contraint de prendre la peau du rusé serpent pour s'introduire parmi ses ennemis et capter leur confiance ; ma sœur ne me reconnaît-elle pas ?

La jeune Mexicaine réfléchit un instant, puis elle répondit avec hésitation en le regardant attentivement :

— Bien que le son de votre voix ne me soit pas inconnu, je cherche en vain à me rappeler où et dans quelles circonstances je vous ai vu déjà.

— J'aiderai ma sœur à se souvenir, reprit la Plume-d'Aigle. Il y a deux jours déjà, au passage du gué, j'ai cherché à la sauver, et j'ai été sur le point de réussir ; mais avant cela, ma sœur m'avait vu plusieurs fois.

— Si vous me précisiez une époque et une circonstance, peut-être parviendrais-je à me rappeler.

— Que ma sœur ne cherche pas, ce serait inutile ; je préfère lui dire tout de suite mon nom, car les instants sont précieux. Je suis Moukapec, le grand chef des Coras du Del Norte ; le père de ma sœur et ma sœur elle-même sont souvent venus en aide aux pauvres Indiens de ma tribu.

— C'est vrai, fit tristement la jeune fille. Oh ! je me souviens maintenant : pauvres gens ! ils ont été impitoyablement massacrés et leur village incendié par les Apaches. Oh ! je connais cette horrible histoire.

Un sourire sardonique plissa les lèvres du chef à ces paroles.

Le chef attacha sur sa tête ses vêtements et nagea dans la direction de la terre ferme.

— Les coyotes n'attaquent pas les coyotes, dit-il d'une voix sourde; les jaguars ne font pas la guerre aux jaguars : ce ne sont pas les Indiens qui ont assassiné les Coras, ce sont les chasseurs de chevelures.

— Oh ! fit-elle avec horreur.

— Que ma sœur écoute, reprit vivement le Coras, maintenant que je lui ai dit mon nom, elle doit avoir confiance en moi.

— Oui, répondit-elle avec élan, car je connais la noblesse de votre caractère.

— Merci ! Je suis ici pour ma sœur seule, j'ai juré de la sauver et de la rendre à son père.

— Hélas ! murmura-t-elle tristement, cela est impossible ; vous êtes seul et nous sommes environnés d'ennemis. Les bandits qui nous entourent sont cent fois plus cruels que les bêtes féroces du désert.

— Je ne sais encore de quelle façon je m'y prendrai pour sauver ma sœur, répondit fermement le chef, mais je réussirai si elle veut.

— Oh ! s'écria-t-elle avec une énergie fébrile, si je le veux ! Quoi qu'il me faille faire, je le ferai sans hésiter. Mon courage ne faiblira pas, soyez-en certain, chef.

— Bon ! reprit avec joie l'Indien, ma sœur est bien réellement la fille des rois mexicains ; je compte sur elle lorsque le moment sera venu. Le Cèdre-Rouge est absent pour quelques jours ; je vais tout préparer pour la fuite de ma sœur.

— Allez, chef ; à votre premier signe, je serai prête à vous suivre.

— Bon ! je me retire ; que ma sœur prenne courage, bientôt elle sera libre.

L'Indien s'inclina devant la jeune fille et se prépara à sortir de la cabane. Soudain une main se posa sur son épaule. A cet attouchement imprévu, malgré sa puissance sur lui-même, le chef ne put réprimer un tressaillement de terreur.

Il se retourna, la fille du Cèdre-Rouge était devant lui.

Elle souriait.

— J'ai tout entendu, dit-elle de sa voix au timbre pur et mélodieux.

Le chef jeta sur doña Clara un long et triste regard.

— Pourquoi, continua Ellen, cette émotion que je lis sur vos traits ? Je ne veux pas vous trahir, je suis l'amie de doña Clara. Rassurez-vous, si le hasard m'a rendue maîtresse de votre secret, je n'en abuserai pas ; au contraire, je vous aiderai à fuir.

— Il se pourrait ! vous feriez cela, Ellen ? s'écria doña Clara en lui jetant les bras autour du cou et cachant sa tête dans son sein.

— Pourquoi pas, répondit-elle simplement, n'êtes-vous pas mon amie ?

— Oh ! oui, je vous aime, car vous êtes bonne ; vous avez eu pitié de ma douleur et vous avez pleuré avec moi.

La Plume-d'Aigle couvrait la jeune fille d'un regard d'une expression indéfinissable.

— Écoutez, reprit Ellen, ce moyen qui vous manque, je vous le fournirai, moi : cette nuit même nous quitterons le camp.

— Nous ? demanda doña Clara. Que voulez-vous dire ?

— Je veux dire, reprit vivement Ellen, que je partirai avec vous.

— Il serait possible !

— Oui ! fit-elle avec mélancolie, je ne puis plus longtemps rester ici.

En entendant ces paroles, le chef Coras tressaillit de joie ; un éclair sinistre jaillit de son œil noir ; mais il reprit immédiatement son visage impassible, et les jeunes filles ne remarquèrent pas son émotion.

— Mais comment ferez-vous pour nous procurer les moyens de fuir ?
— Ceci me regarde, ne vous en occupez pas ; cette nuit même, je vous le répète, nous partirons.
— Dieu le veuille ! soupira doña Clara avec joie.
Ellen se tourna vers le chef :
— Mon frère connaît-il à peu de distance du lieu où nous sommes, dit-elle, un pueblo indien où nous puissions trouver un refuge ?
— A deux soleils d'ici, dans la direction du nord-ouest, il y a un pueblo habité par une tribu de ma nation ; c'était là que j'avais l'intention de conduire la fille de mon père blanc après son évasion.
— Et nous serons en sûreté dans cette tribu ?
— La fille d'Acumapictzin sera aussi en sûreté que dans l'hacienda de son père, répondit évasivement l'Indien.
— Bon ! Mon frère peut-il quitter le camp ?
— Qui est assez fort pour arrêter le vol du condor ? Moukapec est un guerrier, rien ne l'arrête.
— Mon frère va partir.
— Bon.
— Il se rendra par le chemin le plus court au pueblo de sa nation, puis il viendra au-devant de nous avec les guerriers qu'il aura réunis, afin que nous puissions nous défendre au cas où nous serions poursuivis par les gambusinos.
— Très bon ! répondit l'Indien avec joie. Ma sœur est jeune, mais la sagesse réside en son cœur ; je ferai ce qu'elle désire. Quand dois-je partir ?
— De suite.
— Je pars ; ma sœur, vers quelle heure quittera-t-elle le camp ?
— A l'heure où le hibou chante pour la première fois son hymne au soleil levant.
— Ma sœur me rencontrera quatre heures au plus après son départ ; qu'elle se souvienne de suivre toujours dans sa fuite la direction du nord-ouest.
— Je la suivrai.
La Plume-d'Aigle salua les jeunes filles et sortit de la cabane.
Les gambusinos dormaient profondément étendus autour des feux ; seuls, Dick et Harry veillaient.
Le Coras se glissa comme un fantôme parmi les arbres et arriva sans être aperçu jusqu'au bord de l'eau, ce qui lui fut d'autant plus facile que les deux Canadiens ne surveillaient nullement l'île d'où ils savaient qu'ils n'avaient aucun péril à redouter, mais avaient, au contraire, les yeux fixés sur la prairie.
Le chef se dépouilla de ses vêtements dont il fit un paquet qu'il attacha sur sa tête ; il se laissa glisser dans le fleuve et nagea silencieusement dans la direction de la terre ferme.
Dès que l'Indien fut sorti de la cabane, Ellen se pencha vers doña Clara, lui mit un tendre baiser sur le front et lui dit doucement :
— Tâchez de dormir quelques heures, pendant que je préparerai tout pour notre fuite.

— Dormir ! répondit la Mexicaine, le pourrais-je avec l'inquiétude qui me dévore ?

— Il le faut, insista Ellen, car nous allons avoir de grandes fatigues à supporter demain.

— Allons, fit doucement doña Clara, j'essayerai, puisque vous le voulez.

Les deux jeunes filles échangèrent un baiser, un serrement de mains, et Ellen quitta à son tour la cabane en souriant à son amie, qui la suivit d'un regard anxieux. Restée seule, doña Clara se jeta à genoux, joignit les mains et adressa à Dieu une fervente prière ; puis, un peu tranquillisée par cet appel à Celui qui peut tout, elle se laissa tomber sur le monceau de feuilles sèches qui lui servait de lit, et, ainsi qu'elle l'avait promis à Ellen, elle essaya de dormir.

## VIII

### LA FUITE

La nuit couvrait le désert, calme et sereine, avec son ciel d'un bleu sombre pailleté d'étoiles éblouissantes.

Un silence majestueux planait sur la prairie ; tout dormait dans l'île, excepté les deux sentinelles canadiennes, qui, appuyées sur leurs rifles, suivaient d'un œil distrait les grandes ombres des bêtes fauves qui venaient à pas lents se désaltérer au fleuve.

Parfois un frémissement mystérieux courait sur la cime des arbres et agitait leurs têtes houleuses, dont le feuillage frissonnait avec des rumeurs étranges.

Dick et Harry, les deux braves chasseurs, échangeaient quelques paroles à voix basse pour tromper la longueur de la faction à laquelle ils étaient condamnés, lorsque tout à coup une ombre blanche glissa parmi les arbres, et Ellen apparut au milieu d'eux.

Les deux jeunes gens tressaillirent en la voyant.

La jeune fille les salua en souriant, s'assit sur l'herbe, et d'un geste gracieux les invita à prendre place à ses côtés.

Ils se hâtèrent de lui obéir.

C'était un groupe charmant que celui formé par ces trois personnes pendant cette nuit si calme, dans cette île qui balançait au-dessus de leurs têtes les ombrages de ses arbres, hauts de cent vingt pieds, sur les bords de ce fleuve aux eaux argentées qui coulait à leurs pieds avec un sourd murmure.

Les chasseurs contemplaient la jeune fille.

Elle leur souriait avec cette grâce enfantine que nulle expression ne saurait rendre.

— Vous causiez quand je suis arrivée, dit-elle.

— Oui, répondit Harry, nous parlions de vous, Ellen.
— De moi? fit-elle.
— Eh! de qui pouvons-nous parler si ce n'est de vous? reprit Harry.
— N'est-ce pas pour vous seule que nous nous sommes mêlés à cette troupe de bandits? murmura Dick d'un ton de mauvaise humeur.
— Regrettez-vous donc de vous y trouver? demanda-t-elle avec un doux sourire.
— Je ne dis pas cela, répondit le jeune homme; mais nous ne sommes pas à notre place parmi ces gens de sac et de corde. Nous sommes de francs et loyaux chasseurs, d'honnêtes coureurs des bois; la vie que nous menons nous pèse.
— N'était-ce pas de cela que vous causiez tous deux quand ma présence vous a interrompus?
Ils gardèrent le silence.
— Répondez hardiment, reprit-elle. Mon Dieu! vous le savez, cette vie me pèse autant qu'à vous.
— Que sais-je? fit Harry. Maintes fois je vous ai offert de fuir, de quitter ces hommes dont les mains sont constamment souillées de sang; toujours vous m'avez refusé.
— C'est vrai, fit-elle avec mélancolie. Hélas! bien que ces hommes soient des criminels, l'un d'eux est mon père!
— Depuis deux ans nous vous suivons. Partout, toujours, vous nous avez fait la même réponse.
— C'est que j'espérais que mon père et mes frères abandonneraient cette carrière de crime.
— Et maintenant?
— Maintenant je n'espère plus rien.
— Alors? s'écria vivement Harry.
— Je suis prête à vous suivre, répondit-elle simplement.
— Dites-vous vrai? Est-ce votre cœur qui parle, Ellen? Consentez-vous réellement à abandonner votre famille pour vous fier à notre loyauté?
— Écoutez, répondit-elle avec mélancolie; depuis deux ans, j'ai beaucoup réfléchi, et plus j'y songe, plus il me semble que le Cèdre-Rouge n'est pas mon père.
— Il serait possible! s'écrièrent les chasseurs avec étonnement.
— Je ne puis rien assurer; mais, du plus loin que je me rappelle, il me semble (ceci est vague et enveloppé d'ombres dans mon esprit), il me semble me souvenir d'une autre existence, toute différente de celle que je mène à présent.
— Vous ne vous souvenez de rien de positif?
— Rien; je vois passer, comme dans un rêve, une femme belle et pâle, un homme à l'œil fier, à la taille haute, qui me prend dans ses bras et me couvre de caresses, et puis...
— Et puis? firent les chasseurs d'une voix haletante.
— Et puis je vois des flammes, des cris, du sang, et plus rien, rien qu'un homme qui m'emporte dans la nuit sur un cheval furieux.

La jeune fille, après avoir prononcé ces paroles d'une voix brisée, cacha sa tête dans ses mains.

Il y eut un long silence.

Les deux Canadiens considéraient attentivement la jeune fille.

Enfin ils se redressèrent subitement, et Harry lui posa la main sur l'épaule.

Elle releva la tête.

— Que me voulez-vous ? dit-elle.

— Vous adresser une question.

— Parlez.

— Depuis que vous n'êtes plus une enfant, reprit le chasseur, n'avez-vous jamais cherché à éclaircir vos doutes en interrogeant le Cèdre-Rouge ?

— Si, répondit-elle, une fois.

— Eh bien ?

— Il m'écouta attentivement, me laissa tout dire ; puis, lorsque je me tus, il me lança un regard d'une expression indéfinissable, haussa les épaules et me répondit : « Vous êtes folle, Ellen ; vous aurez eu quelque cauchemar. Cette histoire est absurde. » Puis il ajouta d'un ton ironique : « J'en suis fâché pour vous, pauvre créature, mais vous êtes bien ma fille. »

— Eh bien ! fit Dick d'un ton convaincu, en frappant avec force la terre de la crosse de son rifle, je vous dis, moi, qu'il en a menti, que cet homme n'est pas votre père.

— Les colombes ne font pas leurs petits dans le nid des vautours, ajouta Harry ; non, Ellen, non, vous n'êtes pas la fille de cet homme.

La jeune fille se leva, saisit de chaque main un des bras des chasseurs, puis, après les avoir considérés un instant :

— Eh bien ! moi aussi je le crois, dit-elle. Je ne sais pourquoi, mais depuis quelques jours une voix secrète crie dans mon cœur et me dit que cet homme n'est pas mon père ; voici pourquoi, moi qui jusqu'à ce jour ai toujours refusé vos offres, je viens me confier à votre loyauté et vous demander si vous voulez enfin protéger ma fuite.

— Ellen, répondit Harry d'une voix grave, avec un accent plein de respect, je vous jure devant Dieu qui nous écoute, que mon compagnon et moi, nous nous ferons tuer sans hésiter pour vous protéger ou vous défendre; que toujours vous serez pour nous une sœur, et que, dans ce désert que nous allons traverser pour atteindre les pays civilisés, vous serez aussi en sûreté et traitée avec autant de respect que si vous vous trouviez dans la cathédrale de Québec, au pied du maître-autel.

— Je jure que tout ce que Harry vient de dire, je le ferai, et que vous pouvez, en toute confiance, vous mettre sous la sauvegarde de notre honneur, ajouta Dick en levant la main droite vers le ciel.

— Merci, mes amis, répondit la jeune fille ; je connais votre loyauté, j'accepte sans arrière-pensée, persuadée que vous saurez accomplir votre promesse.

Les deux hommes s'inclinèrent.

— Quand partons-nous ? demanda Harry.

— Mieux vaudrait profiter de l'absence du Cèdre-Rouge pour fuir.

— Cette pensée est aussi la mienne, dit Ellen, mais, ajouta-t-elle avec une certaine hésitation, je ne voudrais pas fuir seule.

— Expliquez-vous, fit Dick.

— C'est inutile, interrompit vivement Harry, je sais ce que vous désirez. Votre pensée est bonne, Ellen, nous y souscrivons de bon cœur : que la jeune Mexicaine vous accompagne ; s'il nous est possible de la rendre à sa famille, que son enlèvement désespère sans doute, nous le ferons.

Ellen lança un regard au jeune homme et rougit légèrement.

— Vous êtes un noble cœur, Harry, répondit-elle ; je vous remercie d'avoir deviné ce que je ne savais comment vous demander.

— Est-il une autre chose que vous désirez de nous ?

— Non.

— Bien ! Maintenant, amenez ici votre compagne le plus tôt possible, lorsque vous reviendrez nous serons prêts. Les gambusinos dorment, le Cèdre-Rouge est absent, nous n'avons rien à craindre ; seulement hâtez-vous, afin qu'au lever du soleil nous soyons assez loin d'ici pour n'avoir pas à redouter ceux qui, sans doute, nous poursuivront dès qu'on s'apercevra de votre fuite.

— Je ne vous demande que quelques minutes, dit la jeune fille, qui disparut bientôt dans les halliers.

Vainement doña Clara, pour obéir aux recommandations de son amie, avait cherché le sommeil ; son esprit bourrelé de crainte et d'espoir ne lui avait pas permis de prendre une minute de repos ; l'œil et l'oreille au guet, elle écoutait les bruits de la nuit et cherchait à distinguer dans les ténèbres les ombres qui, parfois, glissaient parmi les arbres.

Ellen la trouva éveillée et prête à partir.

Les préparatifs de fuite des jeunes filles ne furent pas longs ; elles ne prirent que quelques hardes de première nécessité.

En fouillant dans un vieux coffre qui servait au Cèdre-Rouge et à sa famille à renfermer les vêtements qu'ils possédaient, Ellen découvrit un mignon coffret, grand comme la main, en palissandre sculpté incrusté d'argent, dont le squatter ne se séparait jamais, mais qu'il n'avait pas cru cette fois devoir garder avec lui pendant l'expédition qu'il tentait.

La jeune fille examina un instant ce coffret ; il était fermé. Par un mouvement instinctif dont elle ne se rendit pas compte, mais qui la maîtrisa complètement, elle s'en empara vivement et le cacha dans sa poitrine.

— Partons, dit-elle à doña Clara.

— Partons, répondit laconiquement la Mexicaine, dont le cœur battait avec force.

Les deux jeunes filles sortirent de la hutte en se tenant par la main.

Elles traversèrent à petits pas la clairière et se dirigèrent vers les Canadiens.

Les gambusinos couchés autour des feux ne bougèrent pas, ils dormaient tous profondément.

De leur côté les chasseurs avaient fait leurs préparatifs de fuite.

Pendant que Dick allait chercher et amenait au rivage les quatre chevaux les plus vigoureux qu'il put trouver, Harry s'empara des selles et des harnais des autres chevaux et les jeta dans le fleuve où ils disparurent immédiatement entraînés par le courant.

Le Canadien avait réfléchi que le temps que les gambusinos emploieraient à remplacer leurs harnais perdus serait autant de gagné pour eux.

Les jeunes filles arrivèrent sur le rivage au moment où Dick et Harry achevaient de seller les quatre chevaux.

Elles se mirent immédiatement en selle.

Les Canadiens se placèrent à leurs côtés et les fugitifs firent entrer leurs chevaux dans le fleuve.

Heureusement l'eau était basse; aussi, bien que vers le milieu le courant fût assez fort, les chevaux parvinrent à traverser le Gila sans encombre.

Il était onze heures du soir environ au moment où les fuyards mirent le pied sur la terre ferme.

Dès qu'ils se trouvèrent cachés dans les hautes herbes de façon à ne pas être aperçus de l'île, ils s'arrêtèrent afin de laisser souffler leurs chevaux qui avaient besoin de reprendre haleine après le rude trajet qu'ils venaient de faire.

— Mettons à profit les quelques heures que nous avons devant nous pour marcher toute la nuit, dit Harry à voix basse.

— On ne s'apercevra pas de notre départ avant le lever du soleil ; le temps qu'on passera à nous chercher dans l'île, observa Dick, celui qu'on emploiera à remplacer les harnais, tout cela nous donne douze ou quatorze heures dont nous devons profiter pour nous éloigner au plus vite.

— Je ne demande pas mieux, fit Harry, mais avant de nous lancer sur une voie, il nous faut d'abord la choisir.

— Oh ! dit Ellen, la direction que nous devons suivre est facile, nous n'avons qu'à avancer tout droit dans le nord-ouest.

— Soit, reprit le chasseur : autant cette direction qu'une autre ; le principal est de nous éloigner sans perdre de temps ; mais pourquoi le nord-ouest plutôt que tout autre rumb de vent?

Ellen sourit.

— Parce que, dit-elle, un ami que vous connaissez, le chef indien qui faisait partie de la troupe, a quitté le camp avant nous, afin d'avertir ses guerriers et de nous amener du renfort en cas d'attaque.

— Bien pensé, fit le chasseur ; en route, et ne ménageons pas nos chevaux : de leur vitesse dépend notre salut.

Alors chacun se pencha sur le cou de sa monture ; la petite troupe partit avec la rapidité d'une flèche et se dirigea vers le nord-ouest, ainsi qu'on en était convenu.

Bientôt les quatre cavaliers disparurent dans la nuit ; le pas des chevaux cessa de résonner sur la terre durcie, et tout retomba dans le silence.

Dans l'île, les gambusinos dormaient paisiblement.

Les deux jeunes filles traversèrent la clairière et se dirigèrent vers les Canadiens.

## IX
### LE TÉOCALI

Nous reviendrons maintenant à Valentin et à ses compagnons.

Les six chasseurs galopaient toujours dans la direction des montagnes.

Vers minuit ils s'arrêtèrent au pied d'une énorme masse de granit qui se dressait solitaire et triste dans la prairie.

— C'est ici, dit le Blood's Son en mettant pied à terre.

Ses compagnons l'imitèrent.

Valentin jeta un long regard interrogateur autour de lui.

— Si ce que je suppose est vrai, dit-il, votre habitation doit être une aire d'aigles.

— Ou de vautours, répondit sourdement l'inconnu ; attendez quelques secondes.

Il imita alors le sifflement du serpent tigré.

Soudain, comme par enchantement, la masse de granit s'illumina dans toute sa hauteur, et des torches secouées par des formes vagues et indistinctes coururent rapidement le long des pentes, bondissant avec une vélocité extrême, jusqu'à ce qu'enfin elles arrivèrent jusqu'auprès des voyageurs étonnés, qui se trouvèrent tout à coup enveloppés par une cinquantaine d'hommes aux costumes étranges et aux visages sinistres, rendus plus sinistres encore par les reflets de la flamme des torches que le vent chassait dans toutes les directions.

— Ces hommes sont à moi, dit laconiquement l'inconnu.

— Hum! fit Valentin, vous avez là une formidable armée.

— Oui, fit le Blood's Son, car tous ces hommes me sont dévoués. En maintes circonstances, j'ai eu occasion de mettre leur attachement à de rudes épreuves ; ils sont pour moi des séides qui sur un signe se feront tuer.

— Oh ! oh! reprit le chasseur, l'homme qui peut parler ainsi est bien fort, surtout s'il veut poursuivre un but honorable.

L'inconnu ne répondit pas, il détourna la tête.

— Où est Schaw? demanda-t-il.

— Me voici, maître, dit en se montrant celui qu'il avait nommé.

— Comment! s'écria Valentin, Schaw, le fils du Cèdre-Rouge !

— Oui ; ne lui ai-je pas sauvé la vie que son frère lui avait voulu arracher? A ce titre, il m'appartient. Maintenant, ajouta-t-il, venez, mes hôtes, ne restons pas plus longtemps ici ; je vais vous faire voir mon domaine. Chargez-vous des chevaux, Schaw.

Le jeune homme s'inclina. Les voyageurs suivirent l'inconnu, qui, précédé par des porteurs de torches, escaladait déjà les pentes abruptes du bloc de granit.

La montée était rude ; cependant on reconnaissait facilement, sous les ronces, les lianes et les épines qui les avaient envahies et rongées, les marches d'un escalier.

Les voyageurs étaient plongés dans le plus grand étonnement. Valentin seul et Curumilla affectaient une indifférence qui donnait fort à penser à leur guide.

A peu près au tiers de la hauteur de la montagne, le Blood's Son s'arrêta devant une excavation faite de main d'homme, dont l'entrée béante laissait filtrer un filet de lumière.

— Vous ne vous attendiez probablement pas, caballeros, dit le Blood's Son en se tournant vers ses hôtes, à trouver dans le Far West une espèce de château fort comme celui-ci...

— J'en conviens, fit don Miguel, cela me semble étrange.

— Oh! mes amis, votre mémoire vous fait défaut, il me semble, dit Valentin en souriant ; cette montagne n'est, si je ne me trompe, autre chose qu'un téocali.

— En effet, répondit le Blood's Son avec un air de dépit qu'il chercha vainement à cacher, j'ai placé ma résidence dans les entrailles d'un ancien téocali.

— Il y en a beaucoup par ici, continua Valentin ; l'histoire rapporte que c'est dans cette contrée que les Aztèques s'arrêtèrent avant d'envahir définitivement le plateau d'Anahuac.

— Pour un étranger, don Valentin, observa le Blood's Son, vous connaissez beaucoup l'histoire de ce pays.

— Et celle de ses habitants ; oui, seigneur cavalier, répondit le chasseur.

Ils entrèrent.

Ils se trouvèrent dans une salle immense, aux murs blancs et chargés de sculptures qui, ainsi que l'avait dit Valentin, devaient effectivement remonter à l'époque des Aztèques.

Un nombre infini de torches fichées dans des crampons de fer répandaient une lumière féerique dans cette salle.

Le Blood's Son fit, en homme qui est parfaitement au courant de la vie civilisée, les honneurs de son étrange demeure.

Quelques minutes après leur arrivée, les chasseurs prirent leur part d'un repas qui, bien que servi dans le désert, ne laissait rien à désirer au point de vue de la délicatesse des mets et de l'ordre avec lequel il fut offert.

La vue de Schaw avait, malgré lui, inspiré à Valentin une défiance secrète contre leur hôte ; celui-ci, avec cette pénétration et cette connaissance des hommes qu'il possédait, s'en aperçut aussitôt et résolut de la faire disparaître par une explication franche entre le chasseur et lui.

Quant à Curumilla, suivant sa coutume, le digne Indien mangeait de bon appétit, sans prononcer une parole, bien qu'il ne perdit pas un mot de ce qui se disait autour de lui, et que son œil perçant eût déjà scruté le lieu où il se trouvait jusque dans ses angles les plus secrets.

Lorsque le repas fut terminé, le Blood's Son fit un signe et tous ses compagnons disparurent subitement dans le fond de la salle, où ils s'étendirent sur des monceaux de feuilles sèches qui leur servaient de lit.

Les chasseurs demeurèrent seuls avec leur hôte.

Sur un geste de celui-ci, Schaw vint prendre place auprès d'eux.

Pendant quelque temps on fuma en silence ; enfin le Blood's Son jeta loin de lui le bout de sa cigarette et prit la parole :

— Seigneurs cavaliers, dit-il avec un ton de franchise qui plut à ses auditeurs, tout ce que vous voyez ici a lieu de vous étonner, j'en conviens ; cependant rien n'est plus simple : les hommes que vous avez vus appartiennent à toutes les tribus indiennes qui parcourent le désert dans tous les sens ; un seul est de race blanche, c'est Schaw. Si don Pablo veut bien rappeler ses souvenirs, il vous dira que cet homme, trouvé dans une rue de Santa Fé avec un poignard dans la poitrine, a été sauvé par moi.

— En effet, dit le jeune homme, le père Séraphin et moi nous avions ramassé ce malheureux, qui ne donnait plus signe de vie; vous seul êtes parvenu à lui rendre la parole et le rappeler à l'existence.

— Tous les autres sont dans le même cas; proscrits dans leurs tribus, menacés de mort par leurs ennemis, ils se sont réfugiés auprès de moi. Il est maintenant un autre point que je tiens à éclaircir, afin qu'il n'existe aucun nuage entre nous, et que vous ayez en moi la confiance la plus absolue.

Les assistants s'inclinèrent avec déférence.

— A quoi bon? dit Valentin; chacun dans le monde a ses secrets, caballero. Nous ne vous demandons pas les vôtres. Nous sommes liés ensemble par le lien le plus fort qui puisse attacher les hommes, une haine commune contre le même individu et le désir de tirer de lui une éclatante vengeance, qu'avons-nous besoin d'autre chose?

— Pardonnez-moi; au désert, comme dans la vie civilisée des villes, répondit le Blood's Son avec dignité, on aime à connaître les gens avec lesquels on se trouve mis accidentellement en rapport par le hasard. Je tiens à ce que vous sachiez ceci, c'est que cette force dont je dispose, don Valentin, force qui est en effet formidable, comme vous me l'avez fait observer, me sert pour faire la police du désert. Oui, repoussé du monde, je me suis mis en tête de me venger de lui en poursuivant et détruisant ces forbans des prairies qui attaquent et pillent les caravanes qui traversent le désert : rude besogne, je vous assure, que celle que j'ai entreprise là, car les coquins pullulent dans le Far West, mais je leur fais une guerre acharnée, et tant que Dieu le permettra, je la continuerai sans trêve ni merci.

— J'avais déjà entendu parler de ce que vous nous dites, répondit Valentin. Touchez-là, mon maître, ajouta-t-il en lui tendant la main avec abandon. L'homme qui comprend ainsi sa mission sur la terre ne peut être qu'une nature d'élite, et je serai toujours heureux d'être compté au nombre de ses amis.

— Merci, répondit avec émotion le Blood's Son; merci de cette parole, qui me paye amplement de bien des déboires et de bien des mécomptes. Maintenant, sachez-le, caballeros, ces hommes qui me sont dévoués, je les mets à votre disposition. Faites d'eux ce que bon vous semblera; moi, tout le premier, je leur donnerai l'exemple de l'obéissance.

— Ecoutez, répondit Valentin, après un instant de réflexion : nous avons affaire à un bandit émérite dont la principale arme est la ruse; c'est en rusant seulement que nous parviendrons à le vaincre. Une troupe considérable est bientôt dépistée dans la prairie; le Cèdre-Rouge a les yeux du vautour et le flair du chien; plus nous serons, moins nous parviendrons à l'atteindre.

— Que faire alors, mon ami? demanda don Miguel.

— Ceci, reprit Valentin : le cerner, c'est-à-dire l'enfermer dans un cercle dont il ne puisse pas sortir, en nous assurant des alliés parmi tous les Indiens du désert; mais il est bien entendu que ces alliés agiront tous séparément, jusqu'à ce que nous soyons parvenus à si bien traquer le misérable qu'il soit forcé de se rendre.

— Oui, votre idée est bonne, bien que d'une exécution périlleuse et difficile.

— Pas autant que vous le supposez, reprit Valentin avec feu. Écoutez-moi : demain, au point du jour, Curumilla et moi nous nous mettrons sur la piste du Cèdre-Rouge, et je vous jure que nous la trouverons.

— Bien, fit don Miguel, et après?

— Attendez : pendant que l'un de nous restera à surveiller le bandit, l'autre viendra vous avertir du lieu où il se trouve. Vous, pendant ce temps-là, vous aurez contracté des alliances avec les Indiens *pueblos*, et vous serez en mesure de forcer le sanglier dans sa bauge.

— Oui, fit le Blood's Son, ce plan est simple, par cela même il doit réussir. C'est une lutte de finesse à soutenir, voilà tout.

— Oui; mais, fit le général Ibañez, pourquoi ne nous mettrions-nous pas aussi sur la piste?

— Parce que, répondit Valentin, bien que vous soyez brave comme votre épée, général, vous êtes un soldat; c'est-à-dire que vous n'entendez rien à la guerre indienne que nous allons faire, guerre toute d'embuscades et de trahisons. Vous et nos amis, malgré votre courage bien connu, et je dirai presque à cause de lui, vous nous seriez plus nuisibles qu'utiles, par votre ignorance du pays où nous sommes et des mœurs des hommes que nous avons à combattre.

— C'est juste, fit don Miguel, notre ami a raison, laissons-le faire. Je suis convaincu qu'il réussira.

— Et moi aussi, s'écria Valentin avec conviction; voilà pourquoi je veux être libre dans mes allures, afin d'agir à ma guise.

— Enfin, répondit le général, dans une partie aussi sérieuse que celle que nous jouons, avec des hommes aussi fins et aussi déterminés que ceux contre lesquels nous avons à combattre, rien ne doit être laissé au hasard. Je me résigne à rester inactif; manœuvrez comme vous l'entendrez, don Valentin.

— Permettez, s'écria don Pablo avec feu. Que mon père et vous, général, vous consentiez à rester ici, à la rigueur, je le comprends : votre âge, vos habitudes vous rendent peu aptes à la vie que vous seriez contraints de de mener; mais moi, je suis jeune, je suis fort, je suis rompu à la fatigue et habitué de longue date par Valentin lui-même aux exigences souvent terribles de cette vie du désert que vous ignorez; c'est du salut de ma sœur qu'il s'agit, c'est elle que l'on veut enlever à ses ravisseurs, je dois faire partie de ceux qui vont se lancer à leur poursuite.

Valentin lui jeta un regard rempli de tendresse.

— Soit, lui dit-il, vous viendrez avec nous, don Pablo; je finirai ainsi de vous initier à la vie du désert.

— Merci, mon ami, merci, s'écria le jeune homme avec joie, vous m'ôtez un poids immense de dessus la poitrine. Pauvre sœur, je coopérerai donc à sa délivrance!

— Il est un autre homme que vous devez emmener avec vous, don Valentin, dit le Blood's Son.

— Pourquoi donc? répondit Valentin.

— Parce que, reprit l'autre, aussitôt votre départ, je partirai aussi, moi, de mon côté, afin de parcourir les villages indiens; il faut que, le moment venu, nous puissions nous réunir.

— Oui, mais comment faire?

— Schaw vous accompagnera.

Un éclair de joie passa dans l'œil fauve du jeune homme, dont le visage cependant demeura impassible.

— Dès que vous aurez trouvé la piste, Schaw, qui connaît mes repaires, sera envoyé par vous pour m'en donner avis, et soyez tranquille, en quelque lieu que je me trouve, il me rejoindra.

— Oui, fit laconiquement le fils du squatter.

Valentin l'examina un instant avec attention, puis se tournant vers le Blood's Son :

— Soit, dit-il, il viendra; je me trompe fort, ou ce jeune homme a un intérêt plus grand que nous ne le supposons à la réussite de nos projets, et nous pouvons entièrement compter sur lui.

Schaw baissa les yeux en rougissant.

— Maintenant, dit le Blood's Son, il est tard, il reste quatre heures de nuit à peine; je crois que nous nous sommes parfaitement entendus et que nous ferons bien de nous livrer au repos ; nous ne savons pas ce que demain nous réserve.

— Oui, dormons, dit Valentin, je compte me mettre en route au lever du soleil.

— Vos chevaux seront prêts.

— Laissez-les se reposer, nous n'en avons pas besoin; une piste ne se suit bien qu'à pied.

— Vous avez raison, un homme à pied passe partout.

Après quelques autres paroles échangées, chacun se leva pour aller se jeter sur un lit de feuilles sèches.

Don Miguel saisit vivement le bras de Valentin, et le lui serrant avec force :

— Ami, lui dit-il avec des larmes dans la voix, rendez-moi ma fille !

— Je vous la rendrai, répondit le chasseur avec émotion, ou je mourrai.

L'hacendero fit quelques pas pour s'éloigner, mais revenant précipitamment près du Français :

— Veillez sur mon fils, lui dit-il d'une voix étouffée.

— Soyez sans inquiétude, mon ami, répondit le chasseur.

Don Miguel serra chaleureusement la main du chasseur en poussant un soupir et s'éloigna.

Quelques minutes plus tard tous les hôtes du téocali dormaient profondément, excepté les sentinelles chargées de veiller au salut commun.

## X

### LA GAZELLE BLANCHE

La proposition du Cèdre-Rouge était trop avantageuse pour que les pirates hésitassent à l'accepter.

En voici la raison :

Depuis quelques années, un homme avait paru dans les prairies à la tête de cinquante ou soixante compagnons déterminés, et s'était mis à faire aux coureurs d'aventures, c'est-à-dire aux pirates, une si rude guerre, qu'il leur était devenu presque impossible de continuer impunément leur ancien métier.

De son autorité privée, cet homme s'était fait le défenseur des caravanes qui traversaient le désert et le protecteur des trappeurs et des chasseurs qu'ils ne pouvaient plus dévaliser sans crainte de se voir attaqués par ce redresseur de torts inconnu.

Cette existence devenait insoutenable; il fallait en finir. Malheureusement les moyens avaient toujours manqué jusque-là aux pirates pour frapper un grand coup et se délivrer du joug pesant que le Blood's Son faisait peser sur eux.

Ils n'hésitèrent donc pas, ainsi que nous venons de le dire, à accepter la proposition du Cèdre-Rouge.

Ces hommes connaissaient le bandit depuis plusieurs années; il avait même, en quelque sorte, été leur chef pendant quelque temps ; mais à cette époque ils étaient encore des brigands civilisés, si l'on peut employer cette expression quand on parle de pareils gens, exploitant les frontières de l'Union américaine, assaillant les fermes isolées, tuant et pillant les habitants sans défense.

Leur troupe, qui se composait alors d'une cinquantaine d'individus, avait été petit à petit refoulée dans le désert, où le Blood's Son, qui leur courait sus comme à des bêtes fauves, les avait décimés dans maintes embuscades, si bien que maintenant, réduite à dix individus seulement, elle était littéralement aux abois et contrainte à vivre du produit de la chasse ou des rares occasions de butin que lui offraient les voyageurs isolés que leur mauvais destin amenait aux environs de son repaire.

Complètement méconnaissables sous le costume indien qu'ils portaient, les quelques voyageurs qui leur échappaient croyaient avoir été dévalisés par les Peaux-Rouges.

Cet incognito faisait leur sécurité, et leur permettait d'aller parfois vendre le produit de leurs rapines dans les ports de la côte.

Nous avons dit que la troupe des bandits se composait de dix hommes; nous nous sommes trompés : ils étaient bien dix individus, mais dans ce nombre se trouvait une femme.

Étrange anomalie que l'existence de cette créature, âgée de vingt ans à peine, aux traits fins, aux grands yeux noirs et à la taille svelte et élancée, au milieu de ces hommes sans foi ni loi, qu'elle dominait de toute la hauteur d'une intelligence d'élite, d'un courage indomptable et d'une volonté de fer.

Les brigands avaient pour elle une adoration superstitieuse dont ils ne se rendaient pas bien compte, obéissant sans murmurer à ses moindres caprices et prêts, pour lui plaire, à se faire tuer à un signe de ses doigts roses.

Elle était pour ainsi dire leur *palladium*.

La jeune fille connaissait parfaitement le pouvoir sans contrôle qu'elle exerçait sur ses terribles tuteurs, et elle en abusait dans toutes les circonstances sans qu'ils cherchassent jamais à lui résister.

Les Indiens, séduits, eux aussi, par la grâce, la vivacité et les charmes sympathiques de la jeune fille, l'avaient surnommée la *Gazelle blanche* (voki-vokammast), nom si bien approprié à ses grâces mutines et à sa désinvolture, qu'il lui était resté et qu'on ne lui en connaissait pas d'autre.

Elle portait un costume de fantaisie d'une sauvagerie et d'une excentricité inimaginables, qui s'alliait parfaitement à l'expression douce, bien que décidée et vaguement rêveuse, de sa physionomie.

Ce costume se composait de larges pantalons à la turque, faits en cachemire de l'Inde, attachés aux genoux par des jarretières en diamants ; des bottes en peau de daim gaufrée lui garantissaient la jambe et emprisonnaient son pied mignon. A ses talons étaient attachés de lourds éperons mexicains en or ; des pistolets doubles et un poignard étaient passés dans la ceinture en crêpe de Chine qui serrait sa taille fine, cambrée et flexible. Une veste de velours violet épinglé, fermée sur la poitrine par une profusion de diamants, dessinait ses formes gracieuses. Un *zarape navajo* aux brillantes couleurs, retenu à son cou par une agrafe en rubis balais, lui servait de manteau, et un chapeau de Panama d'une finesse extrême (*doble paja*), garni d'une plume d'aigle, couvrait sa tête en laissant échapper sous ses larges bords d'épaisses boucles de cheveux d'un noir de jais qui tombaient en désordre sur ses épaules, et qui, s'ils n'avaient été retenus par un ruban, auraient traîné à terre.

Cette jeune femme dormait lorsque le Cèdre-Rouge était arrivé à la caverne.

Les pirates avaient l'habitude de ne jamais rien faire sans son assentiment.

— Cèdre-Rouge est un homme dans lequel nous pouvons avoir pleine confiance, dit Pedro Sandoval en résumant la question, mais nous ne pouvons lui répondre avant d'avoir consulté la niña.

— C'est vrai, appuya un second; ainsi, comme toute discussion serait inutile, je crois que ce que nous avons de mieux à faire est d'imiter Cèdre-Rouge et de dormir.

— Puissamment raisonné, fit un des bandits nommé *l'Ourson*, petit homme trapu, à la face ignoble, aux yeux gris et à la bouche fendue jusqu'aux oreilles, en riant d'un gros rire qui découvrit deux rangées de dents blanches, larges et aiguës comme celles d'une bête fauve; sur ce, bonsoir, je vais me coucher.

Les autres pirates en firent autant, et au bout de quelques minutes le plus

Les Indiens, séduits par la grâce et les charmes de la jeune fille, l'avaient surnommée la Gazelle-Blanche.

profond silence régnait dans la grotte, dont les habitants, rassurés par la force de leur position, dormaient d'un paisible sommeil.

Au point du jour, le Cèdre-Rouge ouvrit les yeux, se détira dans tous les sens et se souleva de la dure couche sur laquelle il avait reposé, afin de marcher un peu et de rétablir la circulation du sang.

— Déjà levé! dit Sandoval en sortant, une cigarette à la bouche, de l'une des loges qui servaient de chambre à coucher.

— *By God!* mon lit n'avait rien d'assez attrayant pour me retenir longtemps, répondit en souriant le Cèdre-Rouge.

— Bah! reprit l'autre, à la guerre comme à la guerre!

— Aussi je ne m'en plains pas, continua le squatter en attirant son compagnon à l'entrée de la grotte. Ah çà! maintenant, compadre, répondez-moi : que pensez-vous de ce que je vous ai proposé? vous avez eu le temps de la réflexion, je suppose.

— *Cascaras !* il n'était pas besoin de tant de réflexions pour voir que c'est une bonne affaire.

— Vous acceptez? dit Cèdre-Rouge avec un mouvement de joie.

— Si j'étais le maître, cela ne ferait pas la moindre difficulté; mais...

— *By God!* il y a un mais!...

— Vous savez bien qu'il y en a toujours.

— C'est juste. Et ce mais, quel est-il?

— Oh! mon Dieu, moins que rien, il s'agit simplement de soumettre la question à la niña.

— C'est vrai, je n'y avais pas songé.

— Vous voyez bien.

— *Cristo !* Oh! elle acceptera.

— J'en suis convaincu comme vous, mais encore faut-il le lui dire.

— Parfaitement. Tenez, compagnon, je préfère que ce soit vous qui vous chargiez de ce soin; pendant ce temps, j'irai aux environs tirer un ou deux coups de feu pour le déjeuner. Cela vous va-t-il?

— Fort bien.

— Je puis donc compter sur vous?

— Oui.

— A bientôt alors.

Le Cèdre-Rouge jeta son rifle sur l'épaule et quitta la grotte en sifflant son chien.

Sandoval, resté seul, se prépara à s'acquitter de la commission dont il s'était chargé, tout en murmurant à part lui:

— Ce diable de Cèdre-Rouge, il est toujours le même, aussi timide qu'autrefois; ce que c'est que de n'avoir pas fréquenté un certain monde, on ne sait pas parler aux femmes.

— Bonjour, Sandoval, dit une voix douce et mélodieuse, au timbre pur et sonore.

Et la Gazelle-Blanche frappa amicalement sur l'épaule du vieux bandit en lui souriant avec amitié.

C'était réellement une ravissante créature que cette jeune fille; elle portait le costume que nous avons précédemment décrit, seulement elle tenait à la main une carabine damasquinée en argent.

Sandoval la considéra un instant avec une profonde admiration, puis il lui répondit d'une voix émue:

— Bonjour, enfant, la nuit a-t-elle été bonne?

— On ne peut meilleure ; je me sens ce matin d'une gaieté folle.

— Tant mieux, chère fille, tant mieux ! car je dois vous présenter un ancien compagnon qui désire ardemment vous revoir.

— Je sais de qui vous voulez parler, père, répondit la jeune fille ; je ne dormais pas hier soir lorsqu'il est arrivé, et en supposant que j'eusse dormi, le vacarme que vous avez fait aurait suffi pour me réveiller.

— Vous avez entendu notre conversation alors ?

— D'un bout à l'autre.

— Et quel est votre avis ?

— Avant de vous répondre, dites-moi quels sont les gens que nous devons attaquer.

— Ne le savez-vous pas ?

— Non, puisque je vous le demande.

— Dame, ce sont des Américains, je crois.

— Mais encore quels Américains ? Sont-ce des gringos ou des gachupines ?

— Ma foi, je ne me suis pas occupé de ce détail ; pour moi tous les Américains se ressemblent, et pourvu qu'on les attaque, je n'en demande pas davantage.

— C'est possible, vieux père, répondit la jeune fille avec une petite moue, mais moi je fais une grande différence entre eux.

— Je ne vois pas trop à quoi cela peut servir.

— Je suis libre de penser comme il me plaît, je suppose, interrompit-elle en frappant du pied avec impatience.

— Oui, ma fille, oui... ne nous fâchons pas, je vous en prie.

— Très bien, seulement faites bien attention à ce que je vais vous dire : Cèdre-Rouge est un homme à qui je ne veux me fier d'aucune façon. Il a l'habitude de poursuivre toujours un but ténébreux qui échappe à ses associés ; ils ne font que lui servir de marchepied dans toutes ses entreprises, et il les abandonne sans vergogne dès qu'ils ne lui sont plus bons à rien. L'affaire que le Cèdre-Rouge vous propose est magnifique au premier coup d'œil ; mais, en y réfléchissant, loin de nous offrir des bénéfices, elle peut, au contraire, nous attirer une foule de désagréments, et, qui plus est, nous fourrer dans un guêpier dont nous ne pourrions plus sortir.

— Ainsi, votre avis est d'y renoncer ?

— Je ne dis pas cela, mais je veux savoir ce que vous comptez faire et quelles sont nos chances de réussite.

Pendant cette conversation, les autres bandits étaient sortis de leurs loges et s'étaient rangés autour des deux interlocuteurs, dont ils suivaient la discussion avec le plus grand intérêt.

— Ma foi, ma chère enfant, je ne sais plus que vous dire, reprit Sandoval. Hier au soir Cèdre-Rouge nous a parlé de l'affaire, elle nous a paru fort belle ; si elle ne vous sourit pas, nous y renonçons ; n'en parlons plus, ce n'est pas plus difficile que cela.

— Voilà toujours comme vous êtes, Sandoval, il est impossible de discuter avec vous ; à la moindre objection que l'on vous fait, vous vous emportez et vous ne voulez pas écouter les raisons que l'on peut avoir à donner.

— Je ne m'emporte pas, mon enfant, je dis ce qui est. Du reste, voici le Cèdre-Rouge, expliquez-vous avec lui.

— Ce ne sera pas long, répondit la jeune fille.

Et se tournant vers le squatter, qui entrait dans la grotte, portant sur ses épaules un elk magnifique qu'il avait tué et qu'il jeta à terre :

— Répondez-moi un seul mot, Cèdre-Rouge, lui dit-elle.

— Vingt si cela peut vous être agréable, charmante Gazelle, fit le brigand avec un sourire forcé qui le rendit hideux.

— Non, un seul suffira. Quels sont les gens auxquels vous avez affaire ?

— Une famille mexicaine.

— C'est le nom de cette famille que je vous demande.

— Ce nom, je vais vous le dire, c'est la famille de Zarate, une des plus influentes du Nouveau-Mexique.

A cette réponse, une vive rougeur envahit subitement le visage de la jeune fille, et elle donna les marques d'une profonde émotion.

— Je me propose aussi, continua le bandit, auquel la rougeur de la jeune fille n'échappa pas, lorsque nous serons en force, d'en finir enfin avec ce démon, ce Blood's Son, contre lequel nous avons tant d'injures à venger.

— Bien! fit-elle avec une émotion croissante.

Les brigands étonnés regardaient la jeune fille avec anxiété.

Enfin, par un effort violent, la Gazelle parvint à reprendre une apparence de sang-froid, et, s'adressant aux pirates, elle leur dit d'une voix dont l'accent entrecoupé trahissait une grande agitation intérieure :

— Ceci change toute la question. Le Blood's Son est notre plus cruel ennemi. Si j'avais su cela tout de suite, je ne me serais pas opposée à l'entreprise comme je l'ai fait d'abord.

— Ainsi ?... hasarda Sandoval.

— Je trouve que l'idée est excellente, et que plus tôt nous la mettrons à exécution, mieux cela vaudra.

— A la bonne heure! s'écria le Cèdre-Rouge; je savais bien que la niña me soutiendrait.

La Gazelle lui sourit.

— Qui a jamais rien compris aux femmes ? murmura Sandoval dans sa moustache.

— Maintenant, ajouta la jeune fille avec une animation extraordinaire, hâtons-nous de faire nos préparatifs de départ, nous n'avons pas un instant à perdre.

— *Caspita!* je suis heureux que nous fassions enfin quelque chose, dit l'Ourson en se mettant en devoir de dépecer l'elk apporté par le Cèdre-Rouge; nous commencions à moisir dans ce trou humide.

— Léonard, dit Sandoval, occupe-toi des chevaux ; va les chercher dans le corral et conduis-les à l'entrée du souterrain.

— Diable! dit le Cèdre-Rouge, à propos de chevaux, c'est que je n'en ai pas, moi.

— C'est vrai, répondit Sandoval, tu es arrivé hier à pied ; mais je croyais que tu avais laissé ta monture quelque part, dans un fourré.

— Ma foi non, mon cheval a été tué dans une embuscade où j'ai failli laisser ma peau; depuis c'est mon chien qui porte les harnais.

— Nous avons plus de chevaux qu'il ne nous en faut; Léonard en prendra un pour toi.

— Merci, à charge de revanche.

Léonard et un autre bandit se chargèrent des harnais et s'éloignèrent.

Lorsque le repas fut terminé, ce qui ne fut pas long, car les pirates avaient hâte de se mettre en route, les séparations qui formaient les loges furent enlevées, et deux ou trois bandits, s'armant de forts leviers, dérangèrent un énorme rocher sous lequel se trouvait le trou qui servait de cache à la bande, lorsqu'elle était obligée de quitter temporairement son repaire.

Dans ce trou on entassa tous les objets de quelque valeur que contenait la grotte; puis le rocher fut remis en place.

Ce devoir accompli :

— A moi ! un coup de main! cria Sandoval en se dirigeant vers l'entrée de la grotte.

Quelques hommes le suivirent.

Sur un signe de Sandoval, ils saisirent tous ensemble l'extrémité de l'arbre qui servait de pont, le soulevèrent, le balancèrent un instant dans l'espace et le lancèrent au fond du précipice dans lequel il roula avec un bruit semblable à celui de la détonation d'un parc d'artillerie.

Une fois que l'on eut bouché l'extérieur de la grotte avec des broussailles, afin d'en dissimuler l'entrée autant que possible :

— Ouf! reprit Sandoval; à présent, tout est en ordre : nous partirons quand vous le voudrez.

— Sur-le-champ ! dit la jeune fille qui paraissait en proie à une grande impatience, et qui pendant tous ces longs préparatifs n'avait cessé de gourmander les pirates sur leur lenteur

La troupe s'engagea sans plus tarder dans le souterrain.

Après une marche à tâtons d'environ une demi-heure, elle déboucha dans un ravin où les chevaux, gardés par un pirate, broutaient les pois grimpants et les jeunes pousses des arbres.

Chacun se mit en selle.

La Gazelle-Blanche laissa passer ses compagnons, et s'arrangea de façon à demeurer un peu en arrière. S'approchant alors du Cèdre-Rouge, elle le regarda avec une expression indéfinissable, et posant sa main mignonne sur l'épaule du squatter :

— Dites-moi, Cèdre-Rouge, murmura-t-elle d'une voix basse et concentrée, c'est bien à ce don Miguel de Zarate, le père de don Pablo, que vous en voulez, n'est-ce pas?

— Oui, señorita, répondit le squatter feignant d'être étonné de cette question ; pourquoi me demandez-vous cela?

— Pour rien, fit-elle en haussant les épaules ; une idée...

Et, piquant son cheval qui bondit en hennissant de colère, elle rejoignit la troupe qui s'éloignait au grand trot.

— Pourquoi donc s'intéresse-t-elle tant à don Pablo de Zarate ? se demanda le Cèdre-Rouge dès qu'il fut seul ; il faudra que je le sache. Qui sait ? peut-être cela pourra-t-il me servir...

Un sourire sinistre plissa les coins de ses lèvres minces, et il ajouta en regardant galoper la jeune fille :

— Tu crois ton secret bien gardé ! Pauvre folle, je le saurai bientôt.

## XI

### LES APACHES.

La petite troupe galopait en silence au milieu de l'un de ces paysages primitifs qui ne doivent rien à l'art, et dont l'ensemble imposant et grandiose fait comprendre la puissance infinie du Créateur et plonge l'âme dans une douce rêverie.

Il faisait une de ces fraîches, mais belles matinées d'automne pendant lesquelles il est si agréable de voyager.

Le soleil, qui montait doucement à l'horizon, répandait sa chaleur vivifiante sur la nature qui semblait lui sourire.

Quand on jetait les yeux autour de soi dans les vallées, tout paraissait moucheté de blanc et de gris noirâtre.

Les collines portaient à leurs cimes d'énormes champignons de grès, qui affectaient les formes les plus bizarres.

Le sol de ces collines était gris-blanc et ne conservait que quelques plantes fanées déjà chargées de graines.

Dans la plaine, la végétation était jaune ; çà et là, dans l'éloignement, quelques vieux bisons mâles étaient épars sur la prairie comme des points noirs.

Les sauterelles volantes, les unes avec des ailes brunes avec l'extrémité blanche, d'autres encore avec des ailes rouges, et la plupart d'une couleur jaune clair, étaient si nombreuses, qu'elles couvraient littéralement la terre à certaines places.

A une légère distance s'élevait la haute montagne de la *Main-d'Ours*, nommée par les Navajoés *Kiaïou-Tiss* [1], dont la cime était déjà revêtue d'une légère couche de neige.

Les corbeaux, les *stournelles* à poitrine jaune, formaient de vastes cercles dans l'air, et les bisons, les elks, les asshatas et les bighorns, couraient et bondissaient dans toutes les directions en bramant et en mugissant.

Les pirates, insensibles aux attraits du paysage et n'ayant d'autre mobile que la cupidité, mais stimulés au dernier point par cette passion, galopaient dans la direction du village de la tribu du Bison, dont Stanapat ( *la main pleine*

1. De *Kiaïou*, ours, *tiss*, main.

*de sang*) était le sachem, c'est-à-dire le premier chef, se rapprochant insensiblement des rives du Rio-Gila, invisible encore, mais dont on reconnaissait fort bien le cours, à cause de la masse de vapeurs qui s'élevaient de son sein et planaient majestueusement au-dessus de lui, incessamment pompées par les rayons de plus en plus ardents du soleil.

Vers midi, la troupe s'arrêta pour laisser souffler les chevaux ; mais, grâce à l'impatience du Cèdre-Rouge et surtout à celle de la Gazelle-Blanche, la course reprit bientôt aussi rapide qu'auparavant.

Après avoir descendu une colline assez haute et avoir quelque temps marché dans un ravin profond, qui formait une espèce de *cañon*, la troupe déboucha enfin sur les bords du Gila.

Alors un étrange spectacle s'offrit à sa vue.

De chaque côté du fleuve, une foule d'Indiens qui paraissaient campés à cet endroit, bien que leur village s'élevât à une légère distance sur le sommet d'une colline, suivant l'habitude des *pueblos* de faire de leurs habitations des espèces de forteresses, couraient et furetaient dans tous les sens, criant, gesticulant et composant en somme le plus effroyable concert.

Dès qu'ils aperçurent les étrangers qui s'avançaient en droite ligne vers eux, sans chercher à se cacher, marchant au contraire au petit pas, dans un ordre parfait, ils poussèrent des hurlements frénétiques et se précipitèrent à leur rencontre en brandissant leurs armes et en faisant des contorsions inimaginables.

— Diable ! dit Sandoval, les Indiens ne paraissent pas de bonne humeur. Peut-être avons-nous tort de les accoster en ce moment ; de la façon dont je les vois disposés, ils peuvent nous faire un mauvais parti ; tenons-nous sur nos gardes.

— Bah ! laissez-moi agir, je me charge de tout, répondit le Cèdre-Rouge avec assurance.

— Je ne demande pas mieux, mon camarade, fit Sandoval ; à ton aise, fais comme tu l'entendras ; du diable si je cherche à m'interposer. *Caraï !* je connais trop bien ces démons-là pour me fourrer à l'étourdie dans leurs affaires.

— Très bien ! voilà qui est convenu, ne vous inquiétez pas du reste.

Sur un signe du Cèdre-Rouge, les pirates s'arrêtèrent, attendant avec impatience ce qui allait arriver, et résolus, dans tous les cas, avec cet égoïsme brutal qui caractérise les coquins de cette espèce, à demeurer spectateurs impassibles.

Le squatter, sans s'émouvoir, rejeta son rifle en bandoulière, et, quittant son manteau de bison qu'il déploya et agita devant lui, il s'avança au galop vers les Apaches.

Ceux-ci, voyant les étrangers s'arrêter la main sur leurs armes et cet homme venir seul en ambassadeur, eurent un instant d'hésitation.

Ils formèrent un groupe et se consultèrent. Après une courte délibération, deux hommes se détachèrent et vinrent, en agitant aussi leurs robes de bison, s'arrêter tout court à dix pas au plus du chasseur.

— Que veut mon frère des guerriers de ma nation ? dit un des Indiens d'une voix hautaine, ne sait-il pas que la hache est déterrée entre les blancs et les Peaux-Rouges, ou bien nous apporte-t-il lui-même sa chevelure, afin de nous éviter d'aller la lui prendre?

— Mon frère est-il un chef? répondit le pirate sans s'émouvoir.

— Je suis un chef, reprit l'Indien, mes fils me nomment le Chat-Noir.

— Très bien, continua le Cèdre-Rouge. Je répondrai donc à mon frère. Je sais que depuis longtemps la hache est déterrée entre les *grands cœurs de l'Est* du Blood's Son et les Apaches. Quant à ma chevelure, j'ai la faiblesse d'y tenir énormément, toute grisonnante qu'elle soit, et je n'ai nullement l'intention de me la laisser prendre.

— Alors mon frère n'est pas prudent d'être venu ainsi se livrer lui-même.

— C'est ce que la suite nous apprendra. Mon frère veut-il entendre les propositions que je suis chargé de lui faire?

— Que mon frère parle, mais qu'il soit bref, mes fils s'impatientent.

— Ce que j'ai à dire ne regarde que le Chat-Noir.

— Mes oreilles sont ouvertes.

— Je viens offrir à mon frère le secours de mes compagnons et le mien, c'est-à-dire les onze meilleurs rifles de la prairie. Autour du feu du conseil j'expliquerai aux chefs ce que nous pouvons faire pour les délivrer de leur implacable ennemi le Blood's Son.

— Le Blood's Son est un chien poltron, répondit le chef, les femmes indiennes le méprisent. Mon frère a bien parlé, mais les blancs ont la langue fourchue; quelle preuve me donnera mon frère de sa sincérité?

— Celle-ci, répondit intrépidement le pirate en s'avançant jusqu'à toucher l'Indien : je suis celui qu'on nomme le Cèdre-Rouge, le chasseur de chevelures.

— *Ooah!* fit le chef, dans l'œil duquel passa un éclair.

Le squatter continua sans s'émouvoir :

— J'ai à me venger du Blood's Son; pour y parvenir, je viens à vous qui, jusqu'à ce jour, avez été mes ennemis et à qui j'ai fait tant de mal, et je me remets entre vos mains avec mes compagnons, franchement et sans arrière-pensée, vous apportant comme preuve de ma sincérité une outre pleine d'eau de feu, trois carottes de tabac, et deux robes de bison femelle blanches comme les neiges de la Main-d'Ours. Que mon frère décide, j'attends sa réponse.

Les Indiens, qui font parade d'une témérité à toute épreuve, sont bons juges en fait de courage. Une action hardie leur plaît toujours, même dans un ennemi; d'un autre côté, chez eux un présent d'eau de feu suffit pour faire oublier les plus grandes injures.

Cependant le Chat-Noir se consulta quelques minutes avec le chef qui l'accompagnait.

Après une discussion assez vive, la cupidité l'emporta sans doute dans l'esprit de l'Apache sur le désir de se venger, car son visage s'éclaircit, et il tendit la main au squatter en lui disant:

— Les chefs de ma tribu fumeront le calumet avec mon frère et ses compagnons.

Ils saisirent tous ensemble l'extrémité de l'arbre qui servait de pont et le lancèrent au fond du précipice.

Puis, ôtant le bonnet de peau d'antilope, garni de plumes, qu'il portait, il le plaça lui-même sur la tête du Cèdre-Rouge en ajoutant:
— Mon frère est sacré maintenant; qu'il me suive sans crainte avec ses amis, nulle insulte ne lui sera faite.

Les pirates avaient observé avec anxiété les phases de cette conversation.

Bien que trop éloignés pour l'entendre, ils suivaient tous les gestes des interlocuteurs.

Lorsque le Chat-Noir eut placé son bonnet sur la tête de leur compagnon, ils s'avancèrent immédiatement, sans même attendre que celui-ci leur fît signe d'approcher.

Ils savaient que, de ce moment, ils n'avaient plus rien à redouter ; qu'au contraire, ils seraient traités avec le plus grand respect et la plus haute considération par tous les membres de la tribu.

Un fait étrange et digne de remarque, c'est la façon dont les peuplades américaines entendent et pratiquent l'hospitalité.

Les tribus les plus féroces et les plus adonnées au pillage respectent au plus haut degré l'étranger qui vient s'asseoir à leur foyer.

Cet homme aurait-il tué un des membres de la famille qui l'abrite, serait-il chargé des choses les plus précieuses, bien que seul, nul n'osera l'insulter; chacun s'appliquera à lui rendre toute espèce de services, à lui fournir tout ce qui pourra lui être utile ou seulement le flatter, quitte à l'assassiner sans pitié, si huit jours plus tard ils le rencontrent dans la prairie.

Les pirates furent donc reçus à bras ouverts par les Apaches.

On dressa une tente exprès pour eux, et on leur fournit tout ce qui pouvait leur être nécessaire.

Le premier soin du Cèdre-Rouge fut de s'acquitter envers le Chat-Noir et de lui payer tout ce qu'il avait lui-même offert de lui donner.

Le chef était dans le ravissement ; ses petits yeux brillaient comme des escarboucles ; il sautait, gesticulait et ne se sentait pas de joie. Le squatter lui avait payé une rançon royale qu'il était loin de s'attendre à toucher jamais. Aussi ne quittait-il pas son nouvel ami, auprès duquel il se confondait en politesses.

Lorsque les pirates se furent reposés et qu'ils eurent pris leur repas, le Cèdre-Rouge se tourna vers le Chat-Noir.

— Quand le conseil se rassemblera, dit-il, je décélerai aux chefs l'endroit où se trouve en ce moment le Blood's Son.

— Mon frère le sait ?

— Je m'en doute.

— Alors, je vais prévenir le *hachesto* (harangueur) pour qu'il fasse réunir les chefs dans la loge du conseil.

— Pourquoi ne pas allumer le feu ici au lieu de retourner au village, ce qui sera cause d'une grande perte de temps ?

— Mon frère a raison, répondit le chef.

Il se leva et sortit immédiatement de la tente.

Quelques minutes plus tard le hachesto de la tribu monta sur une espèce de monticule et, de là, remuant son *chichikoué* de toutes ses forces, il invita les chefs de la nation à se réunir pour assister au conseil. Dans le camp situé sur l'autre rive du Gila, la même annonce était faite.

A une heure de là, les principaux chefs apaches étaient accroupis autour du feu du conseil allumé dans la prairie, à peu de distance de la tente dressée pour les blancs.

Au moment où le Chat-Noir se levait et se préparait à prononcer quelques paroles, dans le but probablement d'exposer la cause de la réunion, un grand bruit se fit entendre et un Indien, à cheval, accourut en criant :

— Les *Bisons* ! *Stanapat* ! *Stanapat* !

Un Indien, arrivant avec une égale rapidité d'un point opposé, criait en même temps :

— Les *Siksekaï* ! *Siksekaï* !

— Voici nos alliés, dit le Chat-Noir : que mes fils se préparent à les recevoir.

Le conseil fut interrompu.

Les guerriers se rassemblèrent en toute hâte, se formèrent en deux troupes nombreuses, flanquées de cavaliers aux ailes, et se rangèrent en bataille dans les deux directions indiquées par les éclaireurs.

Le détachement de guerre des Bisons parut, descendant une colline et s'avançant en bon ordre ; il se composait de cinq cents guerriers environ, parfaitement armés et peints en guerre, d'une tournure on ne peut plus martiale.

Un détachement de Siksekaï, à peu près de la même force, apparaissait presque aussitôt, marchant en bel ordre.

Dès que les quatre troupes indiennes s'aperçurent, elles poussèrent leur cri de guerre, déchargèrent leurs fusils et brandirent leurs lances, tandis que les cavaliers, lancés à toute bride, exécutaient les évolutions les plus singulières, fondant les uns sur les autres comme s'ils se chargeaient mutuellement, tournant, courant et caracolant autour des détachements qui marchaient toujours au pas de course en chantant, en criant, en tirant leurs fusils et en remuant leurs chichikoués, soufflant dans leurs conques et sifflant sans discontinuer dans leurs grands sifflets de guerre.

Il y avait quelque chose de réellement imposant dans l'aspect de ces sauvages guerriers, aux visages féroces, revêtus de costumes fantastiques, couverts de plumes et de cheveux que le vent faisait flotter dans tous les sens.

Lorsque les quatre troupes furent arrivées à une légère distance les unes des autres, elles s'arrêtèrent et le bruit cessa.

Alors les chefs principaux, tenant en main le *totem* ou *kukevium*, emblème de la tribu, sortirent des rangs suivis du porte-pipe qui portait le grand calumet sacré ; ils firent quelques pas au-devant les uns des autres et plantèrent le totem à leur droite.

Les porte-pipes bourrèrent les calumets, les allumèrent, s'inclinèrent vers les quatre points cardinaux, et les tendirent successivement aux quatre chefs en conservant les godets dans leur main, et en ayant soin que les chefs se servissent à tour de rôle des quatre calumets.

Cette cérémonie préliminaire accomplie, le principal sorcier des Bisons se plaça entre les totems, et se tournant vers le soleil :

— Foyer de lumière, dit-il, toi qui vivifies tout dans la nature, ministre et représentant visible du grand Esprit invisible qui gouverne le monde qu'il a créé, tes enfants longtemps séparés se réunissent aujourd'hui pour défendre leurs villages et leurs territoires de chasse, injustement attaqués sans relâche par des hommes sans foi et sans patrie, que *Niang*, l'esprit du mal, a déchaînés contre eux. Souris à leur effort, Soleil, accorde-leur les chevelures de leurs ennemis ! Fais qu'ils soient vainqueurs, et accepte cette offrande que t'offre ton plus fervent adorateur pour que tu sois favorable à tes fils et que tu rendes tes enfants apaches invincibles !

En prononçant ces mots, il saisit une légère hache de pierre qui pendait à sa ceinture, et, plaçant son bras gauche sur un rocher, d'un seul coup il se fit sauter le poignet.

Le sang s'échappa en abondance de cette horrible blessure ; mais le sorcier, impassible et en apparence insensible à la douleur, se redressa l'œil étincelant d'enthousiasme et de fanatisme religieux, et secouant son bras dans toutes les directions, il aspergea les chefs de sang en criant d'une voix vibrante :

— Soleil ! Soleil ! livre-nous nos ennemis comme je t'ai livré ma main.

Tous les Indiens répétèrent la même prière.

Les cris recommencèrent, et en un instant les Peaux-Rouges, saisis d'une espèce de frénésie, se ruèrent les uns contre les autres en brandissant leurs armes au bruit des chichikoués et des sifflets de guerre, simulant toutes les évolutions d'une bataille réelle.

Le sorcier, toujours impassible, enveloppa avec des herbes son bras mutilé, et se retira d'un pas lent et mesuré, salué, sur son passage, par les Indiens que son action avait électrisés.

Lorsque le tumulte fut un peu calmé, les chefs se réunirent une seconde fois autour du feu du conseil, dont le cercle s'était élargi pour donner place aux alliés.

Les guerriers nouvellement arrivés s'étaient mêlés à ceux du Chat-Noir, et la plus grande cordialité régnait entre ces hommes féroces, dont le nombre montait en ce moment à près de deux mille, et qui ne rêvaient que sang, meurtre et pillage.

— Sachems confédérés de la puissante nation des Apaches, dit Stanapat, vous savez quelle est la cause qui, une fois encore, nous met les armes à la main contre les blancs perfides ! Il est donc inutile d'entrer ici dans des détails que vous connaissez ; seulement je crois que puisque la hache est déterrée nous devons nous en servir jusqu'à ce qu'elle soit complètement émoussée. Chaque jour les Visages-Pâles envahissent davantage notre territoire, ils ne respectent aucune de nos lois, ils nous tuent sans provocation, comme des bêtes fauves. Oublions un instant nos haines personnelles pour nous réunir contre l'ennemi commun, ce Blood's Son que le génie du mal a créé pour notre perte ! Si nous savons rester unis, nous l'exterminerons, car nous serons les plus forts ! Lorsque nous serons vainqueurs, alors nous partagerons entre nous les dépouilles de nos ennemis. J'ai dit.

Stanapat se rassit, et le Chat-Noir se leva à son tour.

— Nous sommes assez nombreux pour commencer la guerre avec avantage ; avant quelques jours, d'autres auxiliaires nous auront rejoints. Pourquoi attendre davantage ? Dix chasseurs blancs des prairies, nos alliés, s'offrent à nous livrer le repaire des *longs couteaux de l'est* du Blood's Son, dans lequel, disent-ils, ils ont des intelligences. Qu'attendons-nous? Poussons notre cri de guerre et partons à l'instant; tout retard peut être mortel pour nous, en donnant à nos ennemis le temps de préparer une résistance désespérée contre laquelle viendraient se briser tous nos effort. Que mes frères réfléchissent. J'ai dit.

— Mon frère a bien parlé, répondit Stanapat; nous devons tomber comme la foudre sur nos ennemis, qui seront atterrés par une attaque imprévue; mais ne soyons pas imprudents. Où sont les chasseurs blancs?

— Ici, répondit le Chat-Noir.

— Je demande, reprit le sachem, qu'ils soient entendus par le conseil.

Les autres chefs inclinèrent affirmativement la tête.

Alors le Chat-Noir se leva et se rendit auprès des pirates, qui attendaient avec impatience le résultat des délibérations des sachems.

## XII

### LE CHAT-NOIR.

Nous sommes contraints, pour l'intelligence des faits qui vont suivre, de retourner auprès des deux jeunes filles que nous avons abandonnées au moment où, escortées par les chasseurs canadiens, elles s'étaient échappées du camp du Cèdre-Rouge.

Les fugitifs s'arrêtèrent quelques minutes avant le lever du soleil, sur une petite langue de sable qui formait une espèce de cap avancé de quelques mètres dans les eaux du Gila, assez profondes en cet endroit; de là on commandait le fleuve et la prairie.

Tout était calme et tranquille dans le désert; l'impétueux Gila roulait ses eaux jaunâtres entre deux rives bordées de bois et d'épais taillis.

Dans le fouillis des branches d'un vert sombre, des milliers d'oiseaux entonnaient un assourdissant concert auquel se mêlait parfois le mugissement des bisons et le bramement des elks.

Le premier soin des chasseurs fut d'allumer un feu pour préparer leur repas du matin, tandis que leurs chevaux entravés à l'amble broutaient les jeunes pousses des arbes.

— Pourquoi nous faire déjà prendre du repos, Harry, demanda Ellen, lorsque nous marchons depuis trois heures à peine?

— Nous ne savons pas ce qui nous attend dans une heure, miss Ellen, répondit le chasseur, nous devons profiter de l'instant de répit que nous accorde la Providence pour reprendre des forces.

La jeune fille baissa la tête, le repas fut bientôt prêt.

Lorsqu'il fut terminé, les fugitifs remontèrent à cheval.

La fuite recommença.

Tout à coup un sifflement aigu et bizarre résonna dans les hautes herbes, et une quarantaine d'Indiens, comme s'ils étaient subitement sortis de terre, enveloppèrent les jeunes filles et les deux chasseurs.

Dans le premier moment, Ellen et ses compagnons crurent que ces hommes étaient les guerriers Coras que devait leur amener la Plume-d'Aigle; mais leur illusion fut de courte durée, un coup d'œil suffit pour leur faire reconnaître des Apaches.

Doña Clara, effrayée d'abord de cette attaque imprévue, avait presque immédiatement repris son sang-froid et avait compris que toute résistance était impossible.

— Vous vous sacrifieriez vainement pour moi, dit-elle aux Canadiens; laissez-moi provisoirement au pouvoir de cet Indien, que je redoute moins que les gambusinos du Cèdre-Rouge. Fuyez, Ellen; fuyez, mes amis.

— Non ! s'écria l'Américaine avec force, je mourrai avec vous, mon amie.

— Que les deux femmes nous suivent, ainsi que les chasseurs pâles, commanda un des Indiens.

— Dans quel but ? demanda doña Clara avec douceur.

Sur un signe du chef, deux hommes saisirent la jeune Mexicaine et l'attachèrent sur son cheval, sans cependant employer la violence.

D'un mouvement plus prompt que la pensée, Harry enleva Ellen de sa selle, la jeta en travers sur le cou de son cheval, et tentant un coup de désespoir, il se jeta, suivi de Dick, au plus épais du groupe des Peaux-Rouges.

Alors, se servant de leurs rifles en guise de massue, ils se mirent à assommer les Apaches.

Il y eut un moment de lutte terrible.

Enfin Harry parvint, après des efforts désespérés, à se faire jour et disparut à toute bride, emportant avec lui la fille du Cèdre-Rouge, que la terreur avait fait évanouir.

Moins heureux que lui, Dick, après avoir assommé deux ou trois Indiens, fut renversé de cheval et cloué sur le sol d'un coup de lance.

Le jeune homme, en tombant, jeta un regard désespéré à celle qu'il n'avait pu sauver et pour laquelle il mourait. Un Indien se précipita sur son corps, lui enleva sa chevelure et la brandit toute sanglante, avec des cris et des rires féroces, aux yeux de doña Clara à demi morte d'épouvante et de douleur.

Les Peaux-Rouges partirent ensuite au galop en enlevant leur proie.

Les Indiens n'ont plus aussi généralement qu'autrefois la coutume de maltraiter les prisonniers, surtout lorsque ces prisonniers sont des femmes.

Les ravisseurs de doña Clara ne lui avaient fait endurer aucun mauvais traitement.

Ces Indiens faisaient partie d'un détachement de guerre des Apaches, fort d'environ cent guerriers, commandés par un chef renommé appelé le *Chat-Noir*.

Tous ces guerriers étaient bien armés, montés sur de beaux et bons chevaux.

Aussitôt après le rapt de la jeune fille, ils se lancèrent au galop dans la prairie et commencèrent une course d'une rapidité extrême, qui dura près de six heures, dans le but de prendre une avance considérable sur ceux qui pourraient les poursuivre.

Vers le soir, ils s'arrêtèrent sur les bords du Gila.

En cet endroit le fleuve coulait majestueusement entre deux rives escarpées, bordées de rochers élevés découpés de la façon la plus bizarre.

Le sol était encore couvert d'une herbe haute de trois pieds au moins, et quelques petits bouquets de bois disséminés dans la plaine accidentaient agréablement le paysage animé par les troupeaux de bisons, d'elks et de bighorns que l'on voyait paître au loin.

Les Indiens dressèrent leur tente sur une colline du haut de laquelle la vue planait à une grande distance. Ils allumèrent plusieurs feux et se préparèrent à passer la nuit en attendant que les autres guerriers du détachement les eussent rejoints.

Doña Clara fut placée seule sous une tente de peaux de bison, au milieu de laquelle on avait allumé un petit feu, car dans cette saison avancée les nuits sont froides dans le Far West.

Habituée à la vie du désert, familiarisée avec les coutumes indiennes, la jeune fille eût supporté patiemment sa position, n'eût été la pensée des malheurs qui depuis quelque temps s'étaient acharnés à l'accabler et surtout la pensée de son père dont elle ignorait le sort.

Assise sur des peaux de bison auprès du feu, elle achevait de manger quelques bouchées de viande d'elk rôti arrosée d'eau de smylax, et réfléchissait profondément aux événements étranges et terribles qui avaient signalé cette journée, lorsque le rideau de la tente se leva et le Chat-Noir parut.

Le Chat-Noir était un homme d'une taille élevée. Il avait plus de soixante ans, mais tous ses cheveux étaient encore noirs. Il jouissait dans sa tribu d'une réputation de courage et de sagesse qu'il justifiait à tous égards.

Un nuage de tristesse voilait ses traits naturellement doux et placides.

Il s'avança à pas lents et vint prendre place aux côtés de la jeune fille qu'il considéra quelques instants avec intérêt.

— Ma fille est affligée, dit-il ; elle pense à son père, son cœur est avec sa famille, mais que ma fille prenne courage et ne se laisse pas abattre. *Natohs* ( Dieu ) lui viendra en aide et séchera ses larmes.

La jeune Mexicaine secoua tristement la tête sans répondre.

Le chef reprit :

— Moi aussi je souffre ; un nuage s'est appesanti sur mon esprit. Les guerriers pâles de sa nation nous font une guerre acharnée, mais je sais le moyen de les obliger à prendre devant nous les pieds de l'antilope afin de fuir loin de nos territoires de chasse. Demain, en arrivant au village de ma tribu, j'aurai recours à *une grande médecine*. Que ma fille se console, il ne lui arrivera aucun mal parmi nous ; je serai son père.

— Chef, répondit doña Clara, reconduisez-moi à Santa-Fé, et je vous promets que mon père vous donnera autant de fusils, de poudre, de plomb et de miroirs que vous lui en demanderez.

— Cela ne se peut pas ; ma fille est un otage trop sérieux pour que je consente à la rendre. Que ma fille oublie les blancs, qu'elle ne doit plus revoir, et se prépare à devenir la femme d'un chef.

— Moi ! s'écria la jeune fille avec terreur, devenir la femme d'un Indien ! Jamais ! Faites-moi souffrir toutes les tortures qu'il vous plaira de m'infliger, au lieu de me condamner à un tel supplice.

— Ma fille réfléchira, répondit le Chat-Noir. De quoi se plaint le Lis blanc de la vallée ? nous ne lui faisons que ce que l'on nous a fait souvent : c'est la loi des prairies.

Le Chat-Noir se leva en jetant sur doña Clara un regard mêlé de tendresse et de pitié, et il sortit lentement de la tente.

Après le départ du Chat-Noir, la jeune fille tomba dans un profond accablement. L'horreur de sa position lui apparut dans toute sa vérité.

La nuit se passa ainsi pour elle, pleurant et sanglotant, solitaire, au bruit des rires et des chants des Apaches fêtant l'arrivée des guerriers de leur détachement.

Le lendemain, au lever du soleil, la troupe se remit en route.

Des guerriers surveillaient tous les mouvements de la prisonnière ; le Chat-Noir évitait ses regards et marchait à l'arrière-garde.

Les Indiens s'avançaient le long du Gila, dans une prairie jaunâtre. De sombres lignes de bois taillis, entrecoupés d'arbres de haute futaie dont la couleur rougeâtre ou d'un gris brun contrastait avec le feuillage jaunâtre des peupliers, bordaient la route ; à l'horizon se dressaient des collines de grès d'un gris blanc, recouvertes par endroits d'herbes calcinées et de cèdres d'un vert foncé, entremêlés de pelouses de gazon avec leurs arbres d'un vert argenté.

La caravane ondulait comme un immense serpent dans ce désert grandiose, se dirigeant vers son village, dont les approches se faisaient déjà deviner par les miasmes méphitiques qui s'exhalaient des échafaudages que l'on apercevait au loin, échafaudages sur lesquels les Indiens conservent les morts et les laissent ainsi se décomposer et sécher au soleil au lieu de les enterrer.

A deux heures de l'après-midi environ, les guerriers firent leur entrée dans le village, aux cris de joie des habitants et au bruit des chichikoués, mêlés aux aboiements furieux des chiens. Ce village, construit au sommet d'une colline, formait un cercle assez régulier.

C'était une agglomération considérable de cabanes en terre construites sans ordre et sans symétrie. De hautes palissades de douze pieds lui servaient de remparts, et, à distances égales, quatre bastions en terre garnis de meurtrières, revêtus à l'intérieur et à l'extérieur de branches de saules entrelacées, complétaient le système de défense.

Au centre du village se trouvait un emplacement vide, de quarante pieds de diamètre à peu près, au milieu duquel était l'*arche du premier homme*, espèce de petit cylindre rond formé de larges planches de quatre pieds de hauteur, une sorte de tonneau vide autour duquel s'enlaçaient des plantes grimpantes.

*Le squatter, sans s'émouvoir, s'avança au galop vers les Apaches.*

A l'ouest de la place que nous venons de décrire, se trouvait la loge de *médecine* où se célèbrent les fêtes et les cérémonies du culte des Apaches.

Sur une longue perche, un mannequin en peaux d'animaux avec une tête en bois peinte en noir et coiffée d'un bonnet de fourrures garnies de plumes, représentait l'esprit ou génie du mal.

D'autres figures bizarres de la même sorte étaient dispersées en diverses places du village. C'étaient des offrandes faites au *Seigneur de la vie* (Dieu).

Entre les cabanes se trouvaient un grand nombre d'échafaudages de pieux à plusieurs étages sur lesquels séchaient le maïs, le blé et les légumes de la tribu.

Le Chat-Noir fit conduire doña Clara dans un *calli* (cabane) qu'il avait longtemps habité, et dont la position au milieu du village lui offrait toutes garanties pour la sûreté de la prisonnière.

Puis il alla se préparer à la grande conjuration magique, au moyen de laquelle il espérait détruire les Visages-Pâles, ses ennemis.

Lorsque doña Clara se trouva seule, elle se laissa tomber avec accablement sur un amas de feuilles et fondit en larmes. La cabane qui lui servait de prison ressemblait à toutes les autres du village. Elle était ronde, légèrement voûtée par le haut; l'entrée était défendue par une avance en forme de porche, fermée par une peau séchée, tendue sur des bâtons en croix. Au milieu du toit, il y avait une ouverture destinée à laisser passer la fumée, et qui était revêtue d'une espèce de cage arrondie, faite de bâtons et de rameaux. L'intérieur de la cabane était vaste, propre et même assez clair.

Le mode de construction de ces habitations est très simple. Il consiste en onze à quinze pieux de quatre à cinq pieds de haut, entre lesquels sont placés d'autres plus petits et fort rapprochés. Sur les plus élevés reposent de longues poutres, biaisant vers le milieu, et qui, placées très près les unes des autres, soutiennent le toit. On les recouvre extérieurement avec une espèce de nattes faites de rameaux de saule attachés ensemble avec de l'écorce; on étend par-dessus du foin et en dernier lieu de la terre.

La jeune fille ne sentit nullement, quelque fatigue qu'elle éprouvât, le désir de se reposer dans le lit préparé pour elle.

Ce lit se composait d'une grande caisse longue en parchemin, avec une entrée carrée; l'intérieur était garni de plusieurs peaux d'ours, sur lesquelles il lui aurait été facile de s'étendre commodément; elle préféra rester accroupie au milieu de la cabane, auprès du trou dans lequel achevait de s'éteindre le feu allumé pour la garantir du froid.

Vers le milieu de la nuit, au moment où, malgré sa ferme résolution de veiller, elle commençait à s'assoupir, doña Clara entendit un léger bruit à l'entrée de sa hutte.

Elle se leva vivement, et aux lueurs mourantes que jetait le feu elle aperçut un guerrier indien.

Ce guerrier était la **Plume-d'Aigle**. La jeune fille réprima avec peine un cri de joie à l'apparition subite du chef Coras.

Celui-ci mit un doigt sur ses lèvres, puis, après avoir lancé un regard scrutateur autour de lui, il s'approcha de la jeune fille et lui dit d'une voix faible comme un soupir:

— Pourquoi le Lis n'a-t-il pas suivi la route que lui avait indiquée la Plume-d'Aigle? Au lieu d'être à cette heure prisonnière des chiens apaches, la vierge pâle serait auprès de son père.

A cette parole un sanglot déchirant s'échappa de la poitrine de doña Clara, qui cacha sa tête dans ses mains.

— Les Apaches sont méchants, ils vendent les femmes. Ma sœur sait-elle le sort qui la menace ?
— Hélas !
— Que fera ma sœur le Lis ? demanda l'Indien.
— Ce que je ferai ? répondit la Mexicaine dont l'œil brilla soudain d'un feu sombre : une fille de ma race ne sera jamais l'esclave d'un Apache ; que mon frère me donne son *kaksa'hkienne* (couteau), il verra si j'ai peur de la mort.
— *Achséh* (c'est bien), reprit le sachem, ma sœur est brave ; il faudra beaucoup de courage et de ruse pour réussir dans ce que je vais essayer.
— Que veut dire mon frère ? demanda la jeune fille avec un vif mouvement d'espoir.
— Que ma sœur écoute, les moments sont précieux. Le Lis a-t-il confiance en moi ?

Doña Clara regarda l'Indien en face ; elle considéra un instant ce visage loyal, cet œil fier et rayonnant de franchise, puis saisissant la main du guerrier et la serrant dans les siennes :
— Oui, répondit-elle avec élan, oui, j'ai confiance en vous, Plume-d'Aigle. Parlez : qu'exigez-vous de moi ?
— Pour vous sauver, moi Indien, je vais trahir les hommes de ma race, répondit le sachem avec tristesse ; je ne dis pas cela pour rehausser mon action, ma sœur ! je vous rendrai à votre père. Demain le Chat-Noir doit, devant la tribu, faire la *grande médecine* du *Bih-oh-akou-es* (cabane à suer) pour obtenir que le Blood's Son tombe entre ses mains avec tous les guerriers qu'il commande.
— Je le sais.
— Ma sœur assistera à la cérémonie. Qu'elle fasse bien attention à mes moindres gestes, mais surtout que le Lis évite qu'aucun des guerriers apaches ne remarque les regards qu'elle échangera avec moi, nous serions perdus tous deux. A demain.

S'inclinant alors avec un respect mêlé d'attendrissement, la Plume-d'Aigle sortit du calli.

Doña Clara tomba à deux genoux, joignit ses mains tremblantes et adressa à Dieu une fervente prière.

Au dehors, on entendait les hurlements des chiens se mêlant aux glapissements des coyotes et les pas mesurés des guerriers apaches qui veillaient autour de la hutte.

Moukapec était au nombre des sentinelles.

## XIII

### LE BIH-OH-AKOU-ES.

Avant d'aller plus loin, nous donnerons sur les Indiens *pueblos*, appelés à jouer un grand rôle dans la suite de ce récit, certains renseignements indispensables et qui par leur nouveauté intéresseront, nous le croyons, le lecteur.

Ces Indiens tiennent le milieu entre les Peaux-Rouges de l'Amérique septentrionale et la race de ces Toltéques sur laquelle sont venues se greffer toutes les branches dont l'amalgame compose la grande nation indigène du Mexique.

Bien que vivant pour la plupart d'industrie et d'agriculture, ils n'ont pas pour cela renoncé à leurs goûts belliqueux.

Les Pueblos sont établis sur toute la ligne nord du Mexique.

Les principales tribus des Pueblos sont les *Navajoés*, les *Apaches*, les *Yutas*, les *Caignas* et les Comanches.

Les Apaches diffèrent un peu des Peaux-Rouges proprement dits, dont ils ont le caractère ; les Comanches également.

Cette tribu est la plus redoutable du désert.

La nation ou tribu des Indiens comanches s'intitule avec orgueil *la reine des prairies*.

Seuls, de tous les Indiens, ils ont su se préserver du goût des liqueurs fortes, si pernicieuses à la race rouge.

Les Comanches ont un caractère fier, indépendant. A mesure que les faits se dérouleront, le lecteur sera à même de les juger. Nous ne citerons ici qu'une seule de leurs coutumes, qui suffira, du reste, pour les faire apprécier à leur juste valeur.

La polygamie est admise parmi les Comanches : chaque chef a six, huit et jusqu'à dix femmes ; mais, chez ces peuples, le mariage ne se décide ni par des paroles doucereuses ni par des présents : le guerrier comanche reçoit un gage plus sûr et surtout plus solennel.

Voici comment il procède pour l'obtenir :

Dès qu'il croit être aimé d'une femme, il tue un de ses chevaux, lui arrrche le cœur et va clouer à la porte de celle qu'il courtise ce cœur sanglant.

La jeune fille prend le cœur, le fait rôtir, puis elle le partage en deux parties, en donne une à son amant, mange l'autre, et le mariage est conclu.

Jusqu'à présent, nul n'a pu asservir cette nation qui est la terreur des frontières mexicaines.

Ceci expliqué, nous reprenons notre récit.

Doña Clara fut éveillée de grand matin par le bruit des chichikoués et des autres instruments indiens, auxquels se mêlaient sans interruption les aboiements de cette foule innombrable de chiens qui toujours font cortège aux Peaux-Rouges.

Au lever du soleil, le Chat-Noir entra dans le calli de la prisonnière, et, après l'avoir saluée, lui dit de sa voix mielleuse, en la couvant de son regard louche, qu'il allait, ainsi qu'il le lui avait annoncé, faire la grande *médecine* du Bih-oh-akou-es pour obtenir du Maître de la vie que son ennemi lui fût livré ; et que si, au lieu de rester seule abandonnée à sa tristesse, elle désirait voir la cérémonie, elle pouvait la suivre.

La jeune Mexicaine ne voulant pas laisser deviner au chef la joie qu'elle éprouvait de cette proposition, parut se soumettre et non accepter l'offre du chef.

Toute la population du village était en émoi.

Les femmes et les enfants couraient de tous les côtés en poussant des cris assourdissants.

Les guerriers et les vieillards eux-mêmes semblaient avoir oublié l'impassibilité indienne.

En quelques minutes le village fut désert, tant chacun se hâta de se rendre dans une vaste plaine qui s'étendait sur le bord du Rio-Gila, où devait s'accomplir le grand talisman de médecine.

Le Chat-Noir, tout rusé qu'il était, fut trompé par la faiblesse apparente de sa prisonnière et son feint abattement ; après lui avoir lancé un regard perçant pour s'assurer qu'elle ne se jouait pas de lui, il lui fit signe de sortir du calli et de se mêler aux femmes âgées qui, de même que toutes les autres, voulaient être spectatrices de la cérémonie, et s'éloigna sans avoir le moindre soupçon.

Doña Clara se plaça au pied d'un arbre dont les branches touffues s'inclinaient sur la rivière, et là, le cœur palpitant, l'esprit inquiet, les yeux et les oreilles aux aguets, quoique captivée, en apparence, par ce qui se passait devant elle, elle attendit impatiemment que sonnât l'heure de la délivrance.

Les Indiens avaient construit une petite cabane, fermée à l'extérieur de robes de bison, avec une porte basse et étroite.

Pour arriver à cette cabane, on avait tracé un sentier d'une quarantaine de pieds de long et d'un pied de large, qui traversait en droite ligne la route du village.

L'herbe avait été arrachée sur tout le parcours de ce sentier et amoncelée à son extrémité, en face de la cabane.

Quarante paires de *hououpas* ou *mocksens* [1] avaient été placées l'une derrière l'autre, en deux rangées, tout le long du sentier.

A côté du tas d'herbes brûlait un feu sur lequel on faisait rougir des pierres plates.

Lorsqu'elles furent chaudes, on les porta dans la cabane, où elles furent posées sur un foyer préparé à cet effet.

Toute la population du village, à part les quelques femmes dont nous

---

1. Les hououpas ou mocksens sont les deux seules espèces de chaussures employées par les Indiens.

avons parlé, et auxquelles leur âge ne permettait plus d'assister que de loin à la cérémonie, était assise des deux côtés du sentier, ayant devant elle un grand nombre de plats de maïs bouilli, de pois et de viande.

Sur le tas d'herbe se tenait le sorcier.

A un signal, il se leva pour se rendre à la cabane dite *cabane à suer*, en ayant soin de toujours placer ses pieds dans les *huouopas* distribués sur sa route.

A la porte de la cabane se tenait le Chat-Noir, nu jusqu'à la ceinture.

Le sorcier, après une station de quelques minutes dans la cabane, en sortit, tenant un coutelas à la main.

Il s'avança silencieusement vers le Chat-Noir, qui à son aspect se leva et allongea la main gauche vers lui en disant:

— Je donne avec plaisir la première phalange du premier doigt de cette main à Natohs, s'il me livre mon ennemi et me permet d'enlever sa chevelure!

— Nathos t'a entendu; il accepte, répondit laconiquement le sorcier.

D'un revers de son coutelas, il trancha la phalange qu'il jeta par-dessus sa tête en prononçant quelques paroles mystérieuses, tandis que le Chat-Noir, insensible en apparence à la douleur, continuait ses prières.

Cette opération terminée, le sorcier prit une verge composée de branches de saule, liée par une queue de loup des prairies; il la trempa dans chacun des plats et, de leur contenu, fit une aspersion dans la direction des quatre vents en invoquant le Seigneur de la vie, le feu, l'eau et l'air.

Ces plats, auxquels personne n'avait touché jusqu'à ce moment, furent partagés entre tous les assistants qui les dévorèrent en un clin d'œil.

Ensuite, les guerriers les plus âgés entrèrent dans la *cabane à suer*; les femmes les couvrirent avec soin et, du dehors, elles jetèrent sur les pierres chaudes de l'eau qu'elles puisèrent avec des touffes d'absinthe dans les vases sacrés.

Après cette cérémonie, tous les habitants commencèrent à chanter en tournant autour de la cabane et en s'accompagnant avec les chichikoués. Pendant ce temps, le Chat-Noir avait placé sur le tas d'herbes, en face de la cabane, une tête de bison, le nez au vent.

Puis, prenant une longue perche, surmontée d'une couverture de laine rouge toute neuve, dont il faisait offrande au Seigneur de la vie, il alla, suivi de ses parents et de ses amis, la planter devant la cabane à suer.

Les chants, les danses redoublèrent. Les sons des chichikoués devinrent plus vifs; une espèce de frénésie sembla s'emparer de tous les Indiens, et les vielles femmes, qui, jusqu'à ce moment, étaient restées spectatrices impassibles de la cérémonie, se précipitèrent en désordre du côté de la cabane en poussant de grands cris et se mêlèrent à la foule hurlante et dansante.

Doña Clara était demeurée seule au pied de l'arbre, sur le bord de la rivière.

Personne ne faisait plus attention à elle: il semblait que, dans l'entraînement général, on l'eût oubliée.

Elle jeta un regard inquiet autour d'elle: par une espèce d'intuition, elle sentait que le secours qu'elle attendait lui viendrait du côté de la rivière.

Alors, nonchalamment et à petits pas, se baissant à chaque seconde pour cueillir une de ces charmantes fleurs vertes, assez semblables à notre violette, qui les dernières émaillent la prairie, elle se rapprocha insensiblement de la rive.

Tout à coup elle se sentit légèrement retenue par sa robe; elle eut un mouvement d'émotion terrible.

En même temps que cette main mystérieuse la saisissait par ses vêtements, une voix, faible comme un souffle, murmura ces simples mots :

— A droite, et baissez-vous!

La jeune fille devina plutôt qu'elle n'entendit ces paroles.

Elle obéit sans hésiter. Deux minutes après, en suivant un petit sentier qui s'ouvrait devant elle, elle se trouvait abritée derrière un énorme rocher, sur la rive même du fleuve.

Deux chevaux, harnachés à l'indienne, étaient attachés à un pieu contre le rocher.

Sur un signe de la Plume-d'Aigle, doña Clara s'élança sur l'un des chevaux, tandis que l'Indien enfourchait l'autre.

— Bien ! lui dit-il de sa voix sympathique. Brave cœur!

Et, lâchant la bride des deux chevaux :

— Plus vite que la tempête ! ajouta-t-il.

Les *mustangs* à demi indomptés partirent plus rapides que le vent, en faisant étinceler sous leurs sabots légers les cailloux de la plage.

On était en plein jour.

La prairie s'étendait à l'infini, plate, nue, sans accident de terrain, et, à quelques centaines de pas au plus, toute la population du village, rassemblée pour la cérémonie du Talisman, ne tarderait pas à les apercevoir.

La position était donc des plus critiques et des plus périlleuses. Les deux fugitifs le savaient et ils redoublaient d'ardeur, bravant hardiment le danger.

Tout à coup un long cri de rage vibra dans l'air.

— Du courage! dit le chef.

— J'en ai! répliqua la jeune fille les dents serrées, en excitant encore son cheval; ils ne m'atteindront que morte!

Cependant les Apaches, sortis de leur village pour une fête religieuse, n'avaient pas pris d'armes avec eux. Les chevaux étaient naturellement restés dans les étables. C'était donc une heure de répit donnée aux fugitifs.

Dès que les Indiens s'étaient aperçus de la fuite de la jeune Américaine, la cérémonie avait été interrompue, et tous s'étaient précipités en tumulte du côté du village, demandant à grands cris leurs armes et leurs chevaux.

En moins de quelques minutes, les plus alertes furent en selle et galopèrent sur les traces de la Plume-d'Aigle et de doña Clara.

Les plus célèbres écuyers européens ne peuvent se faire une idée de ce que c'est qu'une poursuite dans la prairie.

Les Indiens sont les premiers cavaliers du monde. Rivés à leurs chevaux, qu'ils pressent, et maintiennent entre leurs genoux nerveux, ils s'identifient avec eux, leur communiquent, pour ainsi dire, par un fluide électrique leurs passions, et, comme les centaures de la Fable, ils font sur leurs coursiers des prodiges: les rochers, les ravins, les haies, les torrents, rien n'arrête ou ne ralentit cette course furieuse qui tient du délire; tourbillon vivant, ils volent dans l'espace avec une rapidité vertigineuse, enveloppés d'une auréole de poussière.

Cinq heures se passèrent ainsi sans que les fugitifs, courbés sur le cou de leurs montures, pussent prendre un instant de répit.

Les chevaux à demi fous, en délire, la robe blanche d'écume et les naseaux sanglants, râlaient d'épuisement et de terreur; leurs jarrets tremblants ne les soutenaient plus qu'avec peine, et pourtant, excités par leurs cavaliers, ils dévoraient l'espace, devinant instinctivement que la troupe toujours plus nombreuse des Indiens les poursuivait à une courte distance.

Mille pas à peine séparaient les deux bandes.

Le Chat-Noir, furieux d'avoir été joué par une femme, tenait la tête de deux longueurs de cheval et se trouvait dans un groupe de sept ou huit cavaliers, dont les chevaux plus frais que les autres avaient pris une grande avance sur la masse des Indiens.

La Plume-d'Aigle se retourna.

Quatre guerriers étaient à cent pas de lui.

— En avant! cria-t-il à la jeune fille en frappant de son fouet la croupe de son cheval, qui bondit en avant par un effort suprême en hennissant de douleur.

En même temps le Coras fit volte-face, et arrivant comme la foudre sur ses ennemis avant que ceux-ci eussent le temps de se mettre en défense, il déchargea son fusil à bout portant.

Un Apache tomba mort.

Le sachem, dont le cheval s'était abattu, assomma un second adversaire avec la crosse de son fusil; puis, avec une légèreté inouïe, il sauta sur le cheval du premier guerrier qu'il avait tué, saisit la bride du second, et repartit en avant, laissant les Apaches épouvantés de ce trait d'audace.

Dix minutes plus tard il rejoignait doña Clara, qui avait vu avec une terreur mêlée d'admiration l'action héroïque de son défenseur.

Cette jeune fille, sous son apparente faiblesse, cachait une âme toute virile; les joues légèrement colorées, les sourcils froncés, les dents serrées, et la parole brève, était animée par l'idée fixe d'échapper à ses ravisseurs; la fatigue ne paraissait pas avoir de prise sur elle.

Ce fut avec un sentiment de joie indicible qu'elle monta sur le cheval frais que l'intrépide Indien lui amenait.

Grâce à l'audacieux coup de main de la Plume-d'Aigle, les fugitifs avaient alors une avance assez considérable sur ceux qui les poursuivaient, car les Apaches, à mesure qu'ils arrivaient à l'endroit où leurs deux compagnons avaient été tués, se jetaient à bas de leurs chevaux et entouraient leurs cadavres en gémissant.

La Plume-d'Aigle avait compris que cette fuite à perte de vue ne pouvait durer, et que, tôt ou tard, il lui faudrait succomber ou se rendre.

Il changea de tactique.

LES PIRATES DES PRAIRIES 81

— Une fille de ma race ne sera jamais l'esclave d'un Apache, répondit la Mexicaine.

A peu de distance de l'endroit où il était parvenu, les rives du Gila se resserraient ; le fleuve, réduit à une largeur de cent cinquante mètres au plus, coulait profondément encaissé entre deux collines boisées.

— Nous sommes perdus, dit-il rapidement à sa compagne, si nous continuons à fuir ainsi ; une résolution désespérée peut seule nous sauver.

— Sauvons-nous coûte que coûte ! répondit intrépidement la jeune fille, la lèvre frémissante et l'œil étincelant.

Liv. 109. F. ROY, édit. — Reproduction interdite.   11. PIRATES DES PRAIRIES.

— Venez! reprit-il.

Doña Clara le suivit sans hésiter sur la rive escarpée du fleuve.

Le guerrier s'arrêta.

— Là, dit-il d'une voix brève en montrant d'un geste plein de noblesse les Apaches qui arrivaient à toute bride, l'esclavage, l'infamie et la mort ! Ici, continua-t-il en désignant le fleuve, la mort peut-être, mais la liberté !

— Soyons libres ou mourons! répondit-elle d'une voix saccadée.

Nous l'avons dit, le fleuve coulait entre deux rives élevées, les fugitifs se tenaient comme deux statues équestres sur le sommet d'un monticule de vingt ou vingt-cinq pieds de haut, duquel il leur fallait se jeter dans le fleuve, saut énorme pour des chevaux qui risquaient de s'écarteler en tombant et d'entraîner avec eux leurs cavaliers dans le gouffre.

Tout autre moyen de salut était devenu impossible.

Les Apaches, répandus de tous les côtés dans la plaine, étaient parvenus à cerner les fugitifs.

— Ma sœur est-elle décidée? demanda l'Indien.

Doña Clara jeta un regard autour d'elle.

Les Peaux-Rouges, précédés du Chat-Noir, se trouvaient à peine à cent cinquante pas.

— Allons, au nom du Ciel! dit-elle.

— Allons donc, et que Natohs nous protège ! fit l'Indien.

Ils pressèrent avec énergie les flancs de leurs chevaux, les enlevèrent du même coup, et les deux nobles bêtes s'élancèrent dans le fleuve en poussant un hennissement d'épouvante.

Les Apaches arrivaient en ce moment au sommet de la colline.

Ils ne purent retenir un cri de désappointement et de colère à la vue de cet acte désespéré.

Le gouffre s'était refermé sur les fugitifs en lançant vers le ciel un nuage d'écume.

Cependant les chevaux reparurent bientôt, nageant vigoureusement vers l'autre rive.

Les Indiens s'étaient arrêtés sur la colline, insultant par des cris et des menaces les victimes qui leur échappaient par un tel prodige d'audace.

L'un d'eux, poussé par la rage, ou ne pouvant retenir assez à temps son cheval, plongea dans le Gila ; mais, ayant mal pris ses précautions, la chute fut mortelle pour la bête, qui s'écartela en tombant.

L'Indien se débarrassa de sa monture et se mit à la nage.

Au lieu de continuer à fuir, ainsi qu'il aurait dû le faire, la Plume-d'Aigle, poussé par cet esprit de bravade naturel aux Peaux-Rouges, rentra sans hésiter dans le fleuve, et à l'instant où le guerrier apache reparaissait sur l'eau, il se pencha de côté, le saisit par sa longue chevelure, et lui plongea son couteau dans la gorge, puis, se tournant vers ses ennemis qui de loin assistaient en frémissant à ce drame terrible, il souleva le malheureux au niveau de sa selle, le scalpa, et brandissant d'un air de triomphe cette chevelure sanglante, il poussa son cri de guerre.

Les Apaches firent pleuvoir une grêle de balles et de flèches autour du sachem Coras, qui, immobile au milieu du fleuve, agitait toujours son horrible trophée; enfin il tourna la tête de son cheval et rejoignit sa compagne qui l'attendait palpitante sur la rive.

— Partons! dit-il en attachant son scalp à sa ceinture; les Apaches sont des chiens qui ne savent que hurler.

— Partons! répondit-elle en détournant la vue avec horreur.

A l'instant où ils se remettaient en route sans se soucier de leurs ennemis qui, disséminés sur l'autre bord, cherchaient activement un gué pour traverser le fleuve, la Plume-d'Aigle aperçut un nuage de poussière, lequel, en se dissipant, laissa voir une troupe de cavaliers accourant avec la rapidité de l'éclair.

— Plus d'espoir! murmura-t-il.

## XIV

### LE SECOURS

Nous abandonnerons un instant doña Clara et la Plume-d'Aigle pour retourner au téocali du Blood's Son.

Quelques minutes avant le lever du soleil, Valentin se réveilla.

— Debout! dit-il à ses compagnons, il est l'heure de partir.

Don Pablo et Schaw ouvrirent les yeux et se préparèrent; Curumilla n'était pas là.

— Eh! fit le chasseur, le chef est déjà éveillé, il me semble; descendons dans la plaine, nous ne tarderons probablement pas à le rencontrer.

Les trois hommes sortirent de la grotte et commencèrent, à la lueur incertaine des derniers rayons lunaires, à glisser le long des pentes abruptes du téocali, laissant dormir leurs compagnons.

Quelques minutes plus tard ils arrivèrent dans la plaine.

Curumilla les attendait.

Le chef aucas tenait par la bride quatre chevaux complètement harnachés.

Valentin fit un geste de surprise.

— Nous étions convenus de marcher à pied, dit-il; l'avez-vous donc oublié, chef?

— Non, répondit celui-ci sans s'émouvoir.

— Alors, pourquoi diable avez-vous sellé ces chevaux qui nous sont inutiles?

L'Indien secoua la tête.

— Il vaut mieux être à cheval, dit-il.

— Cependant, observa don Pablo, je crois que pour suivre une piste il serait préférable d'être à pied, ainsi que vous l'avez dit vous-même hier, don Valentin.

Celui-ci réfléchit un instant, puis, se tournant vers le jeune homme, il lui répondit en hochant la tête d'un air significatif :

— Curumilla est un homme prudent ; depuis près de quinze ans notre vie est commune ; je me suis toujours bien trouvé de suivre ses avis. Une seule fois j'ai voulu faire à ma tête, et j'ai manqué de perdre ma chevelure. Montons à cheval, don Pablo ; le chef doit avoir ses raisons pour agir ainsi qu'il le fait, la suite le prouvera sans doute

— Montons à cheval, fit don Pablo.

Les chasseurs se mirent en selle, et après avoir jeté un regard d'adieu au téocali dans lequel reposaient leurs amis, ils firent sentir l'éperon à leurs chevaux.

— De quel côté nous dirigeons-nous ? demanda don Pablo.

— Gagnons d'abord les rives du fleuve, répondit Valentin ; dès que nous y serons arrivés, nous verrons ce que nous aurons à faire. Surtout ne nous éloignons pas les uns des autres, car dans l'obscurité il nous serait presque impossible de nous rejoindre.

Dans les prairies, les seules routes qui existent et que l'on puisse suivre sont des sentiers tracés depuis des siècles par les bisons, les elks et les bêtes fauves.

Ces sentiers forment des labyrinthes dont les Indiens seuls tiennent le fil ; les chasseurs, quelque habitude qu'ils aient de la prairie, ne s'y hasardent qu'avec les plus grandes précautions. Quand ils croient connaître un sentier, ils ne le quittent sous aucun prétexte, certains que s'ils étaient assez imprudents pour s'écarter à droite ou à gauche ils se perdraient immanquablement, et auraient ensuite des peines infinies à se remettre dans le bon chemin.

Valentin était peut-être le seul chasseur blanc des prairies qui, grâce à la connaissance approfondie qu'il possédait du désert, pouvait impunément se diriger dans ce dédale ; du reste, comme toutes ces sentes aboutissent inévitablement aux bords de rivières, et que cette direction était justement celle que prenait la petite troupe, l'observation faite par Valentin avait seulement pour but de modérer l'ardeur de don Pablo et de l'obliger à marcher à ses côtés.

Après deux heures d'une course assez rapide, les chasseurs se trouvèrent enfin sur les rives du Gila, qui roulait non loin d'eux ses eaux jaunâtres et fangeuses.

Au moment où ils atteignaient le fleuve, le soleil s'élevait majestueusement à l'horizon dans un flot de nuages empourprés.

— Arrêtons-nous ici un instant, dit Valentin, afin de dresser notre plan de campagne.

— Nous n'avons pas besoin d'une longue discussion pour cela, répondit don Pablo,

— Vous croyez ?

— Dame ! la seule chose à faire, c'est, je crois, de suivre la piste du Cèdre-Rouge.

— En effet ; mais pour suivre sa piste il faut d'abord la trouver.

— C'est juste ; cherchons-la donc.
— C'est ce que nous allons faire.
En ce moment des cris furieux éclatèrent non loin de là.
Les chasseurs, surpris, regardèrent avec anxiété ; ils aperçurent bientôt une troupe d'Indiens qui couraient dans toutes les directions. Ces Indiens suivaient surtout les bords de la rivière.
Ils n'étaient éloignés que d'une demi-lieue au plus des chasseurs.
— Oh ! oh ! fit Valentin, qu'est-ce que cela veut dire ?
— Ce sont des Apaches, dit Schaw.
— Je le vois bien, répondit le Français. Que diable ont donc ces démons ? on les croirait fous, ma parole d'honneur.
— *Ooah !* s'écria tout à coup Curumilla, qui, lui aussi, regardait, mais sans parler, selon sa coutume.
— Qu'y a-t-il encore ? demanda Valentin en se tournant vers le chef.
— Voyez, répondit celui-ci en étendant le bras, doña Clara.
— Comment, doña Clara ! s'écria le chasseur avec un bond de surprise.
— Oui, répondit Curumilla, que mon frère regarde.
— En effet, reprit Valentin au bout d'un instant, c'est bien doña Clara. Comment se trouve-t-elle ici ?
Et, sans se soucier des Indiens, qui en l'apercevant ne manqueraient pas de se lancer à sa poursuite, il partit à toute bride du côté de la jeune fille.
Ses compagnons le suivirent sans se préoccuper de la largeur du fleuve en cet endroit ; les chasseurs se jetèrent résolûment à la nage afin de gagner l'autre rive et de voler au secours de la jeune fille, sous une pluie de flèches que les Indiens leur décochèrent en poussant des cris de rage contre ces nouveaux ennemis, qui surgissaient comme par enchantement devant eux.
La Plume-d'Aigle et doña Clara fuyaient toujours sans entendre les cris d'appel des chasseurs.
Les cavaliers que le Coras avait aperçus étaient des guerriers Apaches, qui regagnaient leur village de retour d'une chasse aux bisons.
Bien qu'ils ignorassent ce qui s'était passé, la vue de leurs amis courant le long de la rive et de ces deux cavaliers fuyant à toute bride leur révéla la vérité, c'est-à-dire que des prisonniers s'étaient échappés et que les guerriers de leur tribu étaient à leur poursuite.
Bientôt la rivière fut couverte de guerriers Apaches, qui la passaient pour rejoindre les fugitifs.
La poursuite recommençait à prendre des proportions inquiétantes pour la Plume-d'Aigle et doña Clara, malgré l'avance assez grande encore qu'ils avaient sur leurs ennemis.
Le Gila est un des plus grands et des plus majestueux fleuves du Far West ; son cours est tourmenté et capricieux, il est rempli de rapides, de cataractes et surtout d'îles formées par les changements de lits qu'il opère lorsque, dans une de ses crues abondantes, il se répand au loin dans les campagnes, inondant ses rives à quatre ou cinq lieues aux environs.
La Plume-d'Aigle avait compris que la seule chance de salut qui lui restait n'était pas dans la prairie, où il ne trouverait pas un seul endroit pour se

retrancher et essayer une défense désespérée, mais bien dans une de ces petites îles du Gila, dont les rochers et les épais taillis lui offriraient provisoirement un refuge qui ne pourrait être impunément violé. Sa course vagabonde n'avait d'autre but que de revenir au fleuve par des détours

Valentin et ses compagnons n'avaient pas perdu un des mouvements des fugitifs. Bien qu'ils fussent chaudement poursuivis eux-mêmes, ils suivaient avec anxiété les péripéties de cette lutte terrible.

— Ils sont perdus ! s'écria tout à coup don Pablo. Cet Indien est fou, sur mon âme ! Voyez, il cherche à revenir de ce côté ; c'est vouloir se jeter dans la gueule du loup !

— Vous vous trompez, répondit Valentin ; la tactique de cet homme est au contraire très simple et en même temps des plus adroites. Les Apaches l'ont deviné, car, regardez, ils tâchent autant que possible de lui couper le retour vers la rivière.

— *By God!* c'est vrai ! fit Schaw ; il faut aider cet homme dans sa manœuvre.

— Cela dépend de nous, répondit vivement Valentin. Tournons bride, attaquons brusquement les Apaches; peut-être cette diversion permettra-t-elle à nos amis de réussir !

— Eh ! mais, c'est une idée, cela ! dit don Pablo. Comme Curumilla a eu raison de nous faire prendre des chevaux !

— Que vous disais-je ? reprit Valentin. Oh ! le chef est un homme précieux, allez !

Curumilla sourit avec orgueil, mais il garda le silence.

— Êtes-vous prêts à me suivre, continua le chasseur, et à vous faire tuer, s'il le faut, pour sauver doña Clara?

— *Cascaras!* répondirent les chasseurs.

— En avant donc, et à la grâce de Dieu ! Chacun de nous doit valoir dix hommes ! s'écria le Français en faisant brusquement pivoter son cheval sur les pieds de derrière.

Les quatre hommes se ruèrent à toute bride sur les Apaches en poussant un formidable hourra !

Arrivés à distance, ils déchargèrent leurs rifles.

Quatre Apaches tombèrent.

Les Indiens, intimidés par cette attaque subite, à laquelle ils étaient loin de s'attendre, se dispersèrent d'abord dans toutes les directions pour éviter le choc de leurs audacieux adversaires ; puis, se réunissant en masse compacte, ils les chargèrent à leur tour en poussant des cris de guerre et en brandissant leurs armes.

Mais ceux-ci les reçurent par une seconde décharge qui jeta quatre autres Indiens sur le sable, et s'élancèrent chacun d'un côté différent pour aller se rallier à cent ou cent cinquante pas plus loin.

— Courage, mes amis ! criait Valentin ; ces misérables ne savent pas se servir de leurs armes ; si nous le voulons, nous pouvons les amuser ainsi toute la journée.

— Cela ne sera pas nécessaire, observa don Pablo : voyez !

En effet, les fugitifs, profitant de l'instant de répit que leur avait donné l'attaque subite des chasseurs contre lesquels les Peaux-Rouges s'étaient réunis, avaient atteint un îlot de cent mètres de tour environ, placé presque au milieu du fleuve, où provisoirement ils étaient en sûreté.

— A nous, maintenant! cria Valentin. Une dernière charge pour faire reculer ces démons; ensuite à l'îlot!

— Hourra! hourra! crièrent les chasseurs.

Et ils fondirent sur les Apaches.

Il y eut quelques minutes de mêlée à l'arme blanche.

Enfin les Apaches lâchèrent pied, et les chasseurs, dégagés après des prodiges de valeur, se mirent en retraite du côté de la rivière dont ils n'étaient éloignés que d'une vingtaine de mètres au plus.

Arrivés sur la rive, ils se lancèrent dans le courant.

Tout à coup le cheval de Valentin se leva tout droit sur les pieds de derrière, fit un bond prodigieux et se renversa sur son cavalier.

Le noble animal était littéralement criblé de flèches.

Les Apaches poussèrent un formidable hurlement de joie en voyant un de leurs ennemis rouler à terre.

Ils se précipitèrent pour le scalper.

Mais Valentin s'était immédiatement relevé.

S'agenouillant derrière le corps de son cheval dont il se fit un rempart, il déchargea sur les Indiens son rifle d'abord et ses pistolets ensuite, soutenu par les chasseurs qui faisaient feu de l'îlot où ils étaient parvenus.

Les Apaches, exaspérés d'être tenus en échec par un seul homme, se ruèrent sur lui comme s'ils eussent voulu l'étouffer sous leur masse.

Valentin, à qui ses armes à feu étaient désormais inutiles, saisit son rifle par le canon et s'en servit comme d'une massue, tout en reculant pas à pas, mais faisant toujours face à ses ennemis

Par un hasard qui tenait du prodige, à part quelques égratignures sans importance, Valentin n'avait encore reçu aucune blessure, tant les Indiens, pressés les uns contre les autres, ne pouvaient faire usage de leurs armes, par crainte de s'entre-blesser eux-même.

Mais Valentin sentit ses forces l'abandonner. Ses oreilles bourdonnaient, ses tempes battaient à se rompre, un voile s'étendait peu à peu sur ses yeux, et ses bras épuisés ne portaient plus que des coups incertains.

Les forces humaines ont des bornes, et pour si grande que soit l'énergie et la volonté d'un homme, il arrive un moment où la lutte lui devient impossible et où il faut, bon gré, mal gré, que ses forces trahissent son courage et le contraignent de s'avouer vaincu.

Valentin était réduit à ce point suprême.

Son rifle se brisa entre ses mains.

Il était désarmé et à la merci de ses féroces ennemis; c'en était fait du Français.

Mais les chasseurs, que dans la chaleur de l'action les Indiens avaient oubliés, voyant le péril imminent de leur compagnon, accoururent résolûment à son secours.

Tandis que la Plume-d'Aigle, don Pablo et Schaw attaquaient les Indiens et les obligeaient à reculer, Curumilla enlevait son ami sur ses épaules.

La lutte recommença plus terrible, plus acharnée.

Enfin, après des efforts inouïs, les chasseurs parvinrent à regagner l'îlot, malgré la résistance opiniâtre des Peaux-Rouges.

Valentin était évanoui.

Curumilla le transporta dans un endroit parfaitement abrité et s'occupa silencieusement à le rappeler à la vie.

Mais la lassitude seule avait causé la syncope du chasseur, il ne tarda pas à rouvrir les yeux; dix minutes plus tard il était parfaitement remis.

Dès que les Apaches virent leurs ennemis en sûreté, ils cessèrent un combat désormais inutile et se retirèrent hors de portée de fusil.

La journée se passa sans de nouveaux incidents: les chasseurs purent, sans être inquiétés, s'occuper à se retrancher tant bien que mal sur l'île qu'ils étaient parvenus à atteindre après tant de fatigues.

## XV

### SUR L'ÎLE.

Le soleil était descendu à l'horizon.

L'obscurité envahit le ciel.

Bientôt un épais voile de ténèbres se répandit sur la nature entière.

Les Indiens semblaient avoir renoncé à attaquer les blancs, sans cependant s'éloigner de la rive; au contraire, leur nombre grossissait à chaque instant.

Sur chaque bord du Gila ils avaient allumé de grands feux et dressé leurs tentes.

La situation des fugitifs était loin d'être rassurante.

Réfugiés dans cette île dont ils ne pouvaient sortir sans être aperçus immédiatement par leurs vigilants ennemis, leurs vivres se réduisaient à quelques poignées de maïs cuit à l'eau et à un peu de *pennekann* [1].

Les munitions de guerre se composaient d'une vingtaine de charges de poudre tout au plus.

Les chasseurs n'allumèrent pas de feu, pour ne pas faire connaître aux Apaches l'endroit précis où ils se tenaient.

Réunis au centre de l'île, embusqués dans les taillis, ils veillaient autour de doña Clara qui, accablée par les émotions terribles de la journée, avait succombé au sommeil et dormait étendue sur un lit de feuilles sèches.

1. Viande de bison, séchée et réduite en poudre.

Le chef Aucas tenait par la bride quatre chevaux harnachés.

Valentin et ses amis guettaient les mouvements de l'ennemi à la lueur de ses feux de bivouac.

En face de l'îlot, auprès d'un brasier plus considérable que les autres, plusieurs chefs, au milieu desquels on distinguait parfaitement le Chat-Noir, paraissaient discuter vivement.

Enfin deux hommes se levèrent et s'avancèrent lentement jusqu'au bord de l'eau.

Arrivés là, ils se dépouillèrent de leurs robes de bison, les élevèrent au-dessus de leurs têtes et les firent flotter au vent.

— Voyez-vous cela ? dit don Pablo à Valentin, les Peaux-Rouges veulent nous parler.

— Que diable peuvent-ils avoir à nous dire ? répondit le chasseur ; les démons doivent savoir dans quelle extrémité nous nous trouvons.

— C'est égal, je crois que nous ferons bien de les recevoir.

— Qu'en pense la Plume-d'Aigle ? demanda Valentin au Coras qui, accroupi auprès d'eux, la tête appuyée sur la paume de ses mains, réfléchissait profondément.

— Les Apaches sont des renards sans courage, répondit le sachem, sachons ce qu'ils veulent.

— Et vous, penni, quel est votre avis ? fit le chasseur en se tournant vers Curumilla.

— Mon frère est prudent, répondit l'ulmen Aucas, qu'il entende les propositions des Apaches.

— Enfin, puisque vous le voulez tous, j'y consens, mais je me trompe fort, ou il ne sortira rien de bon de cette entrevue.

— Peut-être, observa Schaw.

— Ce n'est pas mon avis, fit don Pablo.

— Il ne faut pas, reprit Curumilla, que Koutonepi les reçoive ici ; les Apaches sont très rusés, ils ont la langue très fourchue et les yeux des chats-tigres.

— C'est juste, dit Valentin, allons voir ce qu'ils veulent.

Il se leva en faisant signe à Curumilla de le suivre, et, après s'être assuré que ses armes étaient en bon état, il s'avança jusqu'à l'extrémité de l'île.

Les Indiens continuaient toujours leur signal.

Valentin mit ses mains à sa bouche en forme de porte-voix.

— Que veulent les Bisons apaches ? cria-t-il.

— Les chefs ont à causer avec les Visages-Pâles, mais ils ne peuvent les entendre ainsi, à distance. Les Visages-Pâles accorderont-ils la vie sauve, si des guerriers vont vers eux ?

— Venez, répondit Valentin, mais ne venez que deux.

— Bien, fit le chef, deux guerriers iront donc.

Les Apaches se consultèrent un instant entre eux, puis ils détachèrent du milieu des hautes herbes dans lesquelles il était enfoncé, un léger radeau que les chasseurs n'avaient pas remarqué, et ils se mirent en devoir de gagner l'île.

Les blancs les attendaient appuyés sur leurs rifles, insouciants en apparence, mais surveillant avec soin les buissons du rivage, derrière lesquels des guerriers Apaches étaient sans doute embusqués et les surveillaient de même.

Les Indiens débarquèrent et marchèrent vers les chasseurs avec toute l'étiquette prescrite par la loi des prairies.

Ceux-ci ayant vu que les chefs étaient sans armes, Valentin passa son rifle à don Pablo.

Le Mexicain jeta les armes à quelques pas en arrière.

— Bon, murmura le Chat-Noir en souriant, mon frère agit avec loyauté, je m'attendais à cela de sa part.

— Hum! chef, répondit Valentin avec brusquerie, assez de compliments, qu'avez-vous à nous dire?

— Mon frère pâle n'aime pas à perdre le temps en vaines paroles, fit l'Indien, c'est un homme sage, je viens lui apporter les propositions des principaux chefs de la tribu.

— Voyons ces propositions, chef; si elles sont justes, bien que nous ne soyons pas dans une aussi mauvaise position que vous pouvez le supposer, peut-être les accepterons-nous dans le but simplement d'éviter l'effusion du sang.

— Il y a en ce moment plus de deux cents guerriers réunis sur la rive du fleuve, demain il y en aura cinq cents ; or, comme les Visages-Pâles n'ont pas de pirogues, que les blancs ne sont pas des loutres pour plonger invisibles dans *le fleuve sans fin* [1], ni des oiseaux pour s'élever dans les airs...

— Après? interrompit Valentin d'un ton goguenard.

— Comment mes frères mangeront-ils, lorsque le peu de vivres qu'ils possèdent sera épuisé? avec quoi mes frères se défendront-ils, lorsqu'ils auront brûlé toute leur poudre?

— Je suppose que cela vous importe peu, chef, répondit le chasseur avec une impatience mal déguisée; ce n'est pas pour nous conter ces sornettes que vous avez demandé l'entrevue que je vous ai accordée; venez donc au fait, je vous prie.

— Je voulais seulement prouver à mon frère que nous sommes bien renseignés et que nous savons que tout moyen de fuite ou de salut est interdit aux Visages-Pâles. Si donc mes frères le veulent, ils peuvent, sans être inquiétés par nous dans leur retraite, regagner leur nation.

— Ah! ah! Et de quelle façon, chef, s'il vous plaît?

— En remettant entre nos mains immédiatement deux personnes qui se trouvent ici.

— Voyez-vous cela! Et quelles sont ces deux personnes?

— Le Lis blanc et le guerrier Coras.

— Écoutez, chef, si c'est pour me faire une semblable proposition que vous vous êtes donné la peine de venir ici, vous avez eu tort de quitter vos compagnons, fit Valentin en ricanant.

— Mon frère réfléchira, dit l'Apache toujours impassible.

— Je ne réfléchis jamais quand il s'agit de commettre une lâcheté, chef, répondit Valentin d'une voix brève. Nous nous connaissons de longue date; plusieurs de vos guerriers ont été par moi envoyés dans les prairies bienheureuses, souvent j'ai combattu contre vous, et jamais, dans le désert, ni vous ni vos frères n'avez eu à me reprocher une action indigne d'un brave chasseur.

---

1. Nom que les tribus apaches donnent au Rio-Gila.

— C'est vrai, répondirent les deux chefs en s'inclinant avec déférence, mon frère est aimé et estimé de tous les Apaches.

— Merci. Maintenant écoutez-moi : la jeune fille que vous nommez le Lis blanc, et que vous avez faite prisonnière, est libre de fait et de droit, vous le voyez fort bien, vous n'avez donc aucune raison pour me la demander.

— Plusieurs de nos frères, les guerriers les plus vaillants de la tribu, sont partis pour les prairies bienheureuses avant l'heure marquée par le *Wacondah* (Dieu); leur sang crie vengeance.

— Cela ne me regarde pas; ils ont été tués en combattant comme des hommes braves, c'est la chance de la guerre.

— Mon frère a bien parlé, dit le Chat-Noir, le Lis blanc est libre; qu'il reste avec les guerriers de sa nation, j'y consens, mais mon frère ne peut me refuser de me livrer l'Indien qui se cache dans son camp.

— Cet Indien est mon ami, répondit le chasseur avec noblesse; il n'est pas mon prisonnier pour que je le livre! Je n'ai pas le droit de l'obliger à me quitter. S'il préfère continuer à rester auprès de moi, le chef sait que l'hospitalité est sacrée dans la prairie; si Moukapec veut retourner parmi ses frères, il est libre. Mais quel intérêt ont donc les Apaches à ce que je remette cet homme en leur pouvoir?

— Il a trahi sa nation, il doit être puni.

— Vous vous figurez, chef, que de propos délibéré, étouffant subitement en moi tout sentiment de reconnaissance, je remettrai ainsi entre vos mains un homme que j'aime, dont le dévouement m'est connu, afin que vous le fassiez mourir dans d'horribles tortures! Allons, vous êtes fou, chef, sur mon âme!

— Il le faut, ou malheur à vous! dit le Chat-Noir avec une certaine chaleur qu'il ne put réprimer.

— Cela ne sera pas! répondit froidement Valentin.

— Cela sera! dit une voix calme et fière.

Et la Plume-d'Aigle apparut soudain au milieu du groupe.

— Comment, s'écria Valentin avec étonnement, vous voulez vous livrer au supplice! Je ne le souffrirai pas, chef; restez avec vos amis, nous vous sauverons ou nous périrons ensemble.

Le Coras secoua tristement la tête.

— Non, dit-il, non, je ne puis faire cela, ce serait lâche! Le Lis blanc de la vallée doit être sauvé. J'ai juré à son père de me dévouer pour elle; que mon frère Koutonepi me laisse accomplir mon serment.

— Mais, reprit Valentin en insistant, ces hommes n'ont aucun droit sur vous, chef.

Moukapec baissa la tête sans répondre, mais d'un air résolu.

— Par Nuestra Señora del Pilar! interrompit don Pablo avec émotion, nous ne pouvons abandonner ainsi un homme qui nous a rendu tant de services.

Valentin, l'œil fixé sur le sol, réfléchissait.

— Bien, reprit le Chat-Noir, la Plume-d'Aigle est ici, les Visages-Pâles sont libres; quand cela leur plaira, ils retourneront à leurs grandes cases, ils trouveront les chemins ouverts, les Apaches n'ont qu'une parole ; que le guerrier me suive.

L'Indien jeta un dernier regard à ses amis, un soupir s'échappa de sa poitrine ; mais par un effort suprême il se roidit contre la douleur qui l'étouffait, son visage reprit son masque d'impassibilité ordinaire, et se tournant vers les deux chefs Apaches :

— Je suis prêt, dit-il d'une voix ferme ; marchons.

Les chasseurs échangèrent un regard découragé, mais ils ne firent pas un geste pour s'opposer à la résolution du Coras ; ils savaient que tout aurait été inutile.

Mais en ce moment doña Clara parut subitement, s'avança résolument vers l'Indien, et lui touchant légèrement l'épaule :

— Arrêtez ! s'écria-t-elle ; je ne veux pas que vous partiez, chef.

La Plume-d'Aigle se retourna comme s'il avait reçu une commotion électrique, et lança à la jeune fille un regard d'une expression indéfinissable ; mais dominant cette émotion, et reprenant son apparente froideur

— Je dois m'éloigner, dit-il doucement, que le Lis ne me retienne pas ; elle ignore sans doute que de mon départ dépend son salut.

— J'ai tout entendu, répondit-elle vivement ; je connais les odieuses propositions que ces hommes ont osé faire, la condition qu'ils n'ont pas craint de poser.

— Eh bien, pourquoi ma sœur veut-elle me retenir ?

— Parce que, s'écria la jeune fille avec énergie, cette condition, je ne l'accepte pas, moi !

— Bien ! Vive Dieu ! s'écria Valentin avec joie ; voilà parler.

— Oui ! continua la jeune fille, c'est au nom de mon père que je vous somme de ne pas vous éloigner, chef ; au nom de mon père qui, s'il était ici, vous l'ordonnerait comme moi.

— J'en suis garant, s'écria don Pablo ; mon père a le cœur trop haut placé pour consentir à une lâcheté.

La jeune fille se tourna alors vers les chefs indiens, spectateurs impassibles de cette scène.

— Retirez-vous donc, Peaux-Rouges, reprit-elle avec un accent de majesté impossible à rendre ; vous voyez bien que toutes vos victimes vous échappent !

— L'honneur veut que je parte, murmura faiblement le guerrier.

Doña Clara saisit sa main entre les siennes, et le regardant avec douceur :

— Moukapec ! lui dit-elle de sa voix mélodieuse et pure, ne savez-vous pas que votre sacrifice serait inutile ? Les Apaches ne cherchent qu'à nous priver de notre plus dévoué défenseur, afin d'avoir après meilleur marché de nous. Les Apaches sont des Indiens très perfides ; restez avec nous.

La Plume-d'Aigle hésita un instant.

Les deux chefs cherchaient en vain à lire sur son visage les sentiments qui l'agitaient.

Pendant quelques secondes, un silence de plomb pesa sur le groupe formé par ces hommes dont on aurait pu entendre battre le cœur dans la poitrine.

Enfin le Coras releva la tête et répondit avec effort :

— Vous l'exigez ; je reste.
Puis il se tourna vers les chefs qui attendaient avec anxiété.
— Partez, leur dit-il d'une voix ferme ; rejoignez les tentes de votre tribu. Dites à vos frères, qui n'ont jamais été les miens, mais qui parfois m'ont accordé une hospitalité cordiale, que Moukapec, le grand sachem des Coras des Lacs, reprend sa liberté, qu'il renonce à l'eau et au feu dans leurs villages, qu'il ne veut plus rien avoir de commun avec eux, et que si les chiens Apaches rôdent autour de lui et le cherchent, ils le trouveront toujours prêt à leur faire face sur le sentier de la guerre. J'ai dit.

Les chefs Bisons avaient écouté ces paroles avec le calme qui n'abandonne jamais les Indiens.

Pas un muscle de leur visage n'avait bougé.

Lorsque le guerrier Coras eut fini de parler, le Chat-Noir le regarda fixement et lui répondit avec un accent froid et tranchant :

— J'ai entendu un corbeau, les Coras sont des femmes peureuses auxquelles les guerriers Apaches donneront des jupons. Moukapec est un chien des prairies, les rayons du soleil lui blessent les yeux ; il fera son terrier avec les lièvres des Visages-Pâles, ma nation ne le connaît plus !

— Grand bien lui fasse, répondit Valentin en souriant, tandis que la Plume-d'Aigle haussait les épaules avec dédain à ce flot d'injures.

— Je me retire, reprit le Chat-Noir. Avant que le hibou ait fait entendre son chant pour saluer le soleil, les chevelures des Visages-Pâles seront attachées à ma ceinture.

— Et, ajouta le second chef, les jeunes hommes de ma tribu se feront des sifflets de guerre avec les os des voleurs blancs.

— Fort bien ! répliqua Valentin avec un sourire narquois ; essayez, nous sommes prêts à vous recevoir et nos carabines portent loin.

— Les Visages-Pâles sont des chiens vantards et hurleurs, dit encore le Chat-Noir, bientôt je reviendrai.

— Tant mieux, fit Valentin, mais en attendant, comme je suppose que nous n'avons plus rien à nous dire, je crois qu'il est temps que vous rejoigniez vos amis qui doivent s'impatienter de votre longue absence.

Le Chat-Noir fit un geste de colère à ce dernier sarcasme, mais refoulant dans son cœur la rage qui l'animait, il se drapa fièrement dans sa robe de bison, remonta dans son radeau avec son compagnon, et tous deux s'éloignèrent rapidement de l'île.


## XVI

### LE RAYON-DE-SOLEIL.

La situation des fugitifs était des plus critiques.

Ainsi que les Indiens l'avaient annoncé, le chiffre de leurs guerriers croissait à chaque instant.

Des deux côtés de l'île, sur les deux rives du fleuve, ils avaient des camps considérables indiqués par des feux nombreux.

La journée se passa pourtant sans qu'il y eût attaque.

Aucun incident ne troubla la tranquillité des chasseurs jusqu'au lendemain vers le milieu de la nuit. A ce moment, les ténèbres étaient épaisses, aucune étoile ne brillait au ciel; la lune, voilée par les nuages, ne montrait qu'à de longs intervalles son disque pâle et sans lumière.

Un de ces brouillards intenses comme il en règne toujours à cette époque sur le Rio-Gila était tombé et avait fini par confondre tous les objets : les bords du fleuve avaient disparu aux regards; les feux des Indiens n'étaient même plus visibles.

Les chasseurs, assis en cercle, gardaient le plus profond silence. Chacun se livrait au flot d'amères pensées qui lui montait au cœur.

Tout à coup, dans le silence de la nuit, un bruit confus et indistinct se fit entendre, ressemblant vaguement au choc d'une rame dans un canot.

— Eh! que signifie cela? dit Valentin, les Apaches songeraient-ils à nous surprendre?

— Voyons toujours, répondit don Pablo.

Les cinq hommes se levèrent et se glissèrent silencieusement dans les halliers, en rampant comme des serpents, dans la direction du bruit qui leur avait donné l'éveil. Arrivé à une certaine distance, Valentin s'arrêta pour prêter l'oreille.

— Je ne me suis pourtant pas trompé, se disait-il à lui-même : c'est bien le son que rend une pagaie tombant dans une pirogue que j'ai entendu. Qui peut venir nous visiter? Serait-ce encore quelque diablerie indienne?

Et de cet œil perçant et infaillible qu'il possédait, le chasseur sonda les ténèbres autour de lui.

Tout à coup il lui sembla qu'un objet se mouvait dans le brouillard.

Il s'avança encore, puis, après avoir attentivement examiné cette chose qui d'instant en instant se faisait plus distincte, il se leva, et s'appuyant sur son rifle :

— Que diable venez-vous faire ici à cette heure, Rayon-de-Soleil, ma chère enfant? demanda-t-il à voix basse.

La jeune Indienne, car c'était bien elle que le chasseur avait ainsi brusquement interpellée, posa un doigt sur sa bouche pour recommander la prudence à son interlocuteur.

— Suivez-moi, Koutonepi, lui dit-elle si doucement que sa voix ressemblait à un soupir.

Après une marche de quelques instants, la jeune fille se baissa, et faisant signe au chasseur de l'imiter :

— Voyez! lui dit-elle en lui montrant une de ces longues et légères pirogues que creusent les Indiens dans des arbres immenses et dans lesquelles dix personnes peuvent tenir à l'aise : voyez!

Valentin, malgré son empire sur lui-même, eut peine à retenir un cri de joie.

Il tendit avec effusion la main à la jeune femme en lui disant :

— Brave fille !

— Le Rayon-de-Soleil se souvient, répondit l'Indienne avec un doux sourire, que Koutonepi l'a sauvée ; le cœur du Lis blanc est bon, le Rayon-de-Soleil veut les sauver tous.

Le premier moment d'émotion passé, le chasseur, qui connaissait à fond l'astuce et la fourberie des Peaux-Rouges, lança à la jeune femme un regard investigateur.

Le visage de l'Indienne avait une expression de loyauté qui commandait la confiance.

Valentin descendit dans la pirogue.

Elle était garnie de pagaies, contenait des vivres, et ce qui lui fit plus de plaisir que tout, six grandes cornes de bison pleines de poudre et deux sacs de balles.

— Bien, dit-il, ma fille est reconnaissante, le Wacondah la protégera.

Le visage de Rayon-de-Soleil s'épanouit à ces paroles.

En ce moment, don Pablo et les autres chasseurs rejoignirent Valentin.

Ils apprirent avec joie ce qui venait de se passer, la vue de la pirogue leur rendit toute leur énergie.

Schaw resta à la garde de la pirogue ; Valentin, suivi de ses compagnons et de Rayon-de-Soleil, retourna auprès de doña Clara, que l'inquiétude tenait éveillée.

— Voici une nouvelle amie que je vous présente, dit le chasseur en démasquant la jeune Indienne qui se tenait timidement debout derrière lui.

— Oh ! je la connais, répondit doña Clara en embrassant la jeune Indienne toute confuse de ses caresses.

— Mais, reprit Valentin au bout d'un instant, comment se fait-il que vous soyez venue ici, Rayon-de-Soleil ?

L'Indienne sourit avec orgueil.

— L'Unicorne est un grand guerrier, répondit-elle, il a le regard de l'aigle, il sait tout ce qui se passe dans la prairie ; il a vu le danger que courait son frère, le grand chasseur pâle, et son cœur a tressailli de tristesse.

— Oui, fit Valentin, le chef m'aime.

L'Indienne continua :

— L'Unicorne cherchait un moyen de venir en aide à son frère ; il errait sur les bords du fleuve lorsque le brouillard lui a fourni ce moyen qu'il désirait tant ; il a placé Rayon-de-Soleil dans une pirogue, lui a ordonné de venir, et Rayon-de-Soleil est venue avec joie, en se moquant des chiens Apaches, dont les yeux de taupe n'ont pas su l'apercevoir quand elle est passée devant eux.

— Oui, cela doit être ainsi, dit Valentin. Mais pourquoi le chef, au lieu de vous envoyer, n'est-il pas venu lui-même avec quelques guerriers ?

— L'Unicorne est un sachem, répondit l'Indienne ; il est sage et prudent comme le castor : les guerriers étaient demeurés au village, le chef était seul avec Rayon-de-Soleil.

— Dieu veuille que vos paroles soient sincères et que nous n'ayons pas à nous repentir de vous avoir accordé notre confiance ! dit don Pablo.

## LES PIRATES DES PRAIRIES

Les blancs les attendaient, surveillant avec soin les buissons du rivage.

— Rayon-de-Soleil est une femme Comanche! répondit fièrement l'Indienne, son cœur est rouge et sa langue n'est pas fourchue.
— Je réponds d'elle, fit doña Clara avec élan, elle ne voudrait pas nous tromper.
— Je le crois, dit Valentin, mais, dans tous les cas, nous verrons. Il y a de l'honneur chez les Peaux-Rouges ; du reste, nous serons prudents. Maintenant je suppose que, de même que moi, vous avez hâte de quitter cette île,

n'est-ce pas ? Je suis d'avis que nous profitions au plus tôt de la pirogue que cette jeune femme nous a amenée.

— C'est donc vrai ! s'écria avec joie doña Clara en se levant vivement.

— Oui, répondit Valentin, une magnifique pirogue, dans laquelle nous serons parfaitement à notre aise, et, qui plus est, abondamment fournie de vivres et de munitions ; seulement je pense que nous ne ferons pas mal de nous servir du brouillard pour nous esquiver sans donner aux Indiens le temps de se reconnaître.

— Soit, dit don Pablo, mais une fois en terre ferme, quelle route suivrons-nous, les chemins sont-ils sûrs ? Nous manquerons de chevaux. Voyons, Rayon-de-Soleil, pouvez-vous nous renseigner à cet égard ?

— Écoutez, dit la jeune femme ; les Apaches préparent une grande expédition, ils ont appelé aux armes tous leurs frères, plus de trois mille guerriers parcourent en ce moment la prairie dans tous les sens. Leurs détachements de guerre cernent tous les sentiers ; deux nations seules n'ont pas voulu répondre à l'invitation des chefs Apaches, ce sont les Comanches et les Navajoés ; les villages de ma tribu ne sont pas fort éloignés, je puis essayer de vous y conduire.

— Très bien, répondit don Pablo. D'après ce que vous nous apprenez, les rives du fleuve sont gardées. Remonter le Gila dans une pirogue est impossible, par la raison que d'ici à deux heures nous serions inévitablement scalpées ; je suis donc d'avis que nous nous rendions par la route la plus courte au plus prochain village des Comanches ou des Navajoés. Mais pour cela il faut des chevaux, car notre marche doit être prompte.

— Un seul chemin est ouvert, dit fermement Rayon-de-Soleil.

— Lequel ? demanda don Pablo.

— Celui qui traverse le camp des Apaches.

— Hum ! murmura Valentin, cela me paraît bien scabreux ; nous ne sommes que sept, dont deux femmes.

— C'est vrai, observa la Plume-d'Aigle, qui jusqu'à ce moment avait gardé le silence, mais c'est aussi la route qui réunit les plus grandes chances de succès.

— Voyons votre plan alors, demanda Valentin.

— Les Apaches, reprit le sachem, sont nombreux ; ils nous croient accablés et démoralisés par la position critique dans laquelle nous sommes. Il ne supposeront jamais que cinq hommes aient l'audace de s'introduire dans leur camp, cette sécurité dans laquelle ils sont fait notre force.

— Oui, mais des chevaux ! des chevaux ! reprit le capitaine en insistant.

— Le Wacondah y pourvoira, répondit le chef ; il n'abandonne jamais les hommes de cœur qui mettent en lui leur confiance.

— Allons, dit Valentin, et à la grâce de Dieu !

— Je crois, dit doña Clara, qui avait écouté la discussion avec une attention profonde, je crois que le conseil de notre ami le guerrier indien est bon et que nous devons le suivre.

La Plume-d'Aigle s'inclina, tandis qu'un sourire de satisfaction errait sur son visage.

— Qu'il soit fait comme vous le désirez, dit le chasseur en se tournant vers la jeune Mexicaine : partons donc sans plus tarder.

Le cri de la pie retentit à deux reprises différentes.

— Holà ! reprit le chasseur, que nous arrive-t-il encore de nouveau ? voilà Schaw qui nous appelle.

Chacun saisit son arme et se dirigea en toute hâte du côté où le signal était parti.

Doña Clara et Rayon-de-Soleil restèrent seules, blotties dans les buissons.

Sans pouvoir approfondir quel était le mobile qui faisait agir l'Indienne, doña Clara avait cependant compris au premier mot, avec cette intuition que possèdent les femmes, que Rayon-de-Soleil était de bonne foi, que dans cette circonstance elle agissait sous l'impression d'une bonne pensée et leur était, soit pour une raison, soit pour une autre, entièrement dévouée. Aussi lui prodiguait-elle les plus affectueuses caresses.

Connaissant, en outre, l'instinct de rapine et d'avarice qui fait généralement le fond du caractère de la race rouge, elle ôta un bracelet en or qu'elle portait au poignet droit et l'attacha au bras de l'Indienne, dont la joie et le bonheur furent portés au comble par ce charmant cadeau.

Séduite par cette munificence inattendue, bien que déjà dévouée à Valentin à cause des services que celui-ci lui avait rendus, elle s'attacha à doña Clara complètement et sans arrière-pensée.

— Que la vierge pâle soit sans inquiétude, dit-elle de sa voix douce et timbrée, elle est ma sœur, je la sauverai avec tous les guerriers qui l'accompagnent.

— Merci, répondit doña Clara ; ma sœur est bonne, c'est la femme d'un grand chef, je serai toujours son amie ; dès que j'aurai rejoint mon père, je lui ferai des cadeaux bien plus beaux que celui-ci.

La jeune Indienne frappa, en signe de joie, ses deux mignonnes mains l'une contre l'autre.

— Que se passe-t-il donc? avait demandé Valentin en arrivant auprès de Schaw, qui, couché sur le sol et le rifle en arrêt, semblait chercher à sonder les ténèbres.

— Ma foi, je ne sais pas, répondit naïvement celui-ci, mais on dirait qu'il y a quelque chose d'extraordinaire autour de nous ; je vois comme des ombres s'agiter sur la rivière, sans pouvoir rien distinguer à cause du brouillard ; j'entends des bruits sourds et des clapotements d'eau ; je crois que les Indiens se préparent à nous attaquer.

— Oui, murmura Valentin comme se parlant à lui-même, c'est leur tactique favorite ; ils aiment à surprendre leurs ennemis ; veillons surtout à la pirogue.

En cet instant une masse noire perça le brouillard, s'avançant lentement et glissant sans bruit sur la rivière.

— Les voilà, dit Valentin à voix basse. Attention, ne les laissons pas débarquer !

Les chasseurs s'embusquèrent derrière les buissons. Valentin ne s'était pas trompé : c'était un radeau chargé de guerriers indiens qui arrivait.

Lorsque les Apaches ne furent plus qu'à quelques mètres de l'île, cinq coups de feu tirés presque en même temps vinrent semer la mort et le désordre parmi eux.

Les Apaches croyaient surprendre leurs ennemis au plus fort de leur sommeil.

Ils étaient loin de s'attendre à une aussi rude réception.

Voyant leur projet déjoué et qu'on était prêt au combat, ils eurent un mouvement d'hésitation; pourtant la honte l'emporta sur la prudence et ils continuèrent d'avancer.

Ce radeau servait d'avant-garde à dix ou douze autres encore confondus dans le brouillard, attendant le résultat de la reconnaissance tentée par le premier.

Ils devaient, si les chasseurs étaient éveillés, regagner la terre sans les attaquer; ce qu'ils firent en effet.

Le premier radeau avait la même consigne; mais, soit qu'il fût tombé dans un courant qui le jetait sur l'île, soit, ce qui est plus probable, que les Indiens voulussent venger leurs compagnons, ils continuèrent d'avancer.

Cette fois le mot d'ordre avait été donné par Valentin.

Les Apaches mirent donc le pied sur le sol de l'île sans être inquiétés. Ils s'élancèrent en brandissant leurs casse-têtes et en poussant leur cri de guerre.

Mais ils furent reçus à coups de crosse de fusil, rejetés dans l'eau, noyés ou assommés avant qu'ils eussent seulement eu le temps de faire deux pas dans l'île.

— Maintenant, dit froidement Valentin, nous sommes tranquilles pour toute la nuit; je connais les Indiens, ils ne recommenceront pas l'attaque. Don Pablo, veuillez prévenir doña Clara; Schaw et le guerrier Coras prépareront la pirogue; si vous le trouvez bon, nous partirons de suite.

Curumilla s'était déjà mis en devoir de pousser la pirogue dans un lieu plus convenable pour l'embarquement que le fourré de hautes herbes et de broussailles au milieu desquelles elle était cachée.

Lorsqu'il allait sauter dedans, il crut s'apercevoir qu'elle s'éloignait sensiblement du rivage.

Curumilla, étonné, se laissa glisser dans le fleuve, afin de connaître la cause de ces mouvements insolites.

La pirogue s'éloignait de plus en plus, elle était séparée déjà de l'île par une distance de cinq à six pieds.

Complètement débarrassée des hautes herbes, elle coupait le fil de l'eau en ligne droite, d'un mouvement continu et régulier qui laissait parfaitement deviner qu'elle suivait une impulsion occulte et intelligente.

Curumilla, de plus en plus surpris, mais tenant à savoir positivement à quoi s'en tenir, se dirigea silencieusement vers l'avant de la pirogue.

Alors tout lui fut expliqué.

Un bout de corde servant à attacher l'embarcation afin de l'empêcher d'aller en dérive, pendait en dehors; un Apache en tenait l'extrémité serrée entre ses dents et nageait vigoureusement dans la direction du camp; entraînant la pirogue avec lui.

— Mon frère est fatigué, dit Curumilla avec ironie en touchant l'épaule du guerrier; qu'il me laisse le soin de diriger ce canot.

— Ohche! s'écria l'Indien d'une voix entrecoupée.

Et, lâchant le bout de la corde, il plongea.

Curumilla plongea sur lui...

Pendant quelques instants la rivière fut agitée de remous sous-marin, puis les deux hommes reparurent à la surface.

Curumilla tenait l'Apache serré à la gorge.

Il saisit alors son couteau, l'enfonça à deux reprises dans le cœur de l'Indien, puis il lui enleva sa chevelure, et lâchant le cadavre qui flotta inerte sur la rivière, il sauta d'un bond dans la pirogue, qui, pendant cette courte lutte, avait continué à dériver, et la ramena à l'île.

— Eh! eh! dit en riant Valentin, d'où diable sortez-vous, chef? Je vous croyais perdu!

Sans prononcer une parole, Curumilla lui montra la chevelure sanglante qui pendait à sa ceinture.

— Bien, dit Valentin, je comprends : mon frère est un grand guerrier, rien ne lui échappe!

L'Araucan sourit avec orgueil. La petite troupe était rassemblée.

L'embarquement eut lieu aussitôt, et les hommes, s'armant chacun d'une pagaie, commencèrent à traverser lentement et silencieusement la rivière, grâce à la précaution prise par Curumilla de garnir de feuilles les palettes des pagaies.

Le cœur de ces hommes si braves palpitait de crainte, car ils n'osaient croire à la réussite de leur hardi projet.

## XVII

### L'HOSPITALITÉ INDIENNE

Non seulement la tentative des chasseurs pour s'échapper n'était pas aussi désespérée qu'on pourrait être porté à le croire, mais elle offrait même jusqu'à un certain point de grandes chances de réussite.

Les Apaches, lorsqu'ils sont campés en vue de l'ennemi, ne se gardent jamais, à moins qu'ils ne forment un faible détachement de guerriers et qu'ils se trouvent opposés à des forces de beaucoup supérieures, mais alors même leurs sentinelles sont si peu vigilantes qu'il est extrêmement facile de les surprendre, ce qui, du reste, leur arrive fréquemment sans pour cela les rendre plus sages.

Dans le cas dont nous parlons, à quelques milles à peine de leur village, formant un effectif de plus de huit cents guerriers résolus, ils ne pouvaient supposer que cinq hommes réfugiés dans une île, sans moyen de transport pour en sortir, tentassent ce hardi coup de main.

Aussi, après leur surprise contre les blancs, voyant leur attente trompée; ils s'étaient remis à dormir les uns autour des feux, les autres sous les tentes dressées par leurs femmes, attendant patiemment le jour pour livrer à leurs ennemis, de tous les côtés à la fois, un assaut auquel il leur serait impossible de résister.

Cependant les chasseurs avançaient toujours vers le rivage, cachés par le brouillard qui les enveloppait comme un linceul et dérobait leurs mouvements aux yeux intéressés à les épier.

Ils arrivèrent ainsi en vue des feux dont les lueurs incertaines devenaient de plus en plus faibles, et ils virent leurs ennemis couchés et endormis.

La Plume-d'Aigle, sur les indications du Rayon-de-Soleil, dirigea la pirogue un peu sur la droite au pied d'un rocher dont la masse imposante dominait le fleuve d'une trentaine de mètres, et leur offrait sous son ombre un abri propice pour débarquer avec sécurité.

Aussitôt qu'ils eurent mis pied à terre, les chasseurs prirent la file indienne, et le rifle en arrêt, les yeux et les oreilles au guet, ils s'avancèrent à pas de loup vers le camp, s'arrêtant par intervalles pour jeter autour d'eux des regards inquiets ou pour prêter l'oreille à quelque bruit suspect.

Puis, lorsque tout redevenait tranquille, ils reprenaient leur marche hasardeuse, rasant les tentes et parfois enjambant par-dessus les dormeurs étendus devant les feux et que le moindre mouvement mal calculé aurait suffi pour réveiller.

Il est impossible de se faire une idée juste d'une marche semblable, à moins de ne l'avoir faite soi-même.

Un homme doué de l'âme la plus énergique et la plus fortement trempée ne pourrait une heure de suite en supporter les émotions terribles.

La poitrine oppressée, l'œil hagard, les membres agités d'un mouvement fébrile et convulsif, les chasseurs passaient au milieu de leurs féroces ennemis, sachant d'avance que s'ils étaient découverts c'en était fait d'eux, qu'ils périraient dans les plus horribles supplices.

Arrivés presque à l'extrême limite du camp, un Indien, couché en travers du chemin que suivaient les fugitifs, fit tout à coup un mouvement et se dressa sur les genoux en saisissant instinctivement sa lance.

Un cri et les chasseurs étaient perdus!

Curumilla marcha droit à l'Indien stupéfait de la vue de cette procession funèbre et fantastique à laquelle il ne comprenait rien, suivi de ses compagnons dont le pas était si léger qu'ils semblaient glisser sur le sol sans le toucher.

L'Apache effrayé de cette apparition que, dans ses superstitieuses croyances, il attribuait aux puissances célestes, croisa les bras sur la poitrine et baissa silencieusement la tête.

La troupe passa.

L'Indien ne prononça pas un mot, ne fit pas un geste.

A peine les chasseurs avaient-ils disparu à quelques pas derrière un pli de terrain, que l'Apache se hasarda à lever les yeux.

Alors il fut convaincu qu'il avait eu une vision, et, sans chercher à approfondir ce qu'il avait aperçu, il se recoucha et se rendormit tranquillement.

Les chasseurs étaient enfin sortis du camp.

— Maintenant, dit Valentin, le plus fort est fait.

— Au contraire, répondit don Pablo, notre position est plus précaire que jamais, puisque nous sommes au milieu de nos ennemis et que nous n'avons pas de chevaux.

Curumilla lui posa la main sur l'épaule, et le regardant doucement :

— Que mon frère soit patient, dit-il, bientôt il en aura.

— Comment cela? demanda le jeune homme.

— Rayon-de-Soleil, continua le chef Aucas, doit savoir où sont les chevaux de cette tribu.

— Je le sais, répondit laconiquement celle-ci.

— Très bien ; ma sœur me guidera.

— Chef, un instant ! s'écria Valentin, je ne vous laisserai pas seul courir ce nouveau danger ; il y aurait déshonneur pour ma peau blanche.

— Que mon frère vienne !

— C'est justement ce que je comptais faire. Don Pablo restera ici, avec Schaw et la Plume-d'Aigle, auprès de doña Clara, tandis que nous tenterons cette expédition. Qu'en pensez-vous, don Pablo ?

— Je pense, mon ami, que votre plan ne vaut rien.

— Vous croyez?

— Voici pourquoi : nous sommes ici à deux pas des Apaches ; l'un d'eux peut s'éveiller d'un moment à l'autre. Il y a un instant, nous n'avons échappé que par miracle ; qui sait comment tournera votre entreprise ! Si nous nous séparons, peut-être ne pourrons-nous plus nous rejoindre. Je suis d'avis que nous allions tous ensemble à la recherche des chevaux ; cela évitera surtout une perte de temps en allées et venues inutiles, et nous donnera ainsi une avance considérable.

— C'est juste, répondit Valentin ; allons donc tous, de cette façon nous aurons plus tôt fait.

Rayon-de-Soleil prit alors la direction de la petite troupe.

Mais au lieu de rentrer dans le camp, ainsi que les chasseurs le redoutaient, elle se borna à le côtoyer dans une certaine longueur ; puis, faisant signe à ses compagnons de s'arrêter et de l'attendre, elle s'avança seule à la découverte.

Son absence fut courte.

Au bout de cinq minutes elle était de retour.

— Les chevaux sont là, dit-elle en désignant du doigt un point dans le brouillard ; ils sont entravés à l'amble et gardés par un guerrier qui se promène de long en large auprès d'eux. Que feront mes frères pâles ?

— Tuer l'homme, et nous emparer des chevaux dont nous avons besoin, dit don Pablo ; nous ne sommes pas dans une situation à faire de la sensiblerie.

— Pourquoi tuer ce pauvre homme, si l'on peut s'en débarrasser autrement? dit doña Clara d'une voix douce.

— C'est vrai, appuya Valentin ; nous ne sommes pas des bêtes féroces, que diable !

— Le guerrier ne sera pas tué, dit Curumilla de sa voix grave ; que mes frères blancs attendent.

Et, saisissant le *laço* qu'il portait toujours avec lui, l'Aucas s'étendit sur le sol et s'éloigna en rampant dans les hautes herbes ; bientôt il disparut dans le brouillard.

La sentinelle apache se promenait à petits pas, assez insouciante, lorsque tout à coup Curumilla se dressa derrière elle, et lui saississant le cou avec les deux mains, il le lui serra tellement fort que l'Apache, pris à l'improviste, n'eut pas le temps de pousser un cri.

En un tour de main il fut renversé et garrotté, et cela si promptement, qu'il resta suffoqué autant à cause de cette attaque subite que par la terreur qui s'était emparée de lui.

Le chef chargea son prisonnier sur ses épaules et vint le déposer aux pieds de doña Clara en lui disant :

— Le désir de ma sœur est accompli, cet homme est sain et sauf.

— Je vous remercie, répondit la jeune femme avec un charmant sourire.

Curumilla rougit de plaisir.

Sans perdre de temps, les chasseurs s'emparèrent des sept meilleurs chevaux qu'ils rencontrèrent.

Ils furent sellés, puis on garnit leurs pieds avec du cuir de bison, afin d'éviter le bruit de leurs sabots sur le sol, et chacun sauta en selle.

Cette fois, Valentin reprit la direction de la petite troupe.

Aussitôt que les chevaux furent lancés au galop, toutes les poitrines, oppressées sous le poids des émouvantes péripéties de cette lutte qui durait depuis si longtemps, se dilatèrent, l'espoir rentra dans tous les cœurs.

Les chasseurs étaient enfin dans le désert.

Devant eux ils avaient l'espace, de bons chevaux, des armes, des munitions.

Ils se crurent sauvés.

Ils l'étaient en effet jusqu'à un certain point, puisque leurs ennemis dormaient encore sans se douter de leur fuite audacieuse.

La nuit était à la moitié de son cours.

Le brouillard cachait les fugitifs dans ses sombres plis de brume ; ils avaient au moins six heures devant eux. Ils en profitèrent.

Les chevaux, lancés à fond de train, firent dix lieues d'une seule traite.

Aux premières lueurs du jour, le brouillard se fondit sous les rayons ardents du soleil levant.

Instinctivement, les chasseurs levèrent la tête.

Le désert était calme, rien ne troublait sa majestueuse solitude.

Au loin, quelques bisons et quelques elks paissaient l'herbe de la prairie, indice certain de l'absence des Indiens que ces intelligents animaux éventent à des distances considérables.

Le visage de l'Indienne avait une expression de loyauté qui commandait la confiance.

Valentin, autant pour faire souffler les chevaux que pour reprendre haleine lui-même, fit diminuer l'allure de cette course effrénée, sans but désormais.

La région dans laquelle se trouvaient les chasseurs ne ressemblait en rien à celle qu'ils avaient quittée quelques heures auparavant.

Çà et là, la monotonie du paysage était coupée par des bois de hautes futaies; à droite et à gauche s'étendaient de hautes collines. Parfois ils traversaient à gué quelques-unes de ces innombrables rivières sans nom qui tombent des montagnes, et après les plus capricieux méandres vont se perdre dans le Rio-Gila.

Vers huit heures du matin, Valentin signala, un peu sur la gauche, un léger nuage de fumée bleuâtre qui montait en spirale vers le ciel.

— Qu'est-ce là? demanda don Pablo avec inquiétude.

— Un camp de chasseurs sans doute, répondit Valentin.

— Non, fit Curumilla; cela n'est pas un feu de chasseurs blancs, c'est un feu d'Indiens.

— Comment diable voyez-vous cela, chef? il me semble que tous les feux sont les mêmes et produisent de la fumée, dit don Pablo.

— Oui, observa Valentin, tous les feux produisent de la fumée; mais il y a une grande différence entre les fumées, n'est-ce pas, chef? ajouta-t-il en s'adressant à Curumilla.

— Oui, répondit laconiquement celui-ci.

— Tout cela est fort bien, reprit don Pablo en insistant; mais pouvez-vous m'expliquer, chef, à quoi vous voyez que cette fumée est produite par un feu de Peaux-Rouges?

Curumilla haussa les épaules sans répondre.

La Plume-d'Aigle prit la parole :

— Les blancs, dit-il, lorsqu'ils font du feu, prennent le premier bois qu'ils trouvent.

— Pardieu! fit don Pablo.

— Le plus souvent ils prennent du bois vert; alors ce bois, qui est mouillé, dégage en brûlant une fumée blanche et épaisse, très difficile à cacher dans la prairie; au lieu que les Indiens ne se servent que de bois sec dont la fumée est légère, bleue, presque impalpable, et se confond vite avec le ciel.

— Décidément, dans le désert, repartit don Pablo d'un accent convaincu, les Indiens sont plus forts que nous; jamais nous n'arriverons à leur hauteur.

— Hum! fit Valentin, si vous vivez quelque temps avec eux, ils vous en apprendront bien d'autres.

— Tenez, reprit la Plume-d'Aigle, que vous disais-je!

Effectivement, pendant cette conversation les chasseurs avaient toujours marché, et à cet instant ils n'étaient qu'à cent pas au plus de l'endroit où brûlait le feu qu'ils avaient aperçu et qui avait donné lieu à tant de commentaires.

Deux Indiens, complètement armés et équipés en guerre, se tenaient debout devant les voyageurs, agitant leurs robes de bison en signe de paix.

Valentin tressaillit de joie en les reconnaissant.

Ces hommes étaient des Indiens comanches, c'est-à-dire des amis et des alliés, puisque le chasseur était un enfant adoptif de leur nation.

Valentin fit arrêter la petite troupe, et rejetant insoucieusement son rifle en arrière, il piqua des deux, et en quelques minutes eut rejoint les Indiens toujours immobiles.

Après avoir échangé les différentes questions que l'on s'adresse toujours en pareil cas dans la prairie, touchant l'état des chemins et l'abondance du gibier, le chasseur, bien qu'il le sût pertinemment, demanda aux Indiens à quelle nation ils appartenaient.

— Comanches! répondit un des guerriers avec orgueil, ma nation est la reine des prairies.

Valentin s'inclina d'un air convaincu.

— Je le sais, dit-il, les Comanches sont des guerriers invincibles : qui peut leur résister?

Ce fut au tour des Indiens à s'incliner avec un sourire de satisfaction à ce compliment à brûle-pourpoint.

— Mon frère est un chef? demanda encore Valentin.

— Je suis *Pethonista* (l'Aigle), dit l'Indien en regardant le chasseur en homme persuadé qu'il va produire une profonde impression.

Il ne se trompait pas.

Ce nom de Pethonista était celui de l'un des chefs les plus vénérés de la nation comanche.

— Je connais mon frère, répondit Valentin, je suis heureux de le rencontrer.

— Que mon frère parle, je l'écoute; le grand chasseur blanc n'est pas un étranger pour les Comanches, qui l'ont adopté.

— Quoi ! s'écria le chasseur, me connaissez-vous donc aussi, chef?

Le guerrier sourit.

— L'Unicorne est le plus puissant sachem des Comanches, dit-il; en quittant le village il y a douze heures, il a averti son frère Pethonista qu'il attendait un grand guerrier blanc adopté par la tribu.

— C'est vrai, fit Valentin, l'Unicorne est une partie de moi-même, sa vue dilate mon cœur. Personnellement, je n'ai rien à vous dire, chef, puisque le sachem vous a instruit; mais j'amène avec moi des amis et des femmes au nombre de deux : l'une est le Rayon-de-Soleil, l'autre le Lis blanc de la vallée.

— Le Lis blanc de la vallée est la bienvenue chez mon peuple; mes fils se feront un devoir de la servir, répondit l'Indien avec noblesse.

— Merci, chef, je n'attendais pas moins de vous. Permettez-moi de rejoindre mes compagnons qui s'impatientent sans doute, pour leur faire part de l'heureuse rencontre dont le Maître de la vie m'a favorisé.

— Bon. Que mon frère retourne auprès de ses amis, moi j'irai en avant jusqu'au village, afin de prévenir mes jeunes gens de l'arrivée d'un guerrier de ma nation.

Valentin sourit à cette parole.

— Mon frère est le maître, dit-il.

Après avoir salué le chef indien, il revint auprès de ses compagnons, qui ne savaient à quoi attribuer sa longue absence.

— Ce sont des amis, dit Valentin en désignant Pethonista qui, monté sur un mustang que son compagnon lui avait amené, s'éloignait à toute bride. L'Unicorne, en quittant son village, a chargé le chef à qui je viens de parler de nous en faire les honneurs jusqu'à son retour; aussi regardez, don Pablo, comme il se hâte d'aller annoncer notre arrivée aux gens de sa tribu.

— Dieu soit loué! s'écria le jeune homme, nous allons enfin pouvoir nous reposer en sûreté. Piquons! voulez-vous?

— Gardons-nous-en bien, mon ami : au contraire, si vous m'en croyez, nous ralentirons le pas : les Comanches nous préparent sans doute une réception, ce serait les désobliger que d'arriver trop vite.

— Qu'à cela ne tienne, répondit don Pablo. Au fait, nous ne craignons plus rien maintenant, continuons donc notre route au trot.

— Oui, car rien ne nous presse; dans une heure au plus nous serons arrivés.

— Que Dieu soit béni pour la protection qu'il a daigné nous accorder! dit le jeune homme en dirigeant vers le ciel un long regard de reconnaissance.

La petite troupe continua à s'avancer au petit trot dans la direction présumée du village.

## XVIII

### AMOUR

Une heure plus tard, les chasseurs, arrivés au sommet d'une colline, aperçurent, à un mille à peu près en face d'eux, un grand village indien devant lequel trois cents guerriers étaient rangés en bataille.

A la vue des blancs, les guerriers s'élancèrent au galop en faisant caracoler et danser leurs chevaux, et en déchargeant leurs fusils en l'air.

Ils poussaient leur cri de guerre et déployaient leurs robes de bison, exécutant, en un mot, toutes les évolutions accoutumées dans une réception amicale.

Valentin fit signe à ses compagnons d'imiter les Indiens; et les chasseurs, qui ne demandaient pas mieux que de montrer leur adresse, descendirent la colline comme un tourbillon, en criant et en déchargeant leurs rifles, aux hurlements de joie des Peaux-Rouges, émerveillés de cette arrivée triomphale chez eux.

Après les saluts d'usage et les souhaits de bienvenue, les Comanches se formèrent en demi-cercle devant les chasseurs, et Pethonista s'avança vers Valentin et lui tendit la main en lui disant :

— Mon frère blanc est un fils adoptif de la nation, il est chez lui; les Comanches sont heureux de le voir. Plus il restera parmi eux, avec les personnes qui l'accompagnent, plus il leur fera de plaisir. Un calli est préparé pour mon frère et un autre pour le Lis blanc de la Vallée; un troisième pour ses amis. Nous avons tué beaucoup de bisons, mon frère les mangera avec nous. Quand mon frère nous quittera, nos cœurs se gonfleront de tristesse. Que mon frère reste donc avec ses amis comanches le plus longtemps possible, s'il veut les voir heureux.

Valentin, fort au fait des coutumes indiennes, répondit gracieusement à ce discours, et les deux troupes, se confondant en une seule, firent leur entrée dans le village au bruit des chichikoués, des conques et des instruments indiens, mêlés aux cris des femmes, des enfants et aux hurlements des chiens, ce qui produisait la plus effroyable cacophonie qui se puisse imaginer.

Parvenu sur la place du village, le chef conduisit ses hôtes dans les huttes qui avaient été disposées pour les recevoir, et qui étaient situées les unes près des autres.

Ensuite le chef les engagea à se reposer, avec une politesse qu'aurait pu envier un homme plus civilisé que lui, et se retira en les avertissant qu'à la douzième heure on les viendrait chercher pour assister à son repas.

Valentin remercia Pethonista des attentions et des soins dont il entourait lui et ses compagnons; puis, après avoir installé doña Clara dans une hutte avec le Rayon-de-Soleil, il entra dans la sienne, recommandant aux chasseurs la plus grande prudence envers les Comanches, qui, de même que tous les Indiens, sont minutieux, irascibles et susceptibles au suprême degré.

Curumilla s'était couché sans prononcer une parole, tel qu'un bon chien de garde, en travers de la hutte habitée par doña Clara.

Dès que les deux femmes furent seules, le Rayon-de-Soleil vint se placer aux pieds de doña Clara, et fixant sur elle un regard clair et empreint de tendresse, elle lui dit, d'une voix douce et caressante :

— Ma sœur, le Lis blanc de la vallée est-elle satisfaite de moi? Me suis-je bien acquittée de l'obligation que j'avais prise envers elle?

— Quelle obligation avais-tu prise envers moi, folle? répondit la jeune fille en lui passant la main dans ses longs cheveux noirs qu'elle s'amusa à lisser.

— Celle de vous sauver, ma sœur, et de vous conduire en sûreté aux callis de ma nation.

— Oh! oui, pauvre fille, dit-elle avec tendresse, ton dévouement pour moi a été sans bornes, je ne sais comment je pourrai jamais le reconnaître.

— Ne parlons pas de cela, dit l'Indienne en secouant sa charmante tête d'un air mutin; maintenant que ma sœur n'a plus rien à redouter, je vais la quitter.

— Tu veux me quitter, Rayon-de-Soleil ! s'écria doña Clara avec inquiétude, pourquoi donc?

— Oui, répondit la jeune femme, dont les sourcils se froncèrent et dont la voix devint grave, il me reste un devoir à accomplir. J'ai fait un serment, ma sœur le sait, un serment est sacré, il faut que je parte!

— Mais, où veux-tu aller, pauvre enfant? D'où provient cette pensée subite de me quitter? Que comptes-tu faire? Quel est le point vers lequel tu dirigeras tes pas?

— Que ma sœur ne m'interroge pas, ses questions ne feraient que m'affliger; je ne pourrais lui répondre.

— Ainsi tu as des secrets pour moi, Rayon-de-Soleil? tu ne veux pas m'accorder ta confiance? Folle! Crois-tu donc que j'ignore ce que tu veux faire?

— Ma sœur connaît mon projet? interrompit l'Indienne, dont l'œil étincela et dont un tremblement convulsif agita tous les membres.

— Eh! mon Dieu, oui, reprit la jeune fille en souriant : l'Unicorne est un guerrier renommé, ma sœur a hâte de le rejoindre, sans doute?

L'Indienne secoua négativement la tête.

— Non, dit-elle, le Rayon-de-Soleil suit sa vengeance.

— Oh! oui, pauvre enfant, s'écria doña Clara en serrant la jeune femme dans ses bras, je sais de quelle affreuse catastrophe vous a sauvée don Valentin.

— Koutonepi est un grand guerrier, Rayon-de-Soleil l'aime; mais Stanapat est un chien, fils d'une louve apache.

Les deux jeunes femmes pleurèrent quelques minutes en silence, confondant leurs larmes; mais l'Indienne, surmontant sa douleur, sécha d'un geste violent ses yeux rougis, et s'arrachant des bras qui la retenaient :

— Pourquoi pleurer? dit-elle; seuls les lâches et les faibles pleurent et gémissent! Les femmes indiennes ne pleurent pas, quand on les insulte elles se vengent! ajouta-t-elle avec un accent rempli d'une résolution étrange. Que ma sœur me laisse partir! Je ne lui suis plus utile maintenant, et d'autres soins me réclament.

— Va donc, pauvre fille, agis comme ton cœur te l'ordonne, je ne me reconnais le droit ni de te retenir ni de t'empêcher de faire à ta guise.

— Merci, fit l'Indienne, ma sœur est bonne, le Wacondah ne l'abandonnera pas.

— Ne peux-tu me confier ce que tu veux faire?

— Je ne le puis.

— Dis-moi au moins de quel côté tu diriges tes pas?

L'Indienne secoua la tête avec découragement.

— La feuille de l'arbousier détachée de sa branche par un grand vent sait-elle dans quelle direction il l'emporte? Je suis la feuille de l'arbousier, que ma sœur ne m'interroge donc pas davantage.

— Tu le veux, je me tairai; mais avant de nous séparer pour toujours peut-être, laisse-moi te faire un cadeau qui me rappellera à ton souvenir lorsque je serai loin de toi.

Le Rayon-de-Soleil posa la main sur son cœur par un geste charmant.

— Ma sœur est là! dit-elle avec émotion.

— Écoute, reprit la jeune fille, cette nuit je t'ai donné un bracelet, voici le second; ces parures me sont inutiles, je serais heureuse qu'elles te plussent.

Elle détacha le bracelet qu'elle portait au bras et l'agrafa à celui de l'Indienne.

Celle-ci la laissa faire, puis, après avoir baisé le bracelet à plusieurs reprises, elle releva la tête, et tendant la main à la jeune Mexicaine :

— Adieu, lui dit-elle d'une voix émue. Que ma sœur prie son Dieu pour moi; on dit qu'il est puissant, peut-être me viendra-t-il en aide!

— Espère, pauvre enfant! répondit doña Clara en la serrant dans ses bras.

Rayon-de-Soleil secoua tristement la tête, et faisant un dernier signe à sa compagne, elle bondit comme une biche effarouchée, s'élança vers la porte et disparut.

La jeune Mexicaine demeura longtemps pensive après le départ de Rayon-de-Soleil.

Les demi-mots de l'Indienne, sa contenance embarrassée avaient excité sa curiosité au dernier point.

D'un autre côté, l'intérêt qu'elle ne pouvait se refuser de porter à cette femme extraordinaire qui lui avait rendu un service signalé la plongeait dans une vague inquiétude, ou, pour mieux dire, un sombre pressentiment l'avertissait que le Rayon-de-Soleil la quittait pour accomplir une de ces hasardeuses expéditions que les Indiens ont à cœur de mener à bien sans aide et sans secours d'aucune sorte.

Deux heures environ se passèrent. La jeune fille, la tête penchée sur la poitrine, repassait dans son esprit les événements étranges qui, d'incidents en incidents, l'avaient amenée au lieu où elle se trouvait.

Tout à coup un soupir étouffé parvint à son oreille.

Elle releva la tête avec étonnement ; un homme se tenait debout et humble, appuyé contre un poteau du calli et fixant sur elle un regard d'une expression indéfinissable.

Cet homme était Schaw, le fils du Cèdre-Rouge.

Doña Clara rougit et baissa les yeux toute confuse.

Schaw gardait le silence, les yeux fixés sur elle, s'enivrant du bonheur de la voir, de la contempler à son aise.

La jeune fille, seule, assise dans cette misérable hutte indienne, devant cet homme qui, plusieurs fois déjà, avait risqué si noblement sa vie pour elle, tomba dans de profondes et sérieuses méditations.

Un trouble étrange s'empara d'elle ; sa poitrine se soulevait sous l'effort de ses émotions ; elle ne comprenait rien aux sensations délicieuses qui, parfois, la faisaient tressaillir. Son regard, voilé d'une douce langueur, s'arrêtait malgré elle avec expression sur cet homme, beau comme l'Antinoüs antique, au regard fier, au caractère indomptable, qui se tenait courbé devant elle, et qu'un froncement de ses sourcils faisait pâlir, lui, ce sauvage enfant du désert, qui n'avait jamais connu d'autre maître que sa volonté.

En le voyant si beau et si brave, elle se sentait attirée vers lui par toutes les forces de son âme.

Bien qu'elle ignorât le mot amour, depuis quelque temps une révolution s'était faite à son insu dans son esprit : maintenant elle commençait à comprendre cette union divine de deux âmes qui se confondent en une seule, dans une communion éternelle de pensées, de joie et de peine.

En un mot, elle allait aimer !

— Que me voulez-vous, Schaw ? lui demanda-t-elle timidement.

— Je veux vous dire, señorita, répondit-il d'une voix brusque, mais empreinte d'une tendresse inouïe, que quoi qu'il arrive, quand vous aurez besoin d'un homme pour se faire tuer pour vous, il ne faudra pas chercher, parce que je serai là.

— Merci, répondit-elle en souriant malgré elle de la bizarrerie de l'offre, et surtout de la façon dont elle était faite; mais ici nous n'avons rien à craindre.

— Peut-être, répondit-il; nul ne sait ce que demain lui réserve.

Les femmes ont un goût prononcé pour dompter les bêtes féroces.

Comme toutes les natures essentiellement nerveuses, la femme est un être de sensation, dont la passion réside plutôt dans la tête que dans le cœur.

L'amour pour la femme n'est qu'une affaire d'orgueil ou de lutte à soutenir; comme elle est faible, elle veut toujours vaincre et surtout dominer en commençant, afin plus tard de se faire plus complètement l'esclave de celui qu'elle aime, lorsqu'elle lui aura prouvé sa force en le tenant haletant à ses pieds.

A cause de cette éternelle loi des contrastes qui régit le monde, une femme n'aimera jamais que l'homme qui, soit pour une cause, soit pour l'autre, flattera son orgueil.

Du moins il en est ainsi au désert. Je ne prétends nullement parler de nos charmantes femmes d'Europe, qui sont un composé de grâces et d'attraits, et qui, comme les anges, n'appartiennent à l'humanité que par le bout de leur aile mignonne qui frôle à peine la terre.

Doña Clara était Mexicaine; sa position exceptionnelle au milieu des Indiens, les dangers auxquels elle était exposée, l'ennui qui la minait, toutes ces causes réunies devaient la disposer en faveur du jeune sauvage dont, avec cette intuition dont sont douées toutes les femmes, elle avait deviné l'ardente passion.

Elle se laissa aller à lui répondre et à l'encourager à parler.

Était-ce un jeu? Était-elle de bonne foi? Nul ne saurait le dire; le cœur des femmes est un livre dans lequel jamais un homme n'a pu épeler un mot.

Alors commença entre les deux jeunes gens une de ces longues et douces causeries pendant lesquelles, bien que le mot amour ne soit jamais prononcé, il expire à chaque instant sur les lèvres et fait palpiter le cœur qu'il enivre et qu'il plonge dans ces divines extases oubliées par l'âge mûr, mais qui rendent si heureux ceux qui les éprouvent.

Schaw, mis à son aise par la complaisante bonté de doña Clara, ne fut plus le même homme; il trouva dans son cœur des expressions qui malgré elle faisaient tressaillir la jeune fille et la plongeaient dans un trouble qu'elle ne pouvait expliquer.

A l'heure indiquée par Pethonista, un guerrier comanche parut à la porte du calli et rompit brusquement l'entretien.

Cet homme était chargé de conduire les étrangers auprès du chef pour assister à son repas.

Doña Clara sortit aussitôt, suivie de Schaw, dont le cœur se gonflait de bonheur dans sa poitrine.

Cependant que lui avait dit doña Clara?

Rien!

Mais elle l'avait laissé parler, elle l'avait écouté avec intérêt, souriant parfois à ses paroles.

Plume-d'Aigle dirigea la pirogue au pied d'un rocher pour débarquer avec sécurité.

Le pauvre jeune homme n'en demandait pas davantage pour être heureux, et il l'était comme jamais encore il ne lui avait été donné de l'être.

Valentin, don Pablo et les deux Indiens attendaient doña Clara.

Dès qu'elle parut, tous se dirigèrent à grands pas vers le calli du chef, précédés par le guerrier comanche qui leur servait de guide.

## XIX

### LA DANSE DES VIEUX CHIENS

Pethonista reçut ses convives avec tous les raffinements de la courtoisie indienne, étant aux petits soins et les obligeant à manger dès qu'il croyait s'apercevoir que ce qu'on avait placé devant eux était de leur goût.

Ce n'est pas toujours agréable pour un blanc que d'assister à un repas indien.

Chez les Peaux-Rouges, l'étiquette exige que l'on mange tout ce qui est offert, sans en laisser une parcelle devant soi. Agir autrement serait offenser gravement l'amphitryon. Aussi la position de certains convives petits mangeurs est-elle souvent fort désagréable. Ils se trouvent, à cause de la vaste capacité des estomacs indiens, dans la dure nécessité de se donner une indigestion ou de s'attirer une querelle qui peut avoir souvent de graves conséquences.

*Dura lex, sed lex.*

Heureusement il n'arriva rien de semblable cette fois, et le repas se termina sans encombre, à la satisfaction générale.

Lorsqu'on eut fini de manger, Valentin se leva, et saluant l'assemblée à deux reprises différentes, il dit au chef :

— Je remercie mon frère, pour mes compagnons et pour moi, de son gracieux accueil. Dans mille lunes le souvenir n'en sera pas effacé de mon cœur. Mais nos guerriers ne doivent pas continuellement manger lorsque de graves intérêts les réclament. Mon frère Pethonista veut-il entendre les nouvelles que j'ai à lui annoncer ?

— Mon frère a-t-il une communication secrète à me faire, ou bien son message intéresse-t-il toute la tribu ?

— Mon message intéresse toute la tribu.

— *Ooah !* que mon frère prenne patience. Demain, dans quelques heures peut-être, l'Unicorne, notre grand sachem, sera de retour ; mon frère lui parlera.

— Si l'Unicorne était ici, reprit vivement Valentin, deux mots suffiraient ; mais il est absent, le temps presse : pour la seconde fois je prie mon frère de m'entendre.

— Bon, puisque mon frère le veut, dans un instant tous les chefs seront réunis dans la grande loge de médecine, au-dessus du souterrain où brûle le feu de Montecuhzoma.

Valentin s'inclina en signe d'acquiescement.

Nous donnerons ici, à propos de ce feu de Montecuhzoma, quelques renseignements qui ne manquent pas d'intérêt et dont le lecteur, nous n'en doutons pas, nous saura gré.

Cette coutume singulière s'est, jusqu'à ce jour, perpétuée d'âge en âge, surtout parmi les Comanches.

Ils racontent qu'à l'époque de la conquête, quelques jours avant sa mort, Montecuhzoma [1] ayant un pressentiment du sort qui le menaçait, alluma un feu sacré et ordonna à leurs ancêtres de l'alimenter sans jamais le laisser éteindre jusqu'au jour où il reviendrait délivrer son peuple du joug espagnol.

La garde de ce feu sacré fut confiée à des guerriers d'élite.

Ce feu fut placé dans un souterrain, au fond d'un bassin de cuivre, sur une espèce de petit autel, où il couve perpétuellement sous une épaisse couche de cendres.

Montecuhzoma avait annoncé en même temps qu'il reviendrait avec le soleil, son père; aussi, aux premières lueurs du jour, beaucoup d'Indiens montent sur le toit de leurs callis dans l'espérance de voir enfin apparaître leur souverain bien-aimé accompagné de l'astre du jour.

Ces pauvres Indiens, qui caressent toujours au fond de leur cœur l'espoir de leur régénération future, sont convaincus que cet événement s'accomplira, à moins que, à cause d'une raison impossible à prévoir, le feu ne vienne à s'éteindre.

Il y a à peine cinquante ans, ceux qui étaient chargés d'entretenir le feu sacré se relayaient tous les deux jours.

Ils passaient ainsi quarante-huit heures, sans boire, sans manger et sans dormir.

Il arrivait souvent que ces malheureux, asphyxiés par le gaz carbonique de l'étroit espace dans lequel ils se tenaient, et affaiblis par cette longue diète, succombaient à leur religieux dévouement.

Alors, disent les Indiens, leurs corps étaient portés dans la grotte d'un serpent monstrueux qui les dévorait.

Aujourd'hui, cette croyance étrange commence à tomber en désuétude, bien que dans presque tous les pueblos on trouve encore le feu de Montecuhzoma; mais on ne suit plus aussi rigoureusement l'ancienne coutume, et le serpent est obligé de pourvoir d'une autre façon à sa nourriture.

J'ai connu au Paso del Norte un riche hacendero d'origine indienne qui, bien qu'il ne voulût pas en convenir et affichât des façons et des croyances fort avancées, conservait précieusement le feu de Montecuhzoma dans un souterrain qu'il avait, à grands frais, fait construire pour cet usage seul.

Les Comanches se divisent en une quantité de petites tribus qui toutes sont placées sous les ordres d'un chef spécial.

Quand ce chef est vieux ou infirme, il abandonne à celui de ses fils qui s'est le plus distingué par sa bravoure le pouvoir militaire, ne se conservant que la juridiction civile. Plus tard, à la mort de son père, le fils arrive à la souveraineté complète.

---

1. Et non Montezuma, comme on écrit ordinairement. Tous les noms mexicains avaient et ont encore aujourd'hui une signification : Montecuhzoma veut dire *seigneur sévère;* on l'écrit aussi quelquefois, dans les vieux manuscrits mexicains du temps de la conquête, Mochecuzoma, mais jamais Montezuma qui est un non-sens.

(*Note de l'auteur.*)

Nous l'avons dit, les plus terribles ennemis des blancs sont les Comanches, qui s'intitulent orgueilleusement nation reine des prairies, et ne considèrent les autres Indiens que comme leurs tributaires.

Les Comanches, plus sages que les autres Peaux-Rouges, ont toujours, malgré les instances des Nord-Américains et des Espagnols, fui le danger des liqueurs fortes et repoussé loin d'eux toute espèce de spiritueux.

Cette tempérance si exemplaire et en même temps si politiquement habile est une des premières causes de la supériorité de ces Indiens et de leur pouvoir.

Sans plus longue digression, nous reprendrons notre récit.

Le chef appela un vieil Indien qui se tenait appuyé contre le mur de la hutte et lui donna l'ordre de convocation.

Dans les villages comanches, les vieillards incapables de services actifs et que leur mérite n'a pas élevés au rang de chef remplissent l'office de crieur. Ce sont eux qui sont chargés d'annoncer les nouvelles à la population, de transmettre les ordres du sachem, d'organiser les cérémonies et de convoquer le conseil.

Ce sont tous des hommes doués d'une voix forte. Ils montent sur le rebord d'un calli, et du haut de cette chaire improvisée ils s'acquittent de leur devoir avec un luxe inouï de cris et de gestes.

Lorsque la convocation fut faite, Pethonista conduisit lui-même ses hôtes à la loge du conseil, nommée grande loge de médecine.

C'était une vaste hutte complètement privée de meubles, au milieu de laquelle brûlait un énorme brasier.

Vingt et quelques chefs étaient réunis et gravement accroupis en cercle ; ils gardaient un profond silence.

Ordinairement, nul étranger n'est admis au sein du conseil, mais en cette circonstance on dérogea à l'usage à cause de la qualité de fils adoptif de la tribu qui possédait Valentin.

Les nouveaux venus prirent place. Un siège de nopal sculpté avait été préparé dans un coin de la hutte pour doña Clara qui, par un privilège sans précédent dans les mœurs indiennes, et grâce à sa double qualité de blanche et d'étrangère, assistait au conseil, ce qui n'est permis à une femme indienne que dans le cas excessivement rare où elle a le rang de guerrier.

Aussitôt que chacun se fut accommodé le moins mal possible, le porte-pipe entra dans le cercle en tenant dans la main le grand calumet qu'il présenta tout allumé à Pethonista.

Le chef inclina le calumet vers les quatre points cardinaux et fuma quelques secondes ; puis, tout en conservant le godet dans sa main, il présenta le calumet à chacun des assistants qui l'imitèrent. Lorsque tous eurent fumé à leur tour, le chef rendit le calumet au porte-pipe qui vida le godet dans le feu en prononçant quelques paroles mystérieuses adressées au soleil, ce grand dispensateur de tous les biens de ce monde, et sortit à reculons du cercle dans lequel il était resté jusqu'alors.

— Nos oreilles sont ouvertes, que mon frère le grand chasseur pâle prenne la parole. Nous avons enlevé la peau de notre cœur, et les mots que soufflera sa poitrine seront recueillis par nous avec soin. Nous attendons impatiemment les communications qu'il a à nous faire, dit le chef en s'inclinant avec courtoisie devant Valentin.

— Ce que j'ai à dire sera court, répondit le chasseur. Mes frères sont-ils toujours les alliés fidèles des Visages-Pâles?

— Pourquoi ne le serions-nous plus? interrompit vivement le chef. Les grands cœurs pâles ont été constamment bons pour nous; ils nous achètent nos peaux de castors et nos robes de bison, en nous donnant en échange de la poudre, des balles et des couteaux à scalper; lorsque nous sommes malades, nos amis pâles nous soignent et nous fournissent tout ce dont nous avons besoin. Quand l'hiver est rude, que les bisons sont partis, que la disette se fait sentir dans les villages, les blancs viennent à notre secours; pourquoi ne serions-nous plus leurs alliés? Les Comanches ne sont point ingrats, ils ont le cœur noble et généreux; jamais ils n'oublient un bienfait. Nous serons amis des blancs tant que le soleil éclairera le monde.

— Merci, chef, répondit le chasseur; je suis heureux que vous m'ayez parlé de la sorte, car l'heure est venue de nous prouver votre amitié.

— Que veut dire mon frère?

— Les Apaches ont déterré la hache contre nous; leurs détachements de guerre sont en marche pour cerner le Blood's Son, notre ami. Je viens demander à mes frères s'ils veulent nous aider dans cette circonstance à repousser et à battre nos ennemis.

Il y eut un instant de silence.

Les Indiens paraissaient sérieusement réfléchir aux paroles du chasseur.

Enfin Pethonista prit la parole après avoir du regard consulté les membres du conseil :

— Les ennemis de mon frère et du Blood's Son sont nos ennemis, dit-il d'une voix haute et ferme; mes jeunes gens iront au secours des Visages Pâles. Les Comanches ne souffriront pas qu'une insulte soit faite à leurs alliés. Que mon frère se réjouisse du résultat de sa mission; l'Unicorne, j'en suis convaincu, n'aurait pas répondu autrement que je le fais, s'il avait assisté au conseil. Demain, au lever du soleil, tous les guerriers de la tribu se mettront en marche pour aller au secours du Blood's Son. J'ai dit. Ai-je bien parlé, chefs puissants?

— Notre père a bien parlé, répondirent les chefs en s'inclinant, il sera fait comme il le désire.

— *Ooah!* reprit Pethonista, que mes fils se préparent à célébrer dignement l'arrivée de nos amis blancs dans notre village, et montrer que nous sommes des guerriers sans crainte. *Les Vieux Chiens* danseront dans la loge de médecine.

Des cris de joie et des trépignements de plaisir accueillirent ces paroles.

Les Indiens, que l'on suppose si peu civilisés, ont une foule d'associations ayant de grands rapports avec la franc-maçonnerie. Ces associations se distinguent par leurs chants, leurs danses et certains signes de ralliement. Avant de faire partie de l'une de ces associations, il y a plusieurs épreuves à subir et plusieurs degrés à passer.

Les Comanches comptent onze associations pour les hommes et trois pour les femmes.

*La danse du scalp* ou *de la chevelure* est en dehors de ces associations.

Nous ne parlerons ici que du *Wachuk-ke-eckké*, c'est-à-dire de la bande des *Vieux Chiens*, association dont ne peuvent faire partie que les guerriers les plus renommés de la nation, et dont la danse n'a lieu que lorsqu'une expédition se prépare, afin d'implorer la protection de Natohs.

Les étrangers montèrent sur le rebord de la loge du conseil avec une foule d'Indiens, et lorsque tous les spectateurs furent placés, la cérémonie commença.

Avant même qu'ils parussent, on entendait déjà le sifflement de leurs *ihkocheks* ou *sifflets de guerre*, faits de tibias humains. Enfin, quatre-vingt-dix Vieux Chiens arrivèrent couverts de leurs plus beaux costumes.

Une partie était vêtue de belles robes ou de chemises de cuir de bighorn ; d'autres avaient des chemises de drap rouge, ou bien des uniformes bleus et rouges, que les Américains du Nord leur avaient donnés lors de leurs visites aux forts de la frontière. Quelques-uns avaient le haut du corps nu et leurs exploits ou *coups* peints en rouge brun sur la peau ; d'autres, les plus renommés, portaient sur la tête un bonnet colossal de plumes de corbeau, aux pointes desquelles étaient adaptées de petites touffes de duvet. Ce bonnet leur retombait jusque sur les reins.

Au milieu de cette masse informe de plumes était placée la queue d'un coq d'Inde sauvage faisant la roue, et celle d'un aigle royal.

Autour du cou, les principaux Vieux Chiens portaient une longue bande de drap rouge qui descendait par derrière jusqu'aux mollets, et qui formait nœud vers le milieu du dos. Ils avaient, sur le côté droit de la tête, une touffe épaisse de plumes de chat-huant, signe distinctif de la bande. Tous avaient au cou leurs longs *ihkochekus* et sur le bras gauche leur arme, fusil, arc ou casse-tête.

Dans la main droite ils tenaient le *chichikoué* destiné à la bande.

Le chichikoué est un bâton orné de grains de verre bleus et blancs, complètement garni de sabots d'animaux, ayant à l'extrémité supérieure une plume d'aigle, et à l'inférieure un morceau de cuir brodé en grains de verre et orné de chevelures ou scalps.

Les guerriers formèrent un large cercle au milieu duquel on plaça un tambour que cinq hommes mal vêtus battirent; en sus de ces cinq hommes, il y en avait encore deux autres qui se tenaient debout auprès d'eux et jouaient d'une espèce de tambourin.

Aux coups prompts et forts des tambours, les Vieux Chiens répondaient alternativement sur leurs sifflets de guerre, en phrases courtes, semblables et souvent répétées; après quoi ils commencèrent la danse.

Ils laissèrent tomber leurs robes derrière eux.

Quelques-uns dansaient dans le cercle, le haut du corps penché en avant, et sautant en l'air, les deux pieds à la fois.

Les autres Chiens dansaient sans ordre, le visage tourné vers le cercle, la plupart rassemblés en une masse serrée et baissant de temps en temps, tous à la fois, la tête et le haut du corps. Pendant ce temps-là, les sifflets de guerre, les tambours et les chichikoués faisaient un vacarme effroyable.

L'ensemble de cette scène offrait un aspect des plus intéressants et des plus originaux.

Ces hommes bruns, leurs costumes variés, leur chant, leurs tambours, leurs cris et les bruits de toute espèce produits par la population émerveillée, qui battait des mains avec des grimaces et des contorsions impossibles à décrire, au milieu de ce village indien, près d'une sombre et mystérieuse forêt vierge, à quelques pas du majestueux Rio-Gila, dans ce désert où le doigt de Dieu se marque en caractère indélébile, tout cela saisissait l'âme et la plongeait dans une mélancolique rêverie.

La danse durait depuis longtemps déjà et se serait probablement prolongée longtemps encore, lorsque le cri de guerre des Apaches résonna, strident et terrible. Des coups de feu se firent entendre, et des cavaliers apaches fondirent comme la foudre sur les Comanches en brandissant leurs armes et en poussant des hurlements terribles.

Le Chat-Noir, à la tête de plus de cinq cents guerriers, avait surpris les Comanches.

Le village était envahi par les Apaches.

Alors ce fut un désordre, un pêle-mêle et un chaos affreux.

Les femmes, les enfants couraient éperdus dans tous les sens, poursuivis par leurs féroces ennemis qui les scalpaient et les massacraient sans pitié, pendant que les guerriers se réunissaient à grand'peine, mal armés pour la plupart, afin de tenter une résistance désespérée, mais presque impossible.

Les chasseurs, placés, ainsi que nous l'avons dit, sur le rebord d'une hutte d'où ils avaient assisté à la danse, se trouvaient dans une situation on ne peut plus critique; heureusement pour eux, grâce à leurs vieilles habitudes de coureurs des bois, ils n'avaient pas quitté leurs armes.

Valentin jugea la position du premier coup d'œil.

Il comprit que, à moins d'un miracle, ils étaient tous perdus.

Se plaçant avec ses compagnons devant la jeune fille éperdue pour lui faire un rempart de son corps, il arma résolument son rifle, et, s'adressant à ses amis :

— Enfants ! leur dit-il d'une voix ferme, il ne s'agit pas de vaincre, il faut nous faire tuer ici !

— Faisons-nous tuer ! répondit fièrement don Pablo.

Et d'un coup de crosse il assomma un Apache qui cherchait à escalader la hutte sur laquelle lui et ses compagnons étaient réfugiés.

## XX

### COMBAT CORPS A CORPS.

Pour bien expliquer au lecteur la cause de cette irruption subite des Apaches dans le village comanche, nous sommes contraints de retourner auprès du Cèdre-Rouge.

Le Chat-Noir avait quitté le conseil pour se rendre auprès des pirates.

Ceux-ci étaient prêts à le suivre.

Seulement, comme le Cèdre-Rouge avait remarqué que l'agitation qui, à son arrivée, régnait dans le camp, loin de diminuer, ne faisait qu'augmenter, il ne put résister au désir de demander au chef ce que tout cela signifiait et ce qui s'était passé.

Le Chat-Noir se hâta de le satisfaire en lui racontant la fuite miraculeuse de doña Clara, qui avait disparu avec ses compagnons sans qu'il fût possible de deviner ce qu'ils étaient devenus.

Depuis le matin, les guerriers les plus expérimentés de la tribu étaient en quête sans pouvoir rien découvrir.

Le Cèdre-Rouge fut loin de soupçonner que la jeune fille qu'il avait laissée à son camp était celle que les Apaches cherchaient si activement ; il réfléchit quelques minutes.

— Combien étaient-ils de blancs? demanda-t-il.

— Trois.

— Ils n'avaient aucune autre personne avec eux?

— Si, reprit le chef dont les sourcils se froncèrent et l'œil étincela de fureur; il y avait encore deux guerriers Peaux-Rouges, un surtout, un lâche Corns, renégat de sa nation.

— Très bien, répondit le Cèdre-Rouge ; que mon frère me conduise auprès des chefs, afin que je leur apprenne où sont les prisonniers.

— Mon frère le sait-il donc? demanda vivement le Chat-Noir.

Le Cèdre-Rouge jeta son rifle sur l'épaule, siffla entre ses dents, mais ne répondit pas.

Ils arrivèrent à la hutte du conseil.

Le Cèdre-Rouge, prenant la responsabilité de l'affaire pour lui, se chargea de répondre aux questions qui lui seraient adressées par les Indiens.

Depuis le départ du Chat-Noir, pas un mot n'avait été prononcé dans le conseil.

Les Indiens, repliés sur eux-mêmes, attendaient patiemment le résultat des promesses faites par le chef.

Celui-ci reprit sa place au feu du conseil, et s'adressant aux autres sachems:

— Voici les chasseurs blancs, dit-il.

— *Achsèh-otah* (très bon), répondit un vieux guerrier ; qu'ils parlent, des chefs les écoutent.

A la vue des blancs, les guerriers s'élancèrent au galop en faisant caracoler et danser leurs chevaux.

Le Cèdre-Rouge s'avança, et, s'appuyant sur son rifle, il prit la parole à un geste du Chat-Noir :

— Mes frères rouges, dit-il d'une voix claire et accentuée, sont tout aussi fatigués que nous des attaques continuelles de ce coyote qui n'appartient à aucune nation ni à aucune couleur, et qui se fait appeler le Fils du Sang ou le Blood's Son. S'ils veulent se laisser guider par l'expérience d'un homme qui, depuis longues années, connaît à fond toutes les ruses et les fourberies dont cet homme est capable, avant peu, malgré les forces imposantes dont il dispose, ils l'auront chassé honteusement des prairies et l'obligeront à regagner la frontière en abandonnant pour jamais les riches territoires de chasse sur lesquels il prétend régner en maître.

— Nous attendons que notre frère le chasseur s'explique plus clairement, avec franchise et sans ambage, interrompit le Chat-Noir.

— C'est ce que je vais faire, reprit le squatter. Les prisonniers que vous aviez étaient précieux pour vous, puisque parmi eux se trouvait une femme blanche; vous les avez laissés échapper, il faut les reprendre. Ils seront pour vous des otages importants.

— Mon frère ne nous dit pas où se sont réfugiés ses prisonniers.

Le Cèdre-Rouge haussa les épaules.

— C'est pourtant bien facile à savoir, dit-il; les prisonniers n'avaient sur leur chemin, avant d'atteindre la frontière, qu'un seul endroit où il leur fût possible de se mettre à l'abri.

— Et cet endroit? demanda le Chat-Noir.

— C'est le grand village d'été des Comanches des montagnes, les plus fidèles alliés du Blood's Son, les fils de l'Unicorne, cette nation qui a renié les croyances de ses pères pour se mettre complètement sous la dépendance des blancs, et à laquelle vous devriez envoyer des jupons. Ne cherchez donc pas vos prisonniers autre part, ils sont là.

Les Indiens, frappés de la justesse de ce raisonnement, donnèrent des marques non équivoques d'approbation, et se préparèrent à écouter avec plus d'intérêt ce que le chasseur avait encore à leur dire.

— Mes frères doivent donc faire deux choses, continua le squatter : premièrement, surprendre le village des Comanches ; secondement, marcher immédiatement contre le Blood's Son.

— Bien, dit Stanapat, mon frère est un homme sage; depuis longtemps je le connais, ses conseils sont bons; mais le téocali habité par le Blood's Son est bien défendu. De quelle façon agira mon frère pour s'en emparer?

— Que mon frère écoute, reprit le Cèdre-Rouge. J'ai avec moi dix chasseurs résolus, mais j'en ai laissé quatre-vingts, tous armés de bons rifles, dans une île du fleuve sans fin où ils sont campés en attendant mon retour.

« Le détachement destiné à attaquer le téocali l'investira de tous les côtés sans que les guerriers se laissent voir; moi, pendant ce temps, j'accompagnerai le Chat-Noir et sa tribu jusqu'au village des Comanches. Dès que les prisonniers seront tombés entre nos mains, j'irai dans l'île où je les ai laissés chercher mes jeunes hommes, et je reviendrai avec eux et le Chat-Noir aider mon frère Stanapat à s'emparer du téocali qui ne pourra nous résister.

Cette promesse, faite d'une voix haute et ferme, produisit tout l'effet qu'en attendait le squatter.

Les Indiens, songeant au pillage immense auquel ils pourraient se livrer, aux richesses incalculables réunies en ce lieu, n'eurent plus qu'un désir, celui de s'emparer du téocali le plus tôt possible.

Pourtant, grâce à l'impassibilité indienne, aucune des passions qui bouillonnaient dans leurs cœurs ne se montra sur leurs visages, et ce fut d'une voix froide et calme que le Chat-Noir remercia le Cèdre-Rouge et lui dit qu'il pouvait se retirer pendant que les chefs délibéreraient sur ce qu'il venait de leur exposer.

Le squatter s'inclina et quitta le conseil, suivi de ses compagnons.

— Eh bien ! lui demanda la jeune fille, que croyez-vous que feront les Peaux-Rouges ?

— Soyez tranquille, señorita, répondit le squatter avec un sourire indéfinissable, je connais les Indiens ; le plan que je leur ai soumis est trop simple, il leur offre trop d'avantages pour qu'ils le repoussent ; je puis vous assurer d'avance qu'ils le suivront de point en point.

— Il y a loin d'ici au village des Comanches ?

— Non, répondit l'autre avec intention ; en partant de suite, nous y serons ce soir même.

La jeune fille poussa un soupir de satisfaction, et une vive rougeur colora son charmant visage.

Le Cèdre-Rouge, qui l'observait à la dérobée, ne put s'empêcher de murmurer à part lui :

— Il faut que j'aie avant peu la clef de ce mystère.

Ils rentrèrent sous la tente.

Dans le conseil des chefs, tout s'était passé comme l'avait prévu le Cèdre-Rouge.

Après une courte délibération portant plutôt sur les moyens d'exécution que sur le projet en lui-même, le plan avait été adopté à l'unanimité.

Une heure plus tard, tout était en mouvement dans le camp.

Les guerriers couraient rejoindre leurs détachements, les troupes se formaient : c'était un désordre et un brouhaha inimaginables.

Enfin, peu à peu le calme se rétablit, les deux détachements s'ébranlèrent dans les directions proposées par le Cèdre-Rouge, et bientôt de cette foule de guerriers qui criaient et dansaient dans le camp, il ne resta plus qu'une trentaine d'hommes qui se rendirent au village, afin de recevoir les alliés au fur et à mesure qu'ils arriveraient.

Le Chat-Noir s'était mis à la tête de sa troupe, suivi des pirates.

Les Apaches avaient pris en file indienne la direction du village des Comanches, de ce pas particulier aux Indiens et qu'un cheval au trot ne suit que difficilement.

La marche n'offrit rien de particulier.

Les Indiens suivaient à peu près le même chemin que Valentin et ses compagnons avaient fait.

Le plus grand silence et la plus grande circonspection régnaient dans les files ; on aurait dit que les Apaches ne voulaient même pas être entendus par les oiseaux du ciel.

Avec une dextérité inouïe et dont les Indiens seuls sont capables, ils marchaient tous dans le pas les uns des autres, si exactement qu'on aurait cru qu'un seul individu avait passé dans le sentier, poussant l'attention jusqu'à se baisser pour ne pas froisser les branches d'arbres et évitant avec soin de frôler les buissons, passant autant que possible sur la terre battue ou sur les rochers, afin que leurs traces fussent moins visibles, faisant détours sur détours et revenant dix fois à la même place dans le but d'embrouiller si bien leur piste qu'il fût impossible de la reconnaître.

Lorsqu'ils arrivaient au bord d'un ruisseau ou d'une rivière, au lieu de la traverser en ligne droite, ils suivaient ou remontaient le cours de l'eau pendant des espaces considérables, ne reprenant terre que lorsque le sol était assez solide pour ne pas garder l'empreinte de leurs pas.

Ils faisaient tout cela avec une patience exemplaire, sans ralentir leur course et avançant toujours vers le but qu'ils avaient choisi.

Ils se trouvèrent à environ six heures de l'après-dîner au sommet de la colline, d'où l'on apercevait à une demi-lieue à peine le village d'été des Comanches.

Le bruit des chants et des chichikoués venait par bouffées jusqu'aux Apaches, leur faisant connaître que leurs ennemis se livraient à la joie et célébraient quelque cérémonie sans avoir le soupçon d'une attaque prochaine.

Les Indiens s'arrêtèrent et tinrent conseil afin de prendre leurs dernières mesures.

Les Comanches ont deux sortes de villages : les villages d'été et ceux d'hiver.

Les villages d'hiver sont construits avec soin et avec une certaine régularité; leurs maisons sont composées de deux étages, bien distribuées, légères et même élégantes.

Mais les Comanches sont des oiseaux de proie continuellement exposés aux invasions dont eux-mêmes menacent incessamment leurs voisins : aussi construisent-ils leurs villages sur la pointe des rocs, absolument comme des aires d'aigle, et cherchent-ils tous les moyens de les rendre imprenables.

Le village le plus étrange que nous ayons vu est formé par deux hautes pyramides en forme de téocali qui s'élèvent de chaque côté d'un ravin et se rejoignent à une hauteur considérable par un pont jeté à travers l'espace.

Ces pyramides ont environ 425 pieds de long sur 148 de large; à mesure qu'elles s'élèvent, cette largeur diminue ; la hauteur totale est d'environ 86 pieds.

Ces deux pyramides, divisées en huit étages superposés, renferment cinq cents habitants, qui du haut de ces forteresses extraordinaires sont en mesure de se défendre contre des nuées d'ennemis.

Dans les villages d'hiver des Comanches, la porte n'est pas placée, comme en Europe et dans les pays civilisés, au rez-de-chaussée ; le Comanche, quand il veut entrer chez lui, applique une échelle contre la maison, monte sur le toit, et de là descend par une trappe dans les étages inférieurs; l'échelle une fois tirée, il est impossible de s'introduire dans la maison.

Le pueblo d'Aronco est posé au sommet d'une montagne escarpée, à la pointe d'un précipice de plusieurs centaines de pieds de profondeur.

Les habitants ne rentrent chez eux qu'au moyen d'échelles superposées, comme je ne sais plus dans quel village de la Suisse. Mais en temps de guerre, les échelles disparaissent, et ce n'est plus qu'à l'aide de quelques entailles creusées de distance en distance dans le roc, que l'on peut arriver au pueblo.

Les villages d'été ne sont construits que pour être habités pendant la belle saison, en temps de paix, pour faciliter les récoltes, la moisson et la chasse; dès que viennent les premiers froids ou qu'un bruit de guerre se fait entendre, ils sont immédiatement abandonnés.

Tous les villages d'été se ressemblent.

Celui-ci, comme celui des Apaches, était entouré de palissades et d'un large fossé; mais les fortifications, qui n'avaient jamais été entretenues, se trouvaient dans un état complet de destruction, le fossé était comblé en plusieurs endroits, et les palissades, arrachées par les femmes indiennes pour faire du feu, livraient, en beaucoup de places, de commodes passages aux assaillants.

Il s'agissait, pour les Apaches, de descendre dans la plaine sans être aperçus des habitants, ce qui pour une troupe européenne aurait été difficile, sinon impossible; mais les Indiens, dont les guerres ne sont qu'une suite de surprises et d'embuscades, savent comment surmonter de telles difficultés.

Il fut convenu que la troupe, divisée en trois détachements, commandés le premier par le Chat-Noir, le second par un autre chef, et le troisième par le Cèdre-Rouge, descendrait la colline en rampant, tandis que quelques hommes, laissés à la garde des chevaux des cavaliers, accourraient aussitôt que le village serait envahi.

Ceci arrêté, le Chat-Noir fit préparer des torches incendiaires. Lorsque tout fut prêt, les trois détachements s'étendirent sur le sol, et la descente de la colline commença.

Certes, un homme placé en vedette dans la plaine n'aurait pu se douter que plus de cinq cents guerriers marchaient sur le village en glissant et rampant dans les hautes herbes comme des serpents, ne faisant même pas osciller les branches ou seulement les feuilles des buissons sous lesquels ils passaient, se faufilant les uns après les autres, et conservant un tel ordre dans leur marche, que toujours ils étaient de front.

La descente dura une heure.

Une fois dans la plaine, le plus difficile était fait; grâce à la hauteur des halliers et des broussailles, il était presque impossible qu'on les aperçût.

Enfin, en gagnant du terrain pas à pas, en surmontant des obstacles et des difficultés énormes, ils atteignirent la palissade.

Le premier qui arriva fut le Chat-Noir.

Il imita le glapissement du coyote.

Deux cris semblables lui répondirent, poussés par les chefs des autres détachements, qui, eux, étaient aussi arrivés.

Alors le Chat-Noir, certain d'être vigoureusement soutenu par ses amis, saisit son sifflet de guerre et en tira un son perçant, aigu et saccadé.

Tous les Indiens se levèrent à la fois, et, bondissant comme des tigres ils se ruèrent dans le village en poussant leur formidable cri de guerre.

Ils étaient entrés de trois côtés à la fois, refoulant devant eux la population épouvantée, qui, surprise à l'improviste, fuyait dans toutes les directions en hurlant de terreur.

Quelques-uns des Apaches, aussitôt entrés, avaient allumé leurs torches et les avaient jetées sur les toits de paille des callis ; les hutes avaient immédiatement pris feu ; l'incendie, gagnant de proche en proche, s'avançait à l'avant-garde des Apaches, qui l'excitaient avec tout ce qui leur tombait sous la main.

Les malheureux Comanches, surpris au milieu d'une cérémonie, entourés d'un cercle de feu, attaqués de toutes parts par leurs féroces ennemis, qui couraient au milieu du feu comme une bande de démons, tuant et scalpant les femmes et les enfants, étaient en proie au plus profond désespoir et ne résistaient que mollement à cet assaut furieux.

Cependant le feu gagnait de plus en plus, le village était une fournaise ardente ; l'air embrasé n'était déjà plus respirable, et des flots d'étincelles et de fumée, chassés par le vent, aveuglaient et brûlaient les yeux.

Les chasseurs, réfugiés sur le toit d'un calli, se défendaient en désespérés, ne comptant pas se sauver mais voulant au moins vendre chèrement leur vie ; déjà ils étaient enveloppés d'une auréole de flammes qui se rejoignaient au-dessus de leurs têtes sans qu'ils songeassent à reculer.

Pourtant, le premier moment de terreur passé, une troupe de guerriers Comanches était parvenue à se réunir et opposait la résistance la plus acharnée aux Apaches.

Tout à coup la Gazelle-Blanche, l'œil brillant, le teint animé, les dents serrées et les lèvres pâles, se jeta en avant, suivie par le Cèdre-Rouge et les pirates, qui ne la quittaient pas d'une ligne.

— Rendez-vous ! cria-t-elle à Valentin.

— Lâche ! répondit celui-ci, qui la prenait pour un homme, voici ma réponse !

Et il déchargea son pistolet sur la jeune fille.

La balle traversa le bras de l'Ourson, qui poussa un hurlement de douleur et se jeta comme un fou dans la mêlée.

— Rendez-vous, encore une fois !... reprit la jeune fille, vous voyez bien que vous allez être tués !

— Non ! mille fois non ! cria Valentin, je ne me rendrai pas !

La Gazelle, par un effort prodigieux, s'élança après les murs du calli, et, s'aidant des pieds et des mains, elle parvint sur le rebord avant même que l'on eût soupçonné sa résolution.

Alors, avec l'énergie et la fermeté d'une tigresse, elle se précipita sur doña Clara, et la saisissant par la taille, elle lui posa un pistolet sur le front.

— Te rendras-tu, à présent ? fit-elle avec rage.

— Prends garde, niña ! prends garde ! cria Sandoval.

Il était trop tard.

Curumilla, d'un coup de crosse sur la tête, venait de la renverser.

Les pirates s'élancèrent à son secours, mais Valentin et ses amis les repoussèrent.

Un horrible combat à l'arme blanche s'engagea sur le corps de la jeune fille, qui gisait sans connaissance sur le sol.

Valentin jeta un regard scrutateur autour de lui ; d'un mouvement aussi prompt que la pensée, il saisit doña Clara à bras-le-corps, et se jetant du haut du calli, il alla tomber au milieu du détachement des Comanches, qui le reçurent avec des cris de joie.

Sans perdre de temps, le chasseur déposa à terre la jeune fille, à demi morte de terreur, et se mettant à la tête des guerriers, il exécuta une charge si heureuse que les Apaches, surpris à leur tour, furent contraints de reculer.

Don Pablo et les autres rejoignirent alors le chasseur.

— Corbleu! qu'il fait chaud ici, dit le Français, dont les cheveux et les sourcils étaient brûlés. C'est notre ami le Cèdre-Rouge qui nous vaut cela! Décidément, j'ai eu tort de ne pas le tuer.

Cependant les Comanches s'étaient remis de leur terreur, les guerriers avaient trouvé des armes et reprenaient l'offensive.

Non seulement les Apaches n'avançaient plus, mais sur divers point ils commençaient à reculer, pas à pas, il est vrai, mais c'était déjà presque une retraite.

Les pirates, désespérés de la blessure de leur enfant chérie, l'entouraient et cherchaient en vain à la rappeler à la vie.

Seul le Cèdre-Rouge combattait à la tête des Apaches et faisaient des prodiges de valeur.

La nuit était venue, le combat durait toujours, aux lueurs sinistres de l'incendie.

Valentin prit à part Pethonista et lui dit quelques mots à l'oreille.

— Bon! répondit le chef, mon frère est un grand guerrier, il sauvera ma nation.

Il s'esquiva aussitôt, en faisant signe à une certaine quantité des siens de le suivre.

Doña Clara ne s'était pas longtemps laissé abattre.

Le premier mouvement de terreur passé, elle s'était relevée, et, saisissant un pistolet :

— Ne vous occupez plus de moi, dit-elle à Valentin et à son frère ; faites votre devoir de braves chasseurs : si l'on m'attaque, je saurai me défendre.

— Je reste auprès de vous, moi! dit Schaw en lui lançant un regard brûlant.

— Soit, répondit-elle avec un sourire ; désormais je suis en sûreté.

Les Comanches s'étaient, avec leurs femmes, retranchés dans la grande place du village, où les flammes ne pouvaient que faiblement les atteindre.

Du reste, les misérables callis n'avaient pas été longs à brûler. L'incendie s'éteignait déjà faute d'aliment, et l'on ne combattait plus que sur un monceau de cendres.

Valentin, tout en luttant au premier rang de ses alliés avec ses compagnons, se contentait de conserver les positions qu'il avait réussi à occuper, sans chercher à repousser les Apaches.

Tout à coup le cri de guerre des Comanches, mêlé à un formidable hourra, retentit derrière les Apaches, dont la troupe était attaquée en queue avec une furie incroyable.

— Le Blood's Son! le Blood's Son! s'écrièrent les Apaches en proie à une terreur indicible.

C'était en effet l'inconnu qui, suivi de don Miguel, du général Ibañez, de l'Unicorne et de tous ces compagnons, fondaient comme un ouragan sur les Apaches.

Valentin poussa un cri de joie pour répondre au hourra de ses amis, et se précipita en avant à la tête de ses guerriers.

Alors la mêlée devint horrible ; ce n'était plus un combat, c'était une boucherie, un carnage atroce !

## XXI

### LE VENGEUR.

Pour la complète intelligence des faits qui vont suivre, nous sommes contraint de rapporter ici un événement qui s'était passé vingt ans environ avant l'époque où commence notre histoire.

A l'époque éloignée où remontent les événements que nous allons rapporter, le Texas appartenait sinon de fait, au moins de droit, au Mexique.

Merveilleusement situé au fond du golfe du Mexique, doué d'un climat tempéré, d'un sol fécond, disposé à tout produire, le Texas est assurément une des contrées les plus riches du Nouveau Monde.

Aussi le gouvernement, devinant l'avenir de cette province, fit-il tout ce qu'il put pour la peupler.

Malheureusement, incapable déjà de peupler le Mexique même, il ne réussit que très imparfaitement.

Cependant un nombre assez considérable de Mexicains vinrent s'y fixer.

Au nombre des hommes qui se laissèrent tenter par les magiques promesses de ce sol vierge, se trouvèrent deux frères, nommés don Stefano et don Pacheco de Irala, appartenant à une des meilleures familles de la province de Nuevo-Leon. La part active qu'ils avaient prise à la guerre de l'indépendance les avait ruinés, et ne trouvant pas chez les libéraux, après le triomphe de leur cause, la récompense qu'ils étaient en droit d'attendre pour les services qu'ils avaient rendus, don Gregorio de Irala, leur père, ayant même payé de sa vie son attachement à ces principes, ils n'eurent plus d'autre ressource que celle de s'établir au Texas, pays neuf, dans lequel ils avaient l'espoir de refaire promptement leur fortune.

Grâce à leurs connaissances approfondies en agriculture et à leur intelligence, ils avaient bientôt donné une extension considérable à leur établissement, qu'en dépit des Peaux-Rouges, des bisons, des tempêtes et des maladies, ils voyaient avec joie prospérer de jour en jour davantage.

L'hacienda del Papagallo (ferme du Perroquet), habitée par les deux frères, était comme toutes les habitations de ce pays continuellement exposées aux incursions des sauvages, une espèce de forteresse bâtie en pierre de taille, ceinte de murs épais et crénelés, garnis à chaque angle d'une pièce de canon; elle s'élevait sur le sommet d'une colline assez élevée et dominait au loin la plaine.

Don Pacheco, l'aîné des deux frères, s'était marié et avait deux filles charmantes, petites créatures de deux à trois ans à peine, dont les cris joyeux et les ravissants sourires remplissaient de gaieté l'intérieur de l'hacienda.

LES PIRATES DES PRAIRIES

Guerrier costumé pour la danse des Vieux-Chiens.

A trois lieues à peine de cette ferme, s'en élevait une autre possédée par des Américains du Nord, espèces d'aventuriers, aux allures plus qu'équivoques, venus on ne sait comment dans la contrée, et qui, depuis qu'ils l'habitaient, menaient une existence mystérieusement problématique, qui avait donné naissance aux bruits les plus étranges et les plus contradictoires sur leur compte.

On disait tout bas que, sous l'apparence de paisibles cultivateurs, ces hommes entretenaient des relations avec les bandits de toutes sortes qui pullulent dans ces contrées, et qu'ils étaient les chefs occultes d'une association redoutable de malfaiteurs qui, depuis plusieurs années déjà, désolaient impunément la contrée.

Plusieurs fois les deux frères avaient eu maille à partir avec ces dangereux voisins pour des bestiaux disparus ou autres peccadilles du même genre. Bref, ils vivaient avec eux sur le pied d'une paix armée.

Quelques jours avant l'époque où commence ce chapitre, don Pacheco avait eu avec l'un de ces Nord-Américains, nommé Wilke, une vive altercation, à propos de quelques esclaves que l'Américain avait tenté de faire évader de l'hacienda, altercation à la suite de laquelle don Pacheco, naturellement vif, avait, dans un moment de colère, cravaché d'importance l'Américain.

Celui-ci avait dévoré l'affront sanglant qu'il avait reçu sans chercher à se venger; mais il s'était retiré en proférant à demi-voix contre don Pacheco les plus horribles menaces.

Cependant, ainsi que nous l'avons dit, cette affaire n'avait pas eu de suites. Près d'un mois s'était passé, les deux frères n'avaient pas entendu parler de leurs voisins.

Le soir du jour où nous prenons notre récit, don Stefano, monté sur un mustang, se préparait à quitter l'hacienda pour se rendre à Nacogdoches, où l'appelaient des affaires importantes.

— Ainsi, dit don Pacheco, tu pars?

— A l'instant; tu sais que j'ai, autant qu'il m'a été possible, retardé ce voyage.

— Combien comptes-tu rester absent?

— Quatre jours, au plus.

— Bon; nous ne t'attendrons pas avant ce temps-là alors.

— Eh! il serait bien possible que je revinsse plus tôt, fit don Stefano en hochant la tête.

— Pourquoi donc?

— Te l'avouerai-je? je ne suis pas tranquille.

— Que veux-tu dire?

— Je ne sais, j'ai le cœur serré; bien des fois je t'ai quitté, frère, pour des voyages plus longs que celui que j'entreprends aujourd'hui...

— Eh bien? interrompit don Pacheco...

— Eh bien! jamais je n'ai éprouvé ce que j'éprouve en ce moment.

— Tu m'effrayes, frère. Que se passe-t-il donc en toi?

— Je ne saurais te l'expliquer; j'ai comme le pressentiment d'un malheur; malgré moi, mon cœur se serre en te quittant.

— C'est étrange! murmura don Pacheco devenu rêveur tout à coup; je n'osais te l'avouer, frère : ce que tu éprouves, je l'éprouve aussi ; ce pressentiment qui t'épouvante me serre de même le cœur, j'ai peur sans savoir pourquoi.

— Frère, répondit don Stefano d'une voix sombre, tu sais combien nous nous aimons; depuis la mort de notre père, joies et douleurs, fortune ou revers, nous avons constamment tout partagé; frère, ce pressentiment nous vient de Dieu; un grand danger nous menace.

— Peut-être, fit tristement don Pacheco.

— Écoute, frère, dit résolument don Stefano, je ne pars pas.

Et il fit un mouvement pour mettre pied à terre.

Son frère l'arrêta.

— Non, dit-il, nous sommes des hommes, nous ne devons pas nous laisser ainsi dominer par de folles rêveries qui ne sont que des chimères enfantées par notre imagination malade.

— Non, je préfère rester quelques jours encore.

— Tu l'as dit toi-même, de graves intérêts réclament ta présence à Nacogdoches ; pars, mais reviens le plus tôt possible.

Il y eut un silence.

Les deux frères réfléchissaient.

La lune se levait pâle et mélancolique à l'horizon.

— Ce Wilke est un scélérat, reprit don Stefano. Qui sait s'il n'attend pas mon départ pour tenter contre l'hacienda une de ces expéditions terribles dont il a, dit-on, l'habitude ?

Don Pacheco se mit à rire, et tendant la main du côté de l'hacienda, dont les murs blancs tranchaient fièrement sur l'azur sombre du ciel :

— Le Papagallo a les côtes trop dures pour ces bandits ; frère, dit-il, pars tranquille, ils n'oseraient.

— Dieu le veuille ! murmura don Stefano.

— Oh! ces hommes sont des lâches, j'ai infligé à celui-ci le châtiment qu'il méritait.

— D'accord.

— Eh bien ?

— C'est justement parce que ces hommes sont lâches que je les redoute, *canarios!* je sais aussi bien que toi qu'ils n'oseront pas se hasarder à t'attaquer franchement.

— Que puis-je craindre alors ? interrompit don Pacheco.

— Une trahison, frère.

— Eh! n'ai-je pas dans l'hacienda cinq cents *peones* dévoués? Pars sans crainte, te dis-je.

— Tu le veux?

— Je l'exige.

— Adieu donc, dit Stefano en étouffant un soupir.

— Adieu donc, frère, à bientôt.

— A bientôt.

Don Stefano enfonça les éperons dans le ventre de son cheval et s'élança au galop sur le versant de la colline.

Longtemps don Pacheco suivit des yeux la longue silhouette du cavalier sur le sable du chemin, puis le bruit des pas cessa de se faire entendre, l'ombre disparut à un tournant de la route et don Pacheco rentra dans l'hacienda en étouffant un soupir.

Cependant don Stefano, stimulé par l'inquiétude vague qui le dévorait, ne s'arrêta que le temps strictement nécessaire à Nacogdoches pour terminer ses affaires et se hâta de reprendre le chemin de l'hacienda deux jours à peine après son départ.

Chose extraordinaire, plus don Stefano s'approchait de l'hacienda, plus son inquiétude croissait; il sentait son cœur se serrer dans sa poitrine, sans qu'il lui fût possible de s'expliquer ce qu'il éprouvait.

Autour de lui tout était calme, c'était la nuit.

Le ciel, plaqué d'un nombre infini d'étoiles étincelantes, étendait au-dessus de sa tête son dôme d'un bleu sombre.

Par intervalles, les hurlements des coyotes se mêlaient aux rauques bramements des bisons, ou aux rugissements sourds des jaguars en quête de quelque proie.

Don Stefano avançait toujours, courbé sur le cou de son cheval, le front pâle et la poitrine haletante, prêtant l'oreille aux bruits multiples de la solitude, et cherchant à percer d'un regard ardent les ténèbres qui lui voilaient le point vers lequel il courait emporté comme par un tourbillon.

Après six heures d'une course d'une rapidité vertigineuse, tout à coup le Mexicain poussa un cri de douleur, en tirant avec force la bride de son cheval ruisselant de sueur, qui s'arrêta sur ses jarrets tremblants.

Devant lui, l'hacienda del Papagallo apparaissait enveloppée d'une ceinture de flammes.

Cette magnifique habitation n'était plus qu'un monceau informe de ruines fumantes, qui teignait au loin le ciel de reflets sanglants et sinistres.

— Mon frère! mon frère! s'écria don Stefano avec désespoir.

Et il s'élança dans la fournaise.

Un silence lugubre planait sur l'hacienda; à chaque pas, le Mexicain trébuchait sur des cadavres à demi consumés par le feu et horriblement mutilés.

Fou de douleur et de rage, les cheveux et les habits brûlés par les flammes qui incessamment s'attachaient après lui, don Stefano continua ses recherches.

Que cherchait-il dans cet ossuaire maudit?

Il ne le savait pas lui-même, mais il cherchait toujours!

Pas un cri, pas un soupir! partout le silence de la mort!

Ce silence terrible qui fait bondir le cœur, et comme un souffle glacé, fait frissonner de crainte l'homme le plus brave!

Que s'était-il donc passé pendant l'absence de don Stefano?

Quel était l'ennemi qui avait, en quelques heures à peine, amoncelé ces ruines?

Les premières teintes de l'aurore commençaient à nuancer l'horizon de leurs fugitifs reflets d'opale, le ciel prenait peu à peu ces teintes rougeâtres qui annoncent le lever du soleil; la nuit tout entière s'était écoulée pour don Stefano dans de vaines et stériles recherches; il avait eu beau interroger les ruines, les ruines étaient restées muettes.

Le Mexicain, vaincu par la douleur, obligé de reconnaître son impuissance, lança vers le ciel un regard de reproche et de désespoir, et, se laissant tomber sur le sol calciné, il cacha son visage dans ses mains et pleura!

C'était un spectacle navrant que celui de cet homme jeune, fort, au courage de lion, qui pleurait silencieusement sur ces décombres fumants auxquels il n'avait pu arracher leur secret!

Tout à coup don Stefano se redressa, l'œil brillant, le visage empreint d'une énergie indomptable.

— Oh! s'écria-t-il d'une voix qui ressemblait à un rugissement de bête fauve, vengeance! vengeance!

Une voix qui paraissait sortir de la tombe répondit à la sienne.

Don Stefano se retourna en tressaillant.

A deux pas de lui, pâle, défiguré, sanglant, son frère, appuyé sur les débris d'une muraille, se dressait comme un spectre.

— Ah! s'écria le Mexicain en se lançant vers lui.

— Tu viens trop tard, frère! murmura le blessé d'une voix entrecoupée par le râle de l'agonie.

— Oh! je te sauverai, frère! s'écria don Steano avec désespoir.

— Non, répondit don Pacheco en secouant tristement la tête; je vais mourir, frère, tes pressentiments ne t'avaient pas trompé.

— Espère!

Et enlevant son frère dans ses bras robustes, il se mit en devoir de lui prodiguer les soins que son état semblait exiger.

— Je vais mourir, te dis-je; tout est inutile, reprit don Pacheco dont la voix s'affaiblissait de plus en plus, écoute-moi.

— Parle.

— Tu me vengeras, n'est-ce pas, frère? dit le mourant, dont l'œil vitré lança un éclair fauve.

— Je te vengerai, répondit don Stefano; je le jure par Notre-Seigneur!

— Bien. J'ai été assassiné par des hommes revêtus du costume des Indiens Apaches, mais parmi eux j'ai cru reconnaître...

— Qui?

— Wilke le squatter, et Samuel son complice.

— Bien. Où est ta femme?

— Morte! Mes filles! mes filles! sauve mes filles! s'écria don Pacheco.

— Où sont-elles?

— Enlevées par les bandits.

— Oh! je les découvrirai, quand elles seraient cachées dans les entrailles de la terre. N'as-tu reconnu personne autre?

— Si... si... un encore... fit le mourant d'une voix presque inintelligible.

Don Stefano se pencha vers son frère, afin de mieux entendre.

— Qui?... dis-moi... Qui? Frère... parle, au nom du Ciel!

Le blessé fit un effort suprême.

— Il y avait encore un homme, un ancien péon à nous.

— Son nom? fit don Stefano d'une voix haletante.

Don Pacheco s'affaiblissait de plus en plus, son visage avait pris des teintes terreuses, ses yeux étaient sans regard.

— Je ne me souviens plus, murmura-t-il d'une voix qui ressemblait à un souffle.

— Un mot, un seul, frère.

— Oui, écoute... C'est Sand... Ah!

Il se renversa brusquement en arrière, poussa un cri terrible en saisissant fortement le bras de son frère, se débattit un instant dans une convulsion suprême, puis ce fut tout.

Don Pacheco était mort!

Don Stefano s'agenouilla auprès du corps de son frère, l'embrassa tendrement, lui ferma pieusement les yeux et se leva.

Avec son machete, au milieu des décombres fumants de l'hacienda, il creusa une tombe, coucha dedans le corps de don Pacheco et combla sa fosse.

Lorsque ce devoir sacré fut accompli, il adressa à Dieu une ardente prière pour celui qui allait comparaître devant lui, puis étendant le bras sur sa tombe :

— Dors en paix, frère, dit-il d'une voix haute et profondément accentuée, dors en paix, je te promets une belle vengeance !

Don Stefano descendit lentement la colline, chercha son cheval qui avait passé la nuit à brouter les jeunes pousses des arbres, se mit en selle et partit au galop, après avoir jeté un dernier regard à ces ruines, au fond desquelles tout son bonheur était englouti.

Nul n'entendit plus parler de don Stefano au Texas.

Était-il mort, lui aussi, sans atteindre cette vengeance qu'il avait juré d'accomplir ?

Nul ne put le dire.

Les Américains avaient disparu depuis cette nuit funeste, sans laisser de traces.

Dans les pays primitifs, on oublie vite; la vie s'écoule si ardente, si échevelée, si remplie de péripéties étranges que les événements du lendemain font oublier à jamais ceux de la veille.

Bientôt, dans l'esprit des habitants du Texas, il ne resta plus aucun souvenir de cette catastrophe terrible.

Seulement tous les ans un homme arrivait sur la colline où avait été l'hacienda et dont la végétation luxuriante de ces contrées avait promptement caché les ruines; cet homme s'asseyait sur ces ruines muettes et passait la nuit entière le visage caché dans ses mains.

Que faisait là cet homme?

D'où venait-il?

Qui était-il?

Ces trois questions restaient toujours sans réponse, car arrivé le soir, au point du jour l'inconnu repartait, emporté par son cheval, pour ne revenir que l'année d'ensuite, toujours la nuit anniversaire de cette effroyable catastrophe.

On avait constaté seulement un fait étrange, c'est qu'après chaque visite de cet homme, on trouvait gisant sur le sol de la colline soit une, soit deux, quelquefois trois têtes humaines horriblement mutilées !

Quelle œuvre du démon accomplissait ainsi cet être incompréhensible ?

Était-ce don Stefano qui poursuivait sa vengeance ?

Peut-être le saurons-nous un jour.

## XXII

### EXPLICATIONS

Nous sommes contraints de faire rétrograder notre histoire de quelques pas, afin d'expliquer au lecteur l'arrivée du secours qui, en un instant, avait changé la face du combat et avait sauvé Valentin et ses amis de la captivité et peut-être de la mort.

L'Unicorne surveillait avec soin les mouvements du Cèdre-Rouge et de sa troupe ; depuis l'entrée du pirate dans le désert, il ne l'avait pas un instant perdu de vue.

Caché derrière les épais taillis du fleuve, il avait assisté, spectateur invisible, à la lutte du bandit avec les chasseurs ; mais avec cette circonspection qui fait le fond du caractère indien, il avait laissé à ses amis entière liberté d'agir à leur guise, se réservant d'intervenir si besoin était.

Lorsqu'il eut vu le pirate désarmé et réduit aux abois, il jugea inutile de le suivre plus longtemps, et se dirigea vers son village, afin de convoquer ses guerriers et d'aller à leur tête attaquer le camp des chasseurs de chevelures.

Le chef Comanche était seul avec sa femme, le Rayon-de-Soleil, dont il ne se séparait presque jamais.

Tous deux galopaient en suivant les bords du Gila, tout en ayant soin de rester cachés derrière les fourrés de lianes de la rive, lorsque soudain des cris assourdissants, mêlés à des coups de feu et au galop précipité d'un cheval, frappèrent leurs oreilles.

L'Unicorne fit signe à sa compagne de s'arrêter et mit pied à terre.

Puis, rampant avec précaution dans les buissons, il se glissa comme un serpent dans les hautes herbes jusqu'à la lisière du bois taillis qui l'abritait.

Arrivé là, il se redressa avec précaution sur les genoux, tendit la tête en avant et regarda.

Un homme, portant en travers devant lui une femme évanouie, accourait à toute bride.

Dans le lointain, plusieurs guerriers indiens, fatigués sans doute d'une inutile poursuite, s'éloignaient à petits pas et allait disparaître derrière une colline.

Cependant le fugitif approchait rapidement.

L'Unicorne le reconnut au premier coup d'œil pour un blanc.

Cet homme, arrivé à une légère distance de l'endroit où le chef comanche se tenait en embuscade, tourna plusieurs fois la tête en arrière avec inquiétude ; puis, après avoir jeté un regard investigateur autour de lui, il descendit de cheval, prit dans ses bras la femme évanouie, l'étendit avec précaution sur l'herbe, et courut en toute hâte emplir son chapeau à la rivière.

Cet homme était Harry, le chasseur canadien; la femme était Ellen.

Dès qu'il se fut éloigné, l'Unicorne s'élança de sa cachette en faisant signe à sa femme de le suivre, et tous deux s'approchèrent de la jeune fille qui gisait sur le sol privée de sentiment.

Le Rayon-de-Soleil s'agenouilla auprès de l'Américaine souleva doucement sa tête, et se mit en devoir de lui prodiguer ces soins intelligents dont les femmes seules ont le secret.

Presque aussitôt, Harry revint en courant; mais à la vue de l'Indien, il poussa un cri de surprise et laissa tomber son chapeau en saisissant vivement un pistolet à sa ceinture.

— *Ooah !* fit impassiblement l'Unicorne, que mon frère pâle ne tourmente pas ses armes, je suis un ami.

— Un ami ? répondit Harry d'un ton de mauvaise humeur; un guerrier Peau-Rouge peut-il donc être l'ami d'un blanc ?

Le chef croisa ses bras sur sa large poitrine et s'avança résolûment vers le chasseur.

— J'étais embusqué à dix pas dans les hautes herbes, dit-il; si j'étais ton ennemi, le visage-Pâle serait mort maintenant.

Le Canadien secoua la tête.

— C'est possible, fit-il. Dieu veuille que vous parliez franchement, car la lutte que je viens de soutenir pour sauver cette pauvre femme m'a tellement épuisé que je ne pourrais la défendre contre vous.

— Bon ! reprit l'Indien, elle n'a rien à redouter : l'Unicorne est chef de sa nation, lorsqu'il donne sa parole on doit y croire.

Et il tendit loyalement la main au chasseur.

Celui-ci hésita un instant, mais prenant soudain sa résolution, il serra cordialement cette main en disant :

— Je vous crois, chef, votre nom m'est connu; vous avez la réputation d'un homme sage et d'un brave guerrier, je me fie à vous; mais je vous en supplie, aidez-moi à secourir cette malheureuse jeune fille.

Le Rayon-de-Soleil releva doucement la tête, et fixant sur le chasseur ses yeux, que jusque-là, elle avait tenus fixés sur Ellen, elle lui lança un regard chargé d'une douce compassion et lui dit, de sa voix harmonieuse :

— La jeune vierge pâle ne court aucun danger, dans quelques instants elle reviendra à elle; que mon frère se rassure.

— Merci ! merci ! jeune femme, dit chaleureusement le Canadien ; l'espérance que vous me donnez me comble de joie; je pourrai donc à présent m'occuper de venger mon pauvre Dick.

Le Cèdre-Rouge s'avança; il prit la parole à un geste du Chat-Noir.

— Que veut dire mon frère? demanda le chef surpris de l'éclair de haine qui avait jailli de l'œil noir du chasseur.

Celui-ci, rassuré sur le compte de sa compagne et séduit par l'accueil franc et loyal que lui avait fait l'Indien, n'hésita pas à lui confier non seulement ce qui venait de lui arriver, mais encore les causes qui l'avaient conduit dans cette contrée déserte, à la suite de la jeune fille.

— Maintenant, dit-il en terminant, je ne forme plus qu'un désir : mettre en sûreté cette jeune fille, puis après venger mon ami !

L'Indien avait écouté, impassible, sans l'interrompre une seule fois, le long récit du chasseur. Lorsqu'il fut terminé, il parut réfléchir quelques instants, et répondit au Canadien en posant la main sur son épaule :

— Ainsi mon frère veut se venger des Apaches ?

— Oui, s'écria le chasseur ; dès que cette jeune femme sera en lieu sûr, je me mettrai sur leurs traces.

— Oh ! fit l'Indien en secouant la tête, un homme seul ne peut se mesurer contre cinquante.

— Peu m'importe le nombre de mes ennemis, pourvu que je puisse les atteindre.

L'Unicorne lança au hardi jeune homme un regard d'admiration.

— Bon, dit-il, mon frère est brave, je l'aiderai à se venger.

En ce moment Ellen ouvrit faiblement les yeux.

— Où suis-je ? murmura-t-elle.

— Rassurez-vous, Ellen, répondit le chasseur ; pour le moment du moins vous n'avez rien à craindre, vous êtes entourée d'amis.

— Doña Clara, où est-elle donc ? je ne la vois pas, reprit-elle faiblement.

— Plus tard je vous dirai ce qui est arrivé, Ellen, fit le chasseur.

La jeune fille poussa un soupir et se tut.

Elle avait compris que Harry ne voulait pas lui annoncer un nouveau malheur dans l'état de faiblesse où elle se trouvait.

Cependant, grâce aux soins incessants de Rayon-de-Soleil, Ellen ne tarda pas à reprendre complètement connaissance.

— Ma sœur sent-elle ses forces revenir ? lui demanda l'Indienne avec sollicitude.

— Oh ! fit-elle, je suis bien maintenant.

L'Unicorne fixa sur elle un regard profond.

— Oui, dit-il, à présent ma sœur est en état de marcher. Il est temps de partir, notre route est longue ; le Rayon-de-Soleil donnera son cheval à la vierge pâle, afin qu'elle puisse nous suivre.

— Où donc voulez-vous nous conduire, chef ? demanda le chasseur avec une inquiétude mal dissimulée.

— Mon frère ne m'a-t-il pas dit qu'il voulait se venger ? répondit le Comanche.

— Oui, je l'ai dit.

— Eh bien ! qu'il me suive, et je le mènerai près de ceux qui l'aideront dans sa vengeance.

— Hum ! murmura le Canadien, je n'ai besoin de personne pour cela.

— Mon frère se trompe, il lui faut des auxiliaires, car l'ennemi qu'il a à combattre est puissant.

— C'est possible, mais encore serait-il bon que je les connusse, ces auxiliaires ; je ne suis pas d'humeur à me liguer avec des bandits sans foi ni loi, qui pullulent dans le désert et déshonorent notre couleur. Vrai Dieu ! je suis un franc et honnête chasseur, moi.

— Mon frère a bien parlé, répondit le chef en souriant; qu'il se tranquillise, il peut avoir toute confiance dans ceux auprès desquels je le conduis.

— Qui sont-ils donc alors ?

— L'un est le père de la femme dont se sont emparés les Apaches, les autres...

— Arrêtez, chef, s'écria vivement le chasseur, cela me suffit, je n'ai pas besoin de connaître les autres ; nous partirons quand vous le voudrez, je vous suivrai n'importe où.

— Bien. Que mon frère prépare les chevaux, tandis que je donnerai quelques instructions indispensables à ma ciuatl (femme).

Harry s'inclina en signe de consentement et s'acquitta prestement de cette tâche, tandis que le Comanche prenait sa femme à part et causait quelques instants à voix basse avec elle.

— Maintenant, partons, dit le Comanche en revenant auprès du chasseur.

— Est-ce que le Rayon-de-Soleil ne nous accompagne pas? demanda Ellen.

— Non, répondit laconiquement le chef.

La jeune Indienne fit une gracieuse inclination de tête à la fille du squatter, lui sourit doucement, et se glissant furtivement parmi les arbres, elle disparut presque instantanément aux regards des assistants.

Ceux-ci montèrent à cheval et s'éloignèrent dans une direction opposée.

Nous connaissons les instructions que l'Unicorne avait données au Rayon-de-Soleil; nous les lui avons vu exécuter, nous ne la suivrons donc pas.

Le guerrier Comanche croyait savoir où trouver Valentin et ses compagnons, il se dirigea en ligne droite sur le téocali.

Après le départ du chercheur de pistes, don Miguel et les autres personnages de cette histoire, demeurés à la forteresse du Blood's Son, avaient continué à dormir paisiblement pendant plusieurs heures encore,

Lorsqu'ils se réveillèrent, le soleil était déjà haut à l'horizon.

L'hacendero et le général, fatigués par les émotions du jour précédent et peu habitués à la vie du désert, s'étaient laissés aller au sommeil en hommes qui ont besoin de reprendre des forces. Lorsqu'ils ouvrirent les yeux, un copieux repas les attendait.

Plusieurs jours se passèrent sans incident. L'inconnu, malgré la cordialité de son accueil, se tenait sur une certaine réserve avec ses hôtes, ne parlant avec eux que lorsqu'il le fallait absolument, mais ne cherchant en aucune façon à entamer de ces causeries pendant lesquelles on s'oublie peu à peu, et où on arrive insensiblement aux confidences.

Il y avait dans les façons de cet homme étrange, quelque chose de glacial dont on ne pouvait se rendre compte, mais qui empêchait toute relation amicale.

Un soir, au moment où don Miguel et le général se préparaient à s'étendre sur les peaux de bêtes fauves qui leur servaient de lit, leur hôte s'approcha d'eux.

Ce jour-là, les deux gentilshommes avaient remarqué une certaine agitation parmi les habitants du téocali. Un mouvement inusité avait eu lieu. Évidemment le Blood's Son allait tenter une de ces audacieuses expéditions dont il avait l'habitude.

Bien que les deux Mexicains désirassent vivement connaître les projets de leur hôte, ils étaient trop hommes du monde pour l'interroger, et ils avaient renfermé leur curiosité, attendant patiemment une explication qu'il ne tarderait pas sans doute à leur donner.

— Bonne nouvelle, caballeros, leur dit-il en les abordant.

— Oh! oh! murmura le général, c'est du fruit nouveau ici.

Don Miguel attendit que leur hôte s'expliquât.

— Un de mes amis, continua le Blood's Son, est arrivé ce matin ici, en compagnie d'un chasseur canadien et de la fille du Cèdre-Rouge.

A cette révélation imprévue, les deux Mexicains bondirent d'étonnement et de joie.

— Ah! fit don Miguel, cette femme sera pour nous un précieux otage!

— C'est ce que j'ai pensé, reprit le Blood's Son. Du reste, la pauvre enfant est complètement innocente des crimes de son père, et si en ce moment elle se trouve en notre pouvoir, ce n'est que parce qu'elle a voulu sauver votre fille, don Miguel.

— Que voulez-vous dire? demanda l'hacendero avec un frémissement intérieur.

— Vous allez me comprendre, reprit le Blood's Son.

Alors, sans plus de préambule, il raconta dans tous leurs détails, à ses hôtes, les divers incidents de la fuite des jeunes filles, incidents que le lecteur connaît déjà.

Lorsqu'il eut terminé son récit, il y eut un instant de silence.

— La position est grave, fit le général en hochant la tête.

— Il faut sauver nos amis, coûte que coûte, s'écria impétueusement don Miguel.

— C'est mon intention, dit le Blood's Son. Quant à présent, la position s'est plutôt améliorée.

— Comment cela? demanda l'hacendero.

— Parce qu'il vaut mieux pour doña Clara être prisonnière des Apaches que du Cèdre-Rouge.

— C'est juste, observa don Miguel.

— Hum! Comment la leur reprendre? dit le général.

— Cela ne m'inquiète pas, fit le Blood's Son. Demain, au point du jour, nous nous mettrons en route avec tout notre monde, nous nous rendrons au village de l'Unicorne, qui joindra ses guerriers aux nôtres, et de là nous irons assiéger les Apaches dans leur village.

— Fort bien; mais qui nous dit que dans ce village nous trouverons ma fille?

— Au désert, tout se voit, tout se sait. Croyez-vous que don Valentin soit resté inactif depuis qu'il nous a quittés? Soyez persuadé qu'il est depuis longtemps sur la piste de la jeune fille, si déjà il ne l'a délivrée.

— Dieu le veuille! soupira tristement le père. Mais qui nous avertira de ce qu'il a fait?

— Lui-même, soyez-en bien convaincu. Seulement, comme ici nous sommes fort loin du village où probablement votre fille est retenue, il faut nous hâter de nous rapprocher d'elle; ainsi, mes hôtes, prenez des forces, car la journée de demain sera rude, je vous en avertis. Maintenant, permettez-moi de vous souhaiter une bonne nuit et de vous quitter afin de donner les derniers ordres pour le départ.

— Un mot encore, je vous prie.
— Parlez.
— Que comptez-vous faire de cette jeune fille qu'un hasard étrange a fait tomber entre nos mains?
— Je ne sais; les événements décideront de son sort : je réglerai ma conduite sur celle de notre ennemi commun.
— Oh! fit don Miguel, vous l'avez dit vous-même, caballero, cette jeune fille est innocente des crimes de son père.

Le Blood's Son lui lança un regard d'une expression indéfinissable.
— Ne savez-vous pas, don Miguel, lui répondit-il d'une voix sourde, que, dans ce monde, les innocents payent toujours pour les coupables ?

Et, sans ajouter une parole, il s'inclina profondément devant les Mexicains et s'éloigna à pas lents.

Les deux hommes le suivirent longtemps des yeux pendant qu'il s'enfonçait dans les sombres profondeurs du téocali; puis, lorsqu'il eut disparu, ils se laissèrent tomber avec accablement sur leurs lits, sans oser se communiquer les tristes pensées qui les oppressaient.

## XXIII

#### APACHES ET COMANCHES

Au point du jour une quarantaine de cavaliers, en tête desquels marchaient le Blood's Son, don Miguel Zarate et le général Ibañez, prirent la route du village des Comanches, guidés par l'Unicorne.

Au milieu de cette troupe se trouvait Ellen étroitement surveillée.

Harry, le brave chasseur canadien, n'avait pas voulu s'éloigner d'elle et galopait à ses côtés.

La jeune fille avait deviné, malgré les soins dont on l'entourait, et peut-être même à cause de ces soins, qu'elle était considérée plutôt comme prisonnière que comme amie par ces hommes qui l'environnaient; aussi, au départ du téocali, avait-elle, d'un regard suppliant, demandé à Harry de rester auprès d'elle.

Ce regard, le chasseur l'avait compris, et malgré tout ce que le Blood's Son avait pu lui dire pour l'engager à se placer avec lui en tête de la caravane, il s'était obstinément tenu à la droite d'Ellen.

Par une coïncidence étrange, pendant que les partisans, commandés par l'Unicorne, quittaient le téocali pour aller chercher au village des Comanches des nouvelles de leurs amis, ceux-ci exécutaient leur fuite miraculeuse, quittaient l'îlot sur lequel ils s'étaient si courageusement défendus, et, après avoir audacieusement traversé le camp des Apaches, se dirigeaient, eux aussi, bien que par un chemin différent, vers le même village.

La marche d'une troupe nombreuse dans le désert est ordinairement moins rapide que celle de quelques hommes.

Cela se comprend facilement.

Deux ou trois hommes allant de compagnie passent facilement partout, glissant dans les taillis et suivant les sentes de bêtes fauves; mais une quarantaine d'individus contraints d'adopter la file indienne, c'est-à-dire de marcher à la suite les uns des autres dans des chemins problématiques, à peine assez larges pour laisser passer un seul cavalier de front, sont contraints de ralentir leur course et de n'avancer qu'avec des précautions extrêmes, surtout dans une expédition du genre de celle que les partisans entreprenaient.

Aussi, malgré toute la diligence qu'ils faisaient, ils n'avançaient que lentement. Cependant le disque rougeâtre du soleil descendait rapidement à l'horizon, l'ombre des grands arbres s'allongeait de plus en plus, la brise du soir commençait par intervalles à faire frissonner les cimes houleuses des forêts vierges qui s'étendaient à perte de vue à droite des voyageurs, et, sur la rive du fleuve, les alligators quittaient d'un pas lourd les bancs de vase dans lesquels ils s'étaient jusqu'alors paresseusement vautrés aux chauds rayons du soleil pour regagner les eaux profondes du Gila.

Les chevaux et les voyageurs, harassés par les fatigues d'une longue route, se traînaient avec peine, lorsque tout à coup l'Unicorne, qui devançait la troupe d'une centaine de pas environ, tourna bride et rejoignit au galop ses compagnons.

Ceux-ci firent halte pour l'attendre.

— Qu'y a-t-il? demanda le Blood's Son dès que le chef fut auprès de lui. Mon frère a-t-il vu quelque chose qui l'inquiète?

— Oui, répondit laconiquement l'Indien.

— J'attends que mon frère s'explique.

— Le désert n'est pas calme, reprit le chef d'une voix grave, les vautours et les aigles à tête blanche volent en longs cercles, les daims et les bisons courent effarés, les asshathos bondissent dans tous les sens, et les antilopes fuient de toute la vitesse de leurs jambes dans la direction du nord.

Le Blood's Son fronça les sourcils et resta un instant sans répondre.

Les Mexicains l'examinaient avec inquiétude.

Enfin il releva la tête.

— Que concluez-vous de ces signes? dit-il au chef comanche.

— Ceci : les Apaches parcourent la prairie; ils sont nombreux, car le calme est troublé sur une vaste étendue de terrain.

Pourquoi les Apaches plutôt que d'autres? reprit le Blood's Son; des coureurs des bois ne peuvent-ils causer, de même que les Indiens, la perturbation dont vous vous êtes aperçu?

Le guerrier comanche secoua négativement la tête.

— Ce sont des Apaches, reprit-il péremptoirement : nous ne sommes pas dans la saison des grandes chasses, les animaux ne sont pas troublés par l'homme à cette époque de l'année, ils le savent et l'évitent sans le fuir d'une course désespérée, ils sont certains de ne pas être poursuivis.

« Les coureurs des bois marchent isolément ou seulement trois ou quatre ensemble, usant de précautions pour ne pas effrayer le gibier. Mais les Apaches sont des chiens ignorants qui, de même que les coyotes auxquels ils ressemblent, se réunissent continuellement en troupes nombreuses, et, au lieu de marcher comme des hommes ou des guerriers, passent comme un ouragan sur la prairie en brûlant, détruisant et dévastant tout sur leur passage.

— C'est vrai, murmura le Blood's Son, votre sagacité ne vous a pas trompé, chef; les Apaches seuls doivent être près d'ici.

— Bon; et que fera mon frère? demanda le Comanche.

L'œil de l'inconnu lança un sombre éclair.

— Nous les combattrons, dit-il.

L'Indien fit un mouvement imperceptible des épaules.

— Non, dit-il, cela ne vaut rien ; il ne faut pas combattre en ce moment.

— Parlez alors, au nom du diable! s'écria l'inconnu avec impatience, et expliquez-nous votre projet.

L'Indien sourit.

— Mon frère est vif, dit-il.

Le Blood's Son, honteux de l'emportement auquel il s'était laissé entraîner, avait déjà repris son sang-froid.

— Pardonnez-moi, chef, répondit-il. J'ai tort.

Et il lui tendit la main; l'Unicorne la saisit et la serra cordialement.

— Mon frère est sage, reprit-il; je sais qu'il n'a pas voulu insulter un ami.

— Parlez, chef, l'heure se passe; expliquez-moi votre plan.

— Derrière cette colline s'élève le village de l'Unicorne, dit le chef; les guerriers resteront ici pendant qu'il s'avancera seul, afin de savoir ce qui se passe.

— Bon ; mon frère peut aller, nous attendrons.

Dans le désert, les longues conversations ne sont pas de mise; les instants sont trop précieux pour les perdre en vaines paroles.

L'Indien piqua son cheval et s'éloigna.

Bientôt il disparut aux regards de ses compagnons.

— Que pensez-vous de ce que vient de nous dire le chef? demanda le général.

— C'est fort grave, répondit l'inconnu. Les Indiens sont extraordinaires pour savoir ce qui se passe dans le désert; ils ont pour cela un instinct infaillible qui ne les trompe jamais. Celui-ci est un des plus intelligents que je connaisse.

« Je ne sais que deux hommes au monde capables de lutter avec lui : cet affreux coquin de Cèdre-Rouge et don Valentin, ce chasseur français que les Indiens eux-mêmes ont surnommé *le chercheur de pistes*.

— Ah! fit don Miguel; ainsi votre opinion est...

— Que nous devons attendre le résultat de la démarche que l'Unicorne tente en ce moment; son village n'est qu'à une heure de marche tout au plus du lieu où nous nous trouvons.

— Mais alors pourquoi nous arrêter ?

— Un Indien ne rentre jamais chez lui sans s'assurer que tout est en ordre; qui peut prévoir ce qui s'est passé pendant son absence?

— C'est juste; attendons donc, reprit l'hacendero en étouffant un soupir.

— Attendons, murmura le général.

Près d'une heure s'écoula ainsi; tous les partisans, fièrement campés sur leur selle, le doigt placé sur la détente de leur fusil ou de leur rifle, l'œil et l'oreille au guet, restaient immobiles comme des statues de bronze florentin.

Cependant le soleil avait disparu dans un flot de vapeurs flamboyantes, l'ombre tombait rapidement du ciel et s'étendait peu à peu sur le désert comme un épais linceul; déjà dans le bleu sombre les étoiles s'allumaient les unes après les autres.

L'Unicorne ne revenait pas.

Les chasseurs n'échangeaient pas une parole; chacun, intérieurement persuadé que la position était grave, réfléchissait profondément.

Aucun bruit ne troublait le silence de mort qui planait sur la prairie, si ce n'est, par intervalles, les glapissements lointains des coyotes qui se mêlaient aux rauques rugissements des cougouars et des panthères, et le frémissement sourd et continu des eaux du Rio-Gila sur les galets et les rochers qui bordent ses rives.

Soudain le Blood's Son, dont l'œil était opiniâtrement resté fixé dans la direction où le Comanche avait disparu, tressaillit légèrement et murmura doucement à l'oreille de don Miguel ces deux mots :

— Le voilà!

En effet, le galop d'un cheval résonna dans le lointain, se rapprocha rapidement, et le chef apparut.

— Eh bien ? lui cria l'inconnu.

— Koutonepi et la vierge pâle sont au village, dit-il; le chasseur a délivré la jeune fille.

— Ah! s'écria don Miguel, Dieu soit loué !

L'Unicorne le regarda d'un œil triste.

— Les Apaches les poursuivent, dit-il; en ce moment le village est attaqué, mais nos amis se défendent bravement.

— Volons à leur secours ! s'écrièrent les Mexicains.

Le Blood's Son se tourna vers eux.

— Patience, dit-il; laissez le chef s'expliquer.

— Mon frère pâle, continua le Comanche, avec la moitié de ses guerriers, tournera la colline et entrera dans le village par le nord, tandis que moi, avec l'autre moitié, j'entrerai par le sud.

— Bon! fit le Blood's Son; mais nous sommes loin encore, peut-être nos amis ne pourront-ils pas tenir jusqu'à notre arrivée.

L'Unicorne sourit avec dédain.

— Les Apaches sont des chiens poltrons, dit-il; les Comanches se défendront : ils ne savent pas fuir.

Sans répondre, le partisan partagea sa troupe en deux parties.

Après six heures d'une course d'une rapidité vertigineuse, tout à coup le Mexicain poussa un cri de douleur.

Il prit le commandement de la première et confia celui de la seconde au guerrier comanche.

Tous ces hommes étaient des Indiens habitués de longue main à une guerre d'embûches et de surprises : ce hardi coup de main était pour eux une bonne aubaine; l'œil étincelant, les lèvres frémissantes, bien qu'impassibles en apparence, ils attendaient avec impatience le signal du départ.

— Allons ! s'écria le Blood's Son en brandissant son rifle au-dessus de sa tête.

Tous se courbèrent sur le cou de leurs chevaux et s'élancèrent.

Arrivées au pied de la colline, les deux troupes se séparèrent ; l'une prit à gauche, l'autre à droite.

Ellen était restée en arrière sous la garde de quelques guerriers et du chasseur canadien, qui n'avait pas voulu se séparer d'elle.

Cette petite troupe s'avançait doucement en arrière-garde.

Cependant les partisans arrivaient sur le village avec une rapidité vertigineuse.

Il était temps qu'ils parussent : le village, enveloppé de flammes, semblait un volcan. A la lueur de l'incendie, on voyait des ombres bondir effarées courant çà et là, et des cris de douleur et de rage mêlés à des décharges d'armes à feu s'élevaient sans interruption de ce foyer incandescent.

Les partisans se précipitèrent dans cette horrible fournaise en rugissant leur cri de guerre et en brandissant leurs armes.

La mêlée devint effroyable.

Les Apaches, attaqués ainsi de deux côtés à la fois, eurent un moment de stupeur qui se changea bientôt en une panique et une déroute complètes, à la vue de ces adversaires nouveaux qui semblaient surgir de terre pour les anéantir et changer leur triomphe en défaite.

Mais la fuite n'était pas facile. Toute la population du village était en armes ; les femmes, les enfants, se joignant aux guerriers, et électrisés par leur exemple, se précipitèrent avec rage sur les Apaches, qui, voyant leur coup de main échoué, ne cherchaient plus qu'à regagner la campagne.

Pendant un quart d'heure le massacre fut horrible.

Enfin les Apaches, guidés par Stanapat et le Chat-Noir, qui faisaient vainement des prodiges de valeur afin de rétablir le combat, réussirent à faire une trouée dans la masse de leurs ennemis, et ils s'élancèrent dans toutes les directions suivis de près par les Comanches qui les abattaient à coups de massue et les scalpaient sans pitié.

Une seule troupe résistait encore.

Adossés aux palissades qu'ils n'avaient pas eu le temps de franchir, les pirates, portant au milieu d'eux le corps de leur Gazelle chérie, avaient reculé pas à pas devant les ennemis qui les enveloppaient de toutes parts, revenant contre leurs adversaires et les obligeant parfois à reculer à leur tour.

Mais la lutte était trop inégale. Une plus longue résistance était impossible désormais.

Les pirates, profitant d'un moment de désordre, prirent leur course chacun d'un côté différent, pensant de cette façon échapper plus facilement.

Sandoval avait chargé sur ses fortes épaules le corps de la jeune fille, et, par un effort inouï que le désespoir seul pouvait faire réussir, il avait sauté dans la campagne où il espérait s'échapper au milieu des hautes herbes.

Peut-être y serait-il parvenu, mais il avait affaire à quatre individus qui semblaient s'être donné la tâche de s'emparer de lui.

Au moment où il se relevait après le saut qu'il venait de faire, Valentin et ses compagnons se jetèrent sur lui sans lui laisser le temps de se défendre, et, malgré sa résistance désespérée et ses hurlements de bête fauve, ils le garrottèrent solidement.

Le vieux pirate, en se voyant prisonnier, laissa tomber sa tête sur sa poitrine, et, lançant un regard chargé de tristesse sur celle qu'il n'avait pu sauver, il poussa un profond soupir, et une larme brûlante coula silencieuse sur ses joues hâlées.

Au même instant, Ellen entrait dans le village, au milieu de son escorte.

En l'apercevant, Valentin tressaillit.

— Oh! murmura-t-il, où donc est doña Clara?

— Ma fille! ma fille! s'écria l'hacendero apparaissant tout à coup devant le chasseur, les vêtements en désordre et le front pâle.

Le malheureux père, depuis qu'il était entré dans le village ne s'était occupé que d'une chose :

Chercher sa fille!

Suivi pas à pas par le général, il s'était enfoncé au plus épais de la mêlée, demandant sa fille à tous ceux qui se trouvaient sur son chemin, écartant du bras les armes qui le menaçaient, ne songeant pas à la mort qui, à chaque pas, se dressait devant lui sous toutes les formes. Protégé comme par un charme invisible, il avait parcouru tout le village, était entré dans toutes les huttes que l'incendie avait respectées, ne voyant rien, n'écoutant rien, n'ayant qu'un seul but : trouver son enfant.

Hélas! ses recherches avaient été vaines.

Doña Clara avait disparu. Depuis que Valentin l'avait confiée à Schaw, nul ne savait ce qu'elle était devenue.

L'hacendero tomba dans les bras de son ami en éclatant en sanglots déchirants.

— Ma fille! s'écria-t-il d'une voix navrante; Valentin, rendez-moi ma fille!

Le chasseur le serra sur sa loyale poitrine.

— Courage! pauvre père, lui dit-il, courage!

Mais l'hacendero ne l'entendait plus, la douleur l'avait enfin vaincu

Il était évanoui.

— Oh! fit Valentin, Cèdre-Rouge, race de vipère, ne parviendrai-je donc pas, un jour, à vous poser le talon sur la poitrine!

Aidé par le général et par don Pablo, il transporta don Miguel dans la loge de médecine que l'incendie n'avait pu atteindre, et il l'étendit sur un lit de feuilles sèches.

## XXIV

### LA DANSE DU SCALP

Le combat terminé, les Comanches s'occupèrent à réparer les dégâts causés par l'attaque des Apaches.

Bien que leurs pertes fussent grandes, elles ne l'étaient pourtant pas autant qu'on aurait pu le supposer, parce que, comme la saison était déjà avancée, ils avaient expédié la plus grande partie de ce qu'ils possédaient à leur village d'hiver.

Nous ferons remarquer ici, une seconde fois, que les Indiens du Far West, en général, habitent l'été dans des villages construits pour la plupart sur les rives des fleuves; mais dès que le froid commence à se faire sentir, ils se retirent sous le dôme inexploré des forêts vierges, et là, dans l'épaisseur des bois, sur des pointes de rochers inaccessibles, résident dans ce qu'ils nomment leurs villages d'hiver.

Cette circonstance toute fortuite sauva la plus grande partie des richesses des Comanches.

D'un autre côté, les Apaches avaient été tellement pressés, la défense s'était si promptement organisée, elle avait été si opiniâtre, qu'ils n'avaient pas eu le temps de piller.

Il est vrai que tous les callis étaient réduits en cendres, mais ce dommage était minime et pouvait en quelques jours être réparé.

Ce qu'il y avait de plus sérieux, c'était la perte de vingt et quelques guerriers qui s'étaient courageusement fait tuer en défendant leurs foyers. Quelques femmes et quelques enfants avaient aussi succombé, mais les Apaches avaient éprouvé des pertes autrement importantes : sans compter plus de quatre-vingts guerriers tués surtout pendant la déroute, le Chat-Noir et six autres guerriers apaches étaient tombés vivants au pouvoir de leurs adversaires.

Un sort horrible leur était réservé.

— Que veut faire mon frère de ses prisonniers? avait demandé l'Unicorne à Valentin.

— Que mon frère ne s'inquiète pas d'eux, avait répondu celui-ci; ce sont des blancs, je tiens à en disposer à mon gré.

— Il sera fait ainsi que mon frère le désire.

— Merci, chef; je voudrais seulement, si cela est possible, que vous mettiez à ma disposition un ou deux guerriers pour les garder.

— C'est inutile, interrompit Sandoval; je vous donne ma parole d'honneur, pour moi et mon compagnon, de ne pas chercher à fuir avant vingt-quatre heures.

Valentin fixa sur lui un regard qui semblait vouloir sonder ses plus secrètes pensées.

— C'est bien, lui dit-il au bout d'un instant, j'accepte votre parole.
— Est-ce que vous allez laisser ce pauvre enfant sans secours?
— Vous l'aimez?
— Comme mon fils, sans cela m'auriez-vous pris?
— Très bien, on tâchera de le sauver; mais peut-être vaudrait-il mieux qu'il mourût en ce moment.
— Peut-être, répondit le vieux pirate en hochant la tête et comme se parlant à lui-même.
— Dans quelques instants commencera la danse du *scalp*, mon frère y assistera-t-il? demanda l'Unicorne.
— J'y assisterai, répondit Valentin, qui, bien que se souciant fort peu de cette cérémonie, comprit qu'il serait impolitique de ne pas y paraître.

Nous avons dit plus haut que la fille du squatter était, elle aussi, arrivée au village. En l'apercevant, don Pablo sentit son cœur tressaillir dans sa poitrine, et un frisson agita tous ses membres.

Ellen, dont le regard errait à droite et à gauche, sans but, jeta par hasard les yeux sur lui; soudain elle rougit et abaissa comme un rideau ses paupières pour cacher l'éclair de plaisir qui avait à sa vue jailli malgré elle de son regard.

Instinctivement elle s'était sentie rassurée en sachant auprès d'elle ce jeune homme que pourtant elle connaissait à peine, et qui une fois ou deux seulement lui avait adressé la parole; un cri de joie expira sur ses lèvres.

Don Pablo s'avança vers elle; déjà il avait appris par quel concours de circonstances singulières elle se trouvait entre les mains des partisans.

— Vous êtes libre, mademoiselle, lui dit-il; désormais vous n'aurez plus rien à redouter ici, car vous êtes sous ma sauvegarde.
— Et sous la mienne, dit Harry d'un ton bourru, en toisant avec hauteur don Pablo; seul, je suffis pour défendre miss Ellen de toute insulte.

Les deux jeunes gens échangèrent un regard d'une expression indéfinissable.

Au premier mot, chacun d'eux avait reconnu dans l'autre un rival.

— Je ne prétends nullement soustraire miss Ellen à votre protection, caballero, répliqua froidement le Mexicain; seulement, comme vous êtes étranger dans ce village où je me trouve au milieu d'amis dévoués, je crois que mon appui ne lui sera pas inutile et je le lui offre, voilà tout.
— Je l'accepte avec reconnaissance, caballero, répondit-elle avec un charmant sourire. Soyez assez bon, je vous prie, pour user de votre influence afin de me procurer un abri sous lequel je puisse prendre quelques instants de repos dont j'ai le plus grand besoin.
— Veuillez me suivre, répondit le jeune homme en s'inclinant, vos désirs vont immédiatement être satifaits.

Ellen se tourna alors vers Harry.

— Merci, frère, lui dit-elle en lui tendant cordialement la main. Pensez à vous maintenant; à bientôt. Et elle ajouta en s'adressant à don Pablo : Je vous suis, caballero.

Le chasseur canadien resta un instant abasourdi de ce leste congé, mais relevant bientôt la tête :

— Hum! murmura-t-il, c'est ainsi qu'elle me renvoie!... Pourquoi lui en vouloir? toutes les femmes sont les mêmes!... et puis, j'ai juré de la défendre; puis-je donc l'obliger à m'aimer!

Et après ces réflexions philosophiques qui lui avaient rendu toute sa tranquillité d'esprit, il plaça son rifle sur l'épaule et alla tranquillement se mêler aux partisans du Blood's Son.

Don Pablo, cependant, avait conduit la jeune fille dans un calli miraculeusement préservé de l'incendie.

Au moment où ils entraient, ils furent rejoints par Valentin.

— Oh! fit-il gaiement, une femme! Tant mieux.

Et faisant étendre la Gazelle blanche sur des peaux de bison :

— Tenez, continua-t-il en souriant, permettez-moi, madame, de confier à vos soins ce jeune homme que mon ami Curumilla a à demi assommé: c'est presque un enfant, nous allons tâcher tous ensemble de le rappeler à la vie.

Pedro Sandoval, dès qu'il avait eu donné sa parole d'honneur, bien qu'on lui eût enlevé ses armes, avait été débarrassé de ses liens; il était donc libre.

— Compañero, dit-il, laissez la señora faire ce qu'il faut, elle s'en acquittera mieux que nous. Nous sommes de trop ici, sortons; votre prisonnier est une femme.

— Une femme! s'écrièrent les deux hommes avec étonnement.

— Pauvre enfant! murmura Ellen avec compassion. Oh! soyez tranquilles, messieurs, j'en aurai soin.

— Merci, madame, merci, dit le vieux pirate en saisissant et en baisant à plusieurs reprises la main de la jeune fille, je donnerais jusqu'à la dernière goutte de mon sang pour la voir me sourire encore une fois.

— Est-ce donc votre fille? demanda Ellen avec intérêt.

Le pirate secoua la tête avec tristesse.

— Nous n'avons ni enfants, ni famille, nous autres, les maudits de la civilisation, dit-il d'une voix sombre; mais presque depuis sa naissance j'ai veillé sur cette pauvre fille, je l'aime comme nous sommes susceptibles d'aimer; je lui ai toujours servi de père ; ma plus grande douleur aujourd'hui est de la voir souffrir sans pouvoir la soulager.

— Laissez-moi ce soin, j'espère que bientôt vous entendrez sa voix et qu'elle vous sourira.

— Oh! faites cela, madame, s'écria-t-il avec exaltation, et moi qui jamais n'ai cru à rien, je vous adorerai à deux genoux comme un ange du Ciel!

La jeune fille, émue d'un amour si dévoué et si naïf dans une nature abrupte comme celle du pirate, lui renouvela l'assurance de prodiguer à la prisonnière tous les soins que réclamait sa position, et les deux femmes restèrent seules dans la tente.

Cependant un nouveau village semblait, comme par enchantement, sortir des ruines de l'ancien.

En quelques heures, des tentes de bison avaient été dressées de toutes parts. C'est à peine s'il restait quelques traces du sanglant combat dont le jour même ce lieu avait été le théâtre.

Un feu avait été allumé sur la grande place, et les prisonniers apaches, attachés à des poteaux plantés exprès pour eux, attendaient impassibles qu'on décidât de leur sort.

Tout se préparait pour la danse du scalp, que les Comanches nomment *zishdi-arichi*.

Une foule d'hommes, grands, beaux, bien parés, envahirent bientôt tous les recoins de la place.

Ils s'étaient noirci le visage, ainsi que l'Unicorne et Pethonista, qui tous deux les conduisaient; puis les femmes âgées et les enfants arrivèrent en procession et se placèrent derrière les hommes.

D'autres femmes vinrent ensuite en colonne serrée, deux à deux, et occupèrent le centre de la place.

Leur pas était court et lent.

Sept guerriers de la bande des Vieux-Chiens formaient la musique; eux aussi s'étaient peint le visage en noir; trois d'entre eux portaient des tambours, les quatre autres des chichikoués

Les guerriers, enveloppés dans leurs robes de bison, avaient la tête découverte, généralement ornée de plumes de chat-huant ou d'autres oiseaux, qui retombaient par derrière.

Le visage des femmes était peint aussi, les unes en noir, chez les autres en rouge; elles portaient des robes de bison, ou des couvertures de laine de différentes couleurs.

Deux ou trois femmes des principaux chefs avaient des robes de bison blanc et portaient sur la tête une plume d'aigle posée perpendiculairement.

Comme le Rayon-de-Soleil, femme de l'Unicorne, était absente, la première femme de Pethonista la remplaçait, et seule, en sa qualité de chefesse, était coiffée du grand bonnet sacré, de plumes, nommé *mahchsi-akoub-acheka*.

Toutes les autres femmes tenaient en main des casse-têtes ou des fusils, ornés de drap rouge et de petites plumes, dont elles frappaient la crosse à terre en dansant.

Nous ferons observer ici que dans la danse du *scalp* ce sont les femmes qui portent les armes et le costume de guerre à l'exclusion des hommes.

La chefesse se tenait à l'extrémité droite de la bande. Elle avait à la main un long bâton, au haut duquel étaient suspendues quatre chevelures encore dégouttantes de sang, surmontées d'une pie empaillée les ailes éployées; un peu plus bas, sur le même bâton, se trouvaient cinq autres chevelures.

En face de la chefesse se tenait une autre femme qui portait huit scalps ou *bidaru* de la même façon; la plupart des autres en avaient soit un, soit deux.

Les femmes se formèrent en demi-cercle; les musiciens, placés à droite, commencèrent leur bruit assourdissant en tapant de toutes leurs forces sur les tambours, en chantant leurs exploits ou *coups* et en secouant les chichikoués.

Alors les femmes se mirent à danser. Elles faisaient de petits pas en se balançant à droite et à gauche ; les deux extrémités du cercle avançaient et reculaient alternativement ; les danseuses chantaient à tue-tête d'une voix glapissante et formaient un effroyable concert qui ne se peut comparer qu'au miaulement furieux d'une multitude de chats.

Les guerriers apaches faits prisonniers dans le combat étaient attachés à des poteaux au centre du cercle. Chaque fois que dans leurs évolutions les femmes se rapprochaient d'eux, elles les accablaient d'injures, leur crachaient au visage, les traitant de lâches, de lièvres, de lapins, de chiens sans cœur.

Les Apaches souriaient à ces insultes auxquelles ils ne répondaient qu'en énumérant les pertes qu'ils avaient fait éprouver aux Comanches et les guerriers qu'ils leur avaient tués.

Lorsque la danse eut duré à peu près une heure, les femmes, brisées de fatigue, furent contraintes de se reposer.

Les guerriers s'avancèrent à leur tour et prirent place devant les prisonniers.

Parmi eux, il y en avait un que Valentin aurait voulu sauver.

C'était le Chat-Noir.

Le chasseur résolut de s'interposer et d'user de toute son influence sur l'Unicorne pour obtenir la vie du chef apache.

Valentin ne se dissimulait pas les difficultés d'une telle entreprise avec des gens pour lesquels la vengeance est le premier devoir, et dont il craignait surtout de s'aliéner l'esprit ; mais de fortes raisons le poussaient à agir ainsi qu'il allait le faire, et il résolut de tenter l'aventure.

Il s'avança, sans hésiter, vers l'Unicorne qui dirigeait les apprêts du supplice des prisonniers, et lui touchant légèrement le bras :

— Mon frère est le premier sachem des Comanches, lui dit-il.

Le chef s'inclina silencieusement.

— Son calli, continua Valentin d'une voix insinuante, disparaît sous les scalps de ses ennemis, tant ils sont nombreux, car mon frère est plus terrible que la foudre dans le combat!

L'Indien regarda le chasseur avec un orgueilleux sourire.

— Que désire mon frère? demanda-t-il.

— L'Unicorne, reprit Valentin, n'est pas moins sage au feu du conseil qu'il n'est intrépide dans la bataille ; il est le plus expérimenté et le plus vénéré des guerriers de sa nation.

— Que mon frère, le grand chasseur pâle, s'explique clairement afin que je le comprenne, répondit le sachem avec une nuance d'impatience.

— Que mon frère m'écoute un instant, reprit impassiblement Valentin : plusieurs guerriers apaches sont tombés vivants entre ses mains.

— Ils vont mourir! dit le chef d'une voix sourde.

— Pourquoi les tuer? ne vaut-il pas mieux les mettre à rançon et les renvoyer dans leur tribu, afin de prouver aux Apaches que les Comanches sont de grands guerriers qui ne les redoutent point?

— Les Faces-Pâles n'entendent rien à la guerre ; un homme mort n'est plus à craindre. Si l'on pardonne à un ennemi, on s'expose à ce qu'il vous prenne la chevelure le lendemain. Les Apaches doivent mourir. Ils ont brûlé

Le Rayon-de-Soleil s'agenouilla auprès de l'Américaine.

mon village, tué les femmes et les enfants de mes jeunes hommes ; le sang veut le sang. Dans une heure, ils auront vécu.

— Très bien, répondit le chasseur qui comprit que s'il s'obstinait à vouloir sauver tous les prisonniers il ne réussirait pas et qui, à contre-cœur, consentit à faire des concessions, les guerriers doivent mourir, c'est la loi de la guerre, je ne cherche pas à m'y opposer ; mais parmi eux, il en est un pour lequel mon cœur se gonfle de pitié !

— Les prisonniers apaches sont à moi, objecta l'Unicorne.

— Sans contredit, et mon frère a le droit d'en disposer comme il lui plaît sans que je puisse le trouver mauvais; aussi est-ce une grâce que je demande à mon frère.

Le chef fronça imperceptiblement le sourcil.

Valentin continua sans paraître s'apercevoir du mécontentement tacite du Comanche :

— J'ai un grand intérêt à sauver cet homme, dit-il.

— Mon frère est blanc. Les Faces-Pâles ont la langue dorée, ils savent trouver des paroles qui disent tout ce qu'ils veulent. Mon frère sait que je n'ai rien à lui refuser : quel est le guerrier qu'il désire sauver?

— Mon frère m'assure-t-il que, quel que soit l'homme dont je lui demanderai la vie, cet homme ne périra pas?

Le chef comanche garda un instant le silence, fixant un regard profond sur le chasseur qui, de son côté, l'examinait avec attention.

— L'Unicorne est mon ami, continua Valentin ; j'ai un rifle tout neuf, s'il plaît à mon frère, je le lui donnerai.

A cette insinuation, un léger sourire éclaira le visage du chef.

— Bon ! j'accepte le fusil, répondit-il; c'est une bonne arme pour un sachem. Mon frère a ma parole : quel est le guerrier qu'il veut sauver?

— Le Chat-Noir.

— Oooh! je m'en doutais; enfin, n'importe, mon frère peut être tranquille, le Chat-Noir sera sauvé.

— Je remercie mon frère, dit Valentin avec effusion; je vois que son cœur est loyal, c'est un grand guerrier.

Puis, après avoir serré affectueusement la main du chef, Valentin regagna sa place en étouffant un soupir de satisfaction.

## XXV

### LA TORTURE

Les Apaches, attachés depuis longtemps déjà aux poteaux où ils devaient être torturés, considéraient les terribles préparatifs de leur atroce supplice d'un œil calme et sans qu'un muscle bougeât sur leurs visages impassibles et indifférents.

On aurait dit, tant leur insouciance était grande, ou du moins le paraissait, qu'ils ne devaient figurer que comme spectateurs dans la sinistre tragédie qui se préparait, et dans laquelle cependant ils étaient appelés à jouer un rôle si terrible.

Dès que Valentin l'eut quitté, l'Unicorne ordonna que les tortures commençassent.

Mais, faisant comme s'il se ravisait tout à coup :

— Mes fils, dit-il en s'adressant aux guerriers comanches et en désignant le Chat-Noir, celui-ci est un chef, en cette qualité il a droit à une mort exceptionnelle dans laquelle il puisse montrer à tous sa constance et son courage dans les souffrances. Envoyons-le dans les prairies bienheureuses de façon à ce que les guerriers de sa nation qu'il rencontrera dans l'autre vie lui fassent une réception digne de lui. Demain les vieillards et les chefs se réuniront autour du feu du conseil, afin d'inventer un supplice qui le satisfasse. Détachez-le du poteau.

Les Indiens applaudirent avec frénésie ces paroles, qui leur promettaient pour le lendemain un spectacle si attrayant.

— Les Comanches sont des femmes vantardes et bavardes, répondit le Chat-Noir, ils ne savent pas torturer les guerriers. Je les défie de me faire pousser une plainte, le supplice dût-il durer un jour entier.

— Les chiens apaches savent aboyer, dit froidement l'Unicorne; mais si leur langue est longue leur courage est court : demain le Chat-Noir pleurera comme une fille des Visages-Pâles.

Le Chat-Noir haussa les épaules avec dédain.

Les Comanches redoublèrent leurs applaudissements frénétiques.

— Détachez-le, commanda une seconde fois l'Unicorne.

Plusieurs guerriers s'approchèrent du chef apache, tranchèrent les liens qui le retenaient au poteau, puis ils le lièrent étroitement et le jetèrent au pied d'un arbre, sans que le Chat-Noir daignât faire un geste ou un signe qui dénotât la moindre irritation.

Après avoir échangé un regard avec Valentin, l'Unicorne se mit à la tête d'une troupe de guerriers qui formèrent un demi-cercle autour des prisonniers.

La chefesse se plaça en face de lui avec les femmes.

Alors la musique reprit plus bruyante, et le supplice commença.

Les femmes et les guerriers dansaient en tournant autour des prisonniers, et, en passant devant eux, chacun, homme ou femme, leur enlevait un lambeau de chair avec des couteaux à scalper longs et effilés.

En faisant ces blessures, les Comanches usaient des plus grandes précautions pour que les couteaux n'entamassent pas trop profondément les chairs, afin que les victimes ne courussent pas le risque de mourir de suite, ce qui aurait modifié désagréablement les intentions des Indiens en les privant d'un spectacle dont ils se promettaient tant de plaisir.

Les Apaches souriaient à leurs bourreaux et excitaient encore leur fureur en leur disant qu'ils n'entendaient rien à torturer leurs ennemis ; que leurs blessures n'étaient que des piqûres de moustiques ; que les Apaches étaient bien plus adroits, et que les nombreux prisonniers comanches qu'ils avaient faits avaient dans leur tribu enduré des souffrances bien plus atroces.

Les malheureux étaient dans un état à faire pitié ; leurs corps n'étaient plus qu'une plaie dont le sang ruisselait de toutes parts.

Les Comanches s'excitaient graduellement ; la rage s'emparait d'eux en entendant les insultes de leurs prisonniers ; une espèce de frénésie les agitait.

Une femme se précipita tout à coup sur un des prisonniers dont les paroles étaient plus acres et plus mordantes, et avec ses ongles crochus et tranchants, elle lui arracha les yeux, qu'elle avala aussitôt en lui disant :

— Chien, tu ne verras plus le soleil !

— Tu m'as arraché les yeux, mais tu m'as laissé la langue ! reprit le prisonnier avec un sourire rendu plus hideux par les deux orbites vides et sanglants de ses yeux. C'est moi qui ai dévoré palpitant le cœur de ton fils l'*Eau qui court !* lorsqu'il s'est introduit sous mon calli pour voler mes chevaux. Fais ce que tu voudras, je suis vengé d'avance !

La femme, exaspérée par cette dernière injure, se jeta sur lui et lui plongea son couteau dans le cœur.

L'Apache poussa un rire strident qui se changea subitement en râle d'agonie, et tomba mort en prononçant ces paroles :

— Je disais bien que vous ne savez pas torturer vos prisonniers, chiens, lapins, voleurs !

Les Comanches redoublèrent d'acharnement sur leurs malheureuses victimes, les frappant à coups redoublés, et bien que la plupart fussent morts déjà, ils continuèrent à les déchiqueter jusqu'à ce que les cadavres ne conservassent plus figure humaine et ne fussent plus qu'un amas immonde et confus de lambeaux de chair et d'os.

Alors le scalp fut enlevé et les victimes jetées enfin dans le brasier préparé pour elles.

Les Comanches dansèrent en hurlant autour du feu, jusqu'à ce que la voix et les forces leur manquant, ils tombèrent épuisés, malgré l'excitation des tambours et des chichikoués.

Bientôt hommes et femmes, étendus pêle-mêle, sur le sol s'endormirent plongés dans cette ivresse étrange causée par la senteur du sang versé pendant cet horrible carnage.

Valentin, malgré le dégoût presque insurmontable que lui avait occasionné cette scène, n'avait pas voulu s'éloigner afin de sauvegarder le Chat-Noir, qu'il craignait de voir massacrer par les Comanches dans un moment de folle rage.

Cette précaution ne fut pas inutile ; plusieurs fois, s'il ne s'était résolument interposé entre le prisonnier et ses bourreaux, le chef apache aurait, lui aussi, été sacrifié à la haine de ses ennemis arrivés à un paroxysme de fureur impossible à décrire.

Lorsque le camp fut plongé dans le silence, que tout le monde dormit, Valentin se dirigea avec précaution du côté où gisait attaché le guerrier apache.

Celui-ci le regardait venir en fixant sur lui ses petits yeux gris avec une expression indéfinissable.

Sans dire un mot, le chasseur, après s'être assuré d'un regard que nul ne surveillait ses mouvements, trancha toutes les cordes qui le retenaient.

L'Apache bondit comme un jaguar, mais il retomba aussitôt sur le sol.

Les cordes avec lesquelles il était attaché avaient été tellement serrées qu'elles lui étaient entrées dans les chairs.

— Que mon frère soit prudent, murmura doucement le Français, je veux le sauver.

Alors il prit sa gourde et versa quelques gouttes d'eau-de-vie sur les lèvres blêmies du chef qui, peu à peu, revint à lui, et finit enfin par se redresser tout à fait.

Alors, fixant un regard interrogateur sur l'homme qui lui prodiguait si généreusement ces soins auxquels il était loin de s'attendre :

— Pourquoi le chasseur pâle veut-il me sauver ? demanda-t-il d'une voix rauque.

— Parce que, répondit Valentin sans hésiter, mon frère est un grand guerrier dans sa nation et qu'il ne faut pas qu'il meure : il est libre.

Et tendant la main au chef, il l'aida à se soutenir et à marcher.

L'Indien le suivit sans résistance, mais sans prononcer une parole.

Arrivés à l'endroit où les chevaux de la tribu étaient parqués, Valentin en choisit un, le sella et l'amena à l'Apache.

Celui-ci, pendant la courte absence du chasseur, était demeuré immobile à la même place.

— Que mon frère monte ! dit-il.

Le guerrier était encore si faible, que Valentin fut contraint de l'aider à se mettre en selle.

— Mon frère pourra-t-il se tenir à cheval ? lui demanda-t-il avec une tendre sollicitude.

— Oui, répondit laconiquement l'Apache.

Le chasseur prit le fusil, l'arc et le carquois de panthère du chef, ainsi que son couteau, qu'il avait apportés avec lui, et les lui présentant :

— Que mon frère reprenne ses armes, lui dit-il doucement ; un grand guerrier comme lui ne doit pas retourner dans sa tribu comme une femme peureuse ; il faut qu'il puisse abattre un daim s'il en rencontre un sur sa route.

L'Indien saisit les armes.

Un tremblement convulsif agita tous ses membres ; la joie l'emporta sur l'impassibilité indienne.

Cet homme, qui avait envisagé sans tressaillir et sans changer de visage une mort horrible, fut vaincu par la noble conduite du Français.

Son cœur de granit s'amollit dans sa poitrine ; une larme, la première sans doute qu'il eût jamais versée, s'échappa de ses yeux brûlés de fièvre et un sanglot étouffé déchira sa poitrine.

— Merci ! dit-il d'une voix brève et entrecoupée, dès que la parole put se faire jour et monter à ses lèvres, merci ! Mon frère est bon, il a un ami.

— Mon frère ne me doit rien, répondit simplement le chasseur, j'agis comme mon cœur et ma religion me l'ordonnent.

L'Indien resta un moment pensif.

Au bout d'un instant, il reprit la parole :

— Oui, murmura-t-il en secouant la tête avec doute, je l'avais entendu dire déjà par le père Séraphin, le chef de la prière des Visages-Pâles, leur Dieu est tout-puissant, il est surtout miséricordieux ; est-ce un bien ?...

— Souvenez-vous, chef, interrompit vivement Valentin, que c'est au nom du père Séraphin, que vous semblez connaître, que je vous sauve la vie.

L'Apache sourit doucement.

— Oui, fit-il, voilà ses paroles : Rends le bien pour le mal.

— Souvenez-vous de ces divins préceptes que je mets en pratique aujourd'hui, s'écria vivement Valentin, ce sont eux qui vous soutiendront dans la douleur.

Le Chat-Noir secoua la tête.

— Non, dit-il, le désert a ses lois qui sont immuables : les Peaux-Rouges sont d'une nature autre que les Visages-Pâles; leur loi, à eux, est une loi de sang, ils ne peuvent la changer. Cette loi dit : « œil pour œil, dent pour dent; » cette maxime vient de leurs pères, ils sont contraints de s'y soumettre et de la suivre; mais les Peaux-Rouges n'oublient jamais ni une injure ni un bienfait. Le Chat-Noir a la mémoire longue.

Il y eut un silence de quelques minutes pendant lequel les deux hommes se considérèrent attentivement.

Enfin l'Apache reprit encore une fois la parole :

— Que mon frère me prête sa gourde, dit-il.

Le chasseur la prit et la lui donna.

L'Apache la porta vivement à ses lèvres et but une gorgée de ce qu'elle contenait, puis il la rendit à Valentin. Se penchant ensuite vers le chasseur, il lui posa les deux mains sur les épaules et l'embrassa sur les lèvres en faisant couler dans la bouche du Français une partie de la liqueur qu'il avait conservée dans la sienne.

Dans les prairies du Far West, cette cérémonie est une espèce de mystérieuse initiation; c'est la plus grande marque d'attachement qu'un homme puisse donner à un autre.

Lorsque deux hommes se sont une fois embrassés ainsi, ils sont désormais l'un à l'autre sans que rien puisse les séparer jamais jusqu'à la mort, contraints de se venir en aide en toutes circonstances sans jamais hésiter.

Valentin le savait.

Aussi, malgré le dégoût qu'il éprouva intérieurement, il ne s'opposa pas à l'action du chef apache.

Il s'y prêta au contraire avec joie, comprenant les avantages immenses qu'il retirerait plus tard de cette alliance indissoluble avec un des plus influents sachems des Apaches, ces alliés du Cèdre-Rouge dont il avait juré de tirer une éclatante vengeance.

— Nous sommes frères, dit le Chat-Noir d'une voix grave. Maintenant, soit de nuit, soit de jour, en quelque lieu du désert que le grand chasseur pâle dirige ses pas, un ami veillera constamment sur lui.

— Nous sommes frères, répondit le chasseur; toujours le Chat-Noir me trouvera prêt à lui venir en aide.

— Je le sais, fit le chef. Adieu, je retourne auprès des guerriers de ma tribu.

— Adieu! dit Valentin.

Et fouettant vigoureusement son cheval, le chef apache s'éloigna à toute bride et disparut bientôt dans les ténèbres.

Valentin écouta pendant quelques instants le bruit retentissant des sabots du cheval sur la terre durcie des sentiers, puis il regagna tout pensif le calli dans lequel Ellen donnait des soins à la Gazelle-Blanche.

## XXVI

### DEUX CŒURS DE FEMMES

Ellen s'était sentie émue de pitié à la vue de cette jeune femme si belle, qui gisait sur le sol de la hutte, et que la vie semblait avoir abandonnée pour toujours.

Ellen éprouvait pour elle, bien qu'elle ne se rappelât pas l'avoir vue antérieurement, une sympathie dont elle ne pouvait se rendre compte et qui l'attirait instinctivement.

Quelle était cette femme? Comment se trouvait-elle, si jeune encore, mêlée à ces scènes de meurtre et affiliée pour ainsi dire à ces hommes fauves de la prairie pour lesquels tout être humain est un ennemi, toute richesse une proie?

D'où provenait l'étrange ascendant qu'elle paraissait exercer sur ces hommes sans foi ni loi qu'elle faisait pleurer comme des enfants?

Toutes ces idées tourbillonnaient dans le cerveau d'Ellen et augmentaient encore, s'il est possible, l'intérêt qu'elle éprouvait pour l'inconnue.

Et pourtant, au fond de son cœur, une crainte vague, un pressentiment indéfinissable, l'avertissaient de prendre garde, que cette femme, douée d'un caractère étrange, d'une beauté fatale, était une ennemie qui détruirait à jamais son bonheur.

Comme Ellen était une âme d'élite pour laquelle les sentiments mauvais n'existaient pas, qu'elle avait pour principe d'obéir en toute occasion aux impulsions de son cœur sans s'occuper des circonstances qui pourraient en résulter plus tard, elle fit taire ce sentiment de révolte qui était en elle et se pencha sur la Gazelle-Blanche.

Avec ce tact exquis, inné chez la femme, elle s'assit à côté de la malade, posa sa tête charmante sur ses genoux, desserra son corsage et lui prodigua tous ces soins empressés dont son sexe seul possède le secret.

Ces deux jeunes filles, ainsi groupées sur le sol raboteux de cette misérable hutte indienne, offraient un aspect ravissant.

Toutes deux délicieusement belles, mais d'une beauté différente, puisque Ellen avait les cheveux du plus beau blond cendré qui se puisse voir, tandis que la Gazelle avait, au contraire, le teint chaud des Espagnoles et les cheveux d'un noir bleuâtre, présentaient le type complet, dans deux races différentes, du beau idéal de la femme, de cet être incompris et incompréhensible pour lui-même comme pour l'homme : ange déchu dans le sein duquel Dieu semble avoir laissé tomber un rayon glorieux de sa divinité, et qui conserve un vague souvenir de l'Éden qu'il nous a fait perdre.

La femme américaine, ce tout si complet, pétrie de grâces agaçantes, de passions volcaniques et furieuses, ange et démon qui aime et hait à la fois, et fait connaître en une seconde à l'homme qu'elle préfère les joies du Paradis et les désespoirs sans nom de l'enfer !

Qui pourra jamais analyser cette nature impossible, dans laquelle les vertus et les vices, bizarrement amalgamés, semblent personnifier les terribles convulsions du sol qu'elle habite et qui l'a créée ?

Longtemps les soins d'Ellen furent infructueux ; la Gazelle restait pâle et froide entre ses bras.

La jeune fille commençait à s'effrayer; elle ne savait plus à quel moyen avoir recours, lorsque l'étrangère fit un léger mouvement, et une faible rougeur colora ses joues. Elle poussa un profond soupir, ses paupières se soulevèrent péniblement; elle jeta autour d'elle un regard étonné et referma presque aussitôt les yeux.

Au bout d'un instant, elle les rouvrit de nouveau, porta la main à son front comme pour dissiper les nuages qui obscurcissaient sa pensée, fixa les yeux sur la personne qui lui donnait des soins, et les sourcils froncés, les lèvres frémissantes, se redressant d'un mouvement brusque, elle se dégagea des bras qui l'enlaçaient, et, bondissant comme une panthère, elle se réfugia dans un des angles de la hutte sans cesser de regarder fixement la jeune Américaine effrayée de ces façons sauvages, et qui ne comprenait rien à ces gestes désordonnés.

Les deux jeunes filles demeurèrent ainsi quelque secondes face à face, se dévorant du regard, sans échanger une parole.

On n'entendait d'autre bruit, dans la hutte, que celui de la respiration haletante des deux femmes.

— Pourquoi me fuyez-vous ? demanda enfin Ellen de sa voix douce et harmonieuse comme un chant d'oiseau. Est-ce que je vous fais peur ? ajouta-t-elle en souriant.

L'Espagnole l'écouta comme si elle n'eût pas saisi le sens des paroles qui lui étaient adressées, et, secouant la tête d'un air mutin, mouvement qui fit se rompre le ruban retenant ses cheveux, dont les épaisses boucles tombèrent en désordre sur ses blanches épaules, qu'elles voilèrent :

— Qui êtes-vous ? demanda-t-elle d'une voix saccadée, avec un accent de menace et de colère.

— Qui je suis ? répondit Ellen d'une voix ferme, dans laquelle perçait un léger accent de reproche, je suis celle qui vient de vous sauver la vie.

— Et qui vous a dit que je voulusse être sauvée ? reprit la jeune fille.

— En le faisant, je n'ai consulté que mon cœur.

— Ah ! oui, je comprends, répondit la Gazelle avec ironie, vous êtes une de ces femmes que dans votre pays on nomme des quakeresses, et qui passent leur vie à prêcher.

Pendant un quart d'heure le massacre fut horrible.

— Je ne suis pas une quakeresse, dit Ellen avec douceur, je suis une femme qui souffre, et que votre malheur touche.
— Oh! oui, s'écria l'Espagnole en se tordant les mains avec désespoir et en fondant en larmes, je souffre tous les tourments de l'enfer.

Ellen la contempla un instant avec compassion, et, marchant vers elle :
— Ne pleurez pas, pauvre enfant, lui dit-elle, se méprenant sur la cause

qui lui faisait verser des larmes, vous êtes en sûreté ici, nul ne vous fera de mal.

L'Espagnole redressa vivement la tête.

— Craindre! dit-elle fièrement; croyez-vous donc que je ne suis pas en état de me défendre si j'étais insultée? Qu'ai-je besoin de votre protection?

Et, saisissant brutalement le bras d'Ellen, elle le secoua vivement en lui disant :

— Qui êtes-vous? que faites-vous ici? Répondez donc!

— Vous, qui étiez avec les bandits qui ont attaqué le village, vous devez me connaître! dit sèchement Ellen.

— Oui, je vous connais, reprit, au bout de quelques secondes, l'Espagnole d'une voix saccadée; vous êtes cette femme que le génie du mal a jetée sur mon passage pour me ravir toutes mes joies et mon bonheur! Ce n'était pas ici que je croyais vous trouver, je suis heureuse de vous y rencontrer; je puis donc enfin vous dire combien je vous hais! ajouta-t-elle en frappant du pied avec colère; oui, je vous hais!

Ellen était intérieurement effrayée de l'exaltation de l'étrangère; elle cherchait en vain à s'expliquer ses paroles incompréhensibles.

— Vous me haïssez? répondit-elle avec bonté. Pour quelle raison? Je ne vous connais pas. Voici la première fois que le hasard nous place en face l'une de l'autre; jusqu'à ce jour, nous n'avons jamais eu, ni de près, ni de loin, aucun rapport ensemble.

— Vous le croyez? reprit l'Espagnole avec un sourire incisif. En effet, ajouta-t-elle, jamais nous n'avons eu aucun rapport ensemble. Vous avez raison, et pourtant je vous connais bien, miss Ellen, fille du squatter, du chasseur de chevelures, du bandit, enfin, nommé le Cèdre-Rouge, et qui osez aimer don Pablo de Zarate, comme si vous n'apparteniez pas à une race maudite! En ai-je oublié? Sont-ce bien là tous vos titres? Voyons, répondez donc! fit-elle en approchant son visage enflammé de colère de celui de la jeune fille et en lui secouant le bras avec force.

— Je suis, en effet, la fille du Cèdre-Rouge, répondit froidement Ellen, mais je ne comprends pas ce que vous voulez dire en me parlant de don Pablo de Zarate.

— Aurais-je menti, par hasard? reprit l'Espagnole avec ironie.

— Et quand cela serait? répondit l'Américaine avec une certaine hauteur, que vous importe? de quel droit m'en demanderiez-vous compte?

— De quel droit? fit l'Espagnole avec violence; mais, s'arrêtant tout à coup et se mordant les lèvres jusqu'au sang, elle se croisa les bras sur la poitrine, et toisant la jeune fille d'un regard chargé du plus écrasant mépris : En effet, dit-elle d'un ton plein de sarcasme, vous, vous êtes un ange de pureté et de douceur; votre existence s'est écoulée au foyer béni de parents honnêtes et respectables qui ont su vous inculquer de bonne heure toutes les vertus qu'ils pratiquent si bien!... Ah! ah! n'est-ce pas ce que vous voulez dire?... Tandis que moi... moi qui suis une femme affiliée à des brigands, moi dont toute la vie s'est passée dans la prairie, moi qui ne comprends rien aux étroites exigences de votre civilisation mesquine, moi qui toujours ai respiré l'air âcre et sauvage de la liberté, de quel droit viendrais-je déranger vos combinaisons de famille et m'interposer dans vos chastes amours, dont les sentimentales et insipides péripéties sont toutes si bien réglées par pieds, pouces et lignes? Vous avez raison, je ne puis, avec mes mœurs sauvages et mon cœur brûlant, venir me jeter en travers de votre amour, et détruire pour un caprice toutes vos combinaisons. Je suis folle, en vérité, ajouta-t-elle, en repoussant rudement la jeune fille.

Elle croisa ses bras sur sa poitrine, s'appuya contre les parois de la hutte et garda le silence.

Ellen la considéra quelques instants, puis elle lui dit d'une voix douce et conciliatrice :

— Je cherche vainement à comprendre vos paroles, madame; mais si elles font allusion à un fait effacé de ma mémoire; si, malgré moi, dans une circonstance que je ne me rappelle pas, je vous ai offensée, vous me voyez prête à vous faire toutes les excuses que vous exigerez. Notre position au milieu de ses Indiens féroces est trop critique pour que je ne cherche pas tous les moyens de resserrer entre nous, seuls représentants de la race blanche parmi eux, les liens d'amitié et de confiance qui seuls peuvent nous rendre forts, nous mettre en état d'échapper aux pièges tendus sous nos pas, et de résister aux attaques qui nous menacent.

Le visage de l'Espagnole avait perdu l'expression haineuse et méchante qui le défigurait. Ses traits s'étaient rassérénés.

Maintenant qu'elle avait réfléchi, elle se repentait des paroles imprudentes qu'elle avait prononcées dans un premier mouvement de colère.

Elle aurait voulu ne pas laisser ainsi son secret arriver à ses lèvres. Cependant, elle espéra qu'il n'était pas encore trop tard pour le ressaisir, et, avec cette astuce qui est innée chez la femme, et qui la rend si redoutable en certaines circonstances, elle chercha à donner le change à sa compagne, et à effacer de son esprit la mauvaise impression que son fol emportement avait dû y laisser.

Aussi ce fut en souriant et de sa voix la plus câline qu'elle répondit à l'Américaine :

— Vous êtes bonne, madame; je ne suis digne, ni des soins que vous avez daigné me donner, ni des douces paroles que vous m'adressez, après ce que j'ai osé vous dire. Mais je suis plus malheureuse que méchante. Pauvre enfant abandonnée, recueillie par les bandits avec lesquels vous m'avez vue, les premiers sons qui ont frappé mon oreille ont été des cris de mort, les premières lueurs qui ont brillé à mes yeux ont été les flammes des incendies. Ma vie s'est écoulée dans le désert, loin de ces villes où, dit-on, on apprend à devenir meilleur. Je suis une enfant volontaire et mutine; mais croyez-le, madame, mon cœur est bon : je sais apprécier un bienfait et m'en souvenir. Hélas! une jeune fille dans ma position est plus à plaindre qu'à blâmer.

— Pauvre enfant! répondit Ellen attendrie malgré elle, si jeune et déjà si malheureuse!

— Oh! oui, bien malheureuse, reprit l'Espagnole. Jamais je n'ai connu la douceur des caresses d'une mère, et la seule famille que j'aie jamais eue se composé des brigands qu'accompagnaient les Indiens apaches qui vous ont attaqués.

Les deux jeunes filles s'étaient assises côte à côte, les bras entrelacés et la tête sur l'épaule, comme deux colombes timides. Elles causèrent longtemps, se racontant leur vie. Ellen, avec cette candeur et cette franchise qui faisait le fond de son caractère, laissait surprendre un à un à l'étrange créature qui avait fini par la séduire complètement tous ces délicieux secrets de vingt ans qui font trouver la vie si belle, ne s'apercevant pas que la femme dangereuse qui la tenait sous le charme de ses câlineries irrésistibles l'excitait continuellement à la confiance, tout en restant vis-à-vis d'elle dans la plus grande réserve.

Les heures passèrent ainsi avec rapidité. La nuit s'écoula presque entière dans ces confidences, qui ne cessèrent que lorsque le sommeil, qui ne perd jamais ses droits sur les natures jeunes et vivaces, vint clore les paupières appesanties de l'Américaine.

L'Espagnole ne dormait pas, elle.

Lorsque la tête de la jeune fille, vaincue par le sommeil, tomba souriante sur son sein, elle la souleva avec précaution et la posa délicatement sur les peaux et les fourrures disposées pour servir de lit; puis, à la lueur tremblotante et incertaine de la torche de bois de pin fichée en terre qui éclairait la hutte, elle dévora des yeux, longtemps et attentivement, la fille du squatter.

Son visage avait perdu son masque placide, pour prendre une expression de haine dont on aurait cru d'aussi jolis traits incapables; les sourcils froncés, les dents serrées et les joues pâlies, debout devant la jeune fille, on l'aurait prise pour le génie du mal se préparant à s'emparer de la victime qu'il tient fascinée et haletante sous son regard mortel.

— Oui, dit-elle d'une voix sourde, elle est belle, cette femme, elle a tout ce qu'il faut pour être aimée d'un homme ! Elle m'a dit vrai ; il l'aime !... Et moi, ajouta-t-elle avec un mouvement de rage, pourquoi ne m'aime-t-il pas ? Je suis belle aussi, plus belle qu'elle peut-être ! Comment se fait-il que vingt fois il s'est trouvé près de moi sans que jamais son cœur ait tressailli au feu qui jaillissait de mes yeux à son approche ? D'où vient que jamais il ne m'a remarquée, que toutes mes avances pour me faire aimer de lui sont restées vaines, et que jamais il n'a songé qu'à cette femme qui dort là, qui est en mon pouvoir et que je pourrais tuer si je le voulais ?

En prononçant ces mots, elle avait sorti de sa ceinture un mignon stylet, à la lame effilée comme la langue d'un cascabel.

— Non ! ajouta-t-elle après un instant de réflexion, non ! ce n'est pas ainsi qu'elle doit mourir; elle ne souffrirait pas assez ! Oh ! non ! je veux qu'elle endure toutes les souffrances qui me déchirent. Je veux que la jalousie lui torde le cœur, comme elle me le tord depuis si longtemps ! *Voto á Dios !* je me vengerai comme une Espagnole doit le faire ! Eh bien ! s'il me méprise, s'il ne veut pas m'aimer, nulle de nous ne l'aura. Toutes deux nous souffrirons; ses douleurs me consoleront des miennes. Oh ! oh ! dit-elle en ricanant et en marchant à grands pas autour de la jeune fille endormie, avec ce mouvement saccadé de bêtes fauves, blonde fille au teint de lis, tes joues, couvertes de l'incarnat velouté de la pêche, seront avant peu aussi pâles que les miennes, et tes yeux, rouges de fièvre, ne trouveront plus de larmes!

Elle se pencha sur la jeune femme, écouta attentivement le bruit régulier de sa respiration, et, certaine qu'elle était plongée dans un profond sommeil, elle se dirigea tout doucement du côté du rideau de la hutte, le souleva avec précaution, et, après avoir lancé un regard autour d'elle dans l'obscurité, rassurée par le calme et le silence qui l'environnaient, elle passa par-dessus le corps de Curumilla, couché en travers de l'entrée, et s'éloigna à pas précipités, mais si légers, que l'oreille la plus exercée n'aurait pu en percevoir le bruit.

Le guerrier indien s'était donné la tâche de veiller les deux femmes.

La danse du scalp terminée, il était revenu s'installer au poste qu'il avait choisi lui-même, et, malgré les observations de Valentin et de don Pablo, qui l'avaient vainement assuré que les deux femmes étaient en sûreté et qu'il était inutile qu'il restât là, rien n'avait pu le faire renoncer à sa résolution.

Secouant flegmatiquement la tête aux observations de ses amis, il s'était, sans répondre, dépouillé de sa robe de bison; il l'avait étendue sur le sol et s'était couché dessus en leur souhaitant le bonsoir d'un geste bref, mais péremptoire.

Ceux-ci voyant la résolution immuable de l'Araucan en avaient philosophiquement pris leur parti et s'étaient éloignés en haussant les épaules.

Curumilla ne dormait pas.

Aucun des mouvements de la jeune Espagnole ne lui avait échappé; à peine avait-elle fait dix pas qu'il était sur ses traces, la surveillant avec soin.

Pourquoi faisait-il cela? Il l'ignorait lui-même.

Un secret pressentiment l'avertissait de suivre l'étrangère et de tâcher de savoir pour quelle raison, au lieu de dormir, elle parcourait si tard ce camp dans lequel elle était prisonnière, où par conséquent elle s'exposait à heurter à chaque pas un ennemi qui l'aurait tuée avec une joie féroce.

Il fallait que la raison qui lui faisait braver un danger si imminent fût bien forte: c'est cette raison que le guerrier indien voulait connaître.

La jeune fille avait peine à se diriger dans ce dédale inextricable de huttes et de tentes, contre lesquelles elle donnait à tout instant.

La nuit était sombre; la lune, cachée sous d'épais nuages noirs, ne montrait qu'à de longs intervalles son disque sans clarté; aucune étoile ne brillait au ciel.

Parfois la jeune fille s'arrêtait dans sa course, tendant la tête pour écouter un bruit suspect, ou bien elle revenait brusquement sur ses pas, tournant dans le même cercle sans jamais s'éloigner beaucoup de la hutte où reposait Ellen.

Il était évident pour Curumilla que la prisonnière cherchait, sans pouvoir la rencontrer, une tente qui renfermait une personne à laquelle elle voulait parler.

Enfin, desespérant sans doute de réussir dans cette recherche où nul fil ne la guidait, la jeune fille s'arrêta et imita à deux reprises le hurlement saccadé des coyotes blancs du Far West.

Ce signal, car c'en était un évidemment, réussit mieux qu'elle ne l'espérait. Deux hurlements semblables, partis de deux points diamétralement opposés, lui répondirent presque aussitôt.

La jeune fille hésita une seconde; une nuance de contrariété assombrit son visage; mais, se remettant immédiatement, elle répéta le signal.

Deux hommes parurent en même temps à ses côtés.

L'un, qui paraissait surgir de terre, était le Cèdre-Rouge, le second était Pedro Sandoval.

— Dieu soit loué! dit l'Espagnol en serrant les mains de la jeune fille, vous êtes sauvée, niña, je ne crains plus rien alors! *Canario!* vous pouvez vous flatter de m'avoir fait une belle peur!

— Me voici, dit le Cèdre-Rouge, puis-je vous être bon à quelque chose? Nous sommes à deux pas d'ici, embusqués avec deux cents Apaches; parlez, que faut-il faire?

— Rien, quant à présent, dit la Gazelle en répondant aux serrements de mains de ses amis. Après notre mauvaise réussite de ce soir, toute tentative serait prématurée et échouerait. Au point du jour, d'après ce que j'ai entendu dire, les Comanches se mettront en marche pour prendre votre piste. Ne perdez pas de vue leur détachement de guerre; il est possible que sur la route j'aie besoin de votre aide, mais d'ici là ne vous montrez pas; agissez avec la plus grande prudence et tâchez, surtout, que vos mouvements soient ignorés de vos ennemis.

— Vous n'avez pas d'autre recommandation à me faire?

— Pas d'autre; ainsi retirez-vous : les Indiens ne tarderont pas à s'éveiller; il ne ferait pas bon pour vous s'ils vous surprenaient.

— J'obéis.

— Surtout, faites ce que je vous ai dit.

— C'est convenu, dit encore le Cèdre-Rouge.

Il glissa dans l'ombre et disparut au milieu des huttes.

Curumilla eut la velléité de le suivre et de le tuer dans sa fuite; mais, après une courte hésitation, il le laissa s'échapper.

— A vous, continua la Gazelle en s'adressant à Sandoval, j'ai un service à vous demander.

— Un service, niña, dites un ordre à me donner; ne savez-vous pas que je suis heureux de vous complaire en tout?

— Je le sais, et je vous en suis reconnaissante, Pedro; mais cette fois, ce que j'ai à vous demander est tellement important, c'est une chose si sérieuse, que, malgré moi, j'hésite à vous dire ce que j'attends de vous.

— Parlez sans crainte, mon enfant, et quoi que ce soit, je vous jure que je l'accomplirai.

— S'il s'agissait de la vie d'un homme? dit-elle avec un regard clair et fixe comme celui d'une bête fauve.

— Tant pis pour lui, je le tuerais!

— Sans hésiter?

— Sans hésiter. Quelqu'un vous aurait-il insultée, mon enfant? montrez-le-moi alors, afin que vous soyez plus tôt vengée.

— Ce que je vous demande est pis que de tuer un homme.
— Je ne vous comprends pas.
— Je veux, vous entendez bien, n'est-ce pas, mon bon Pedro ? je veux que, sur le chemin, nous nous échappions.
— S'il n'y a que cela, c'est facile.
— Peut-être ! mais ce n'est pas tout.
— J'écoute.
— Il faut qu'en nous échappant vous enleviez et vous emmeniez avec nous la jeune fille à laquelle vous m'avez confiée ce soir.
— Que diable en voulez-vous faire ? s'écria le pirate, abasourdi de cette proposition singulière, à laquelle il était loin de s'attendre.
— Cela me regarde, répondit rudement la Gazelle.
— Certainement, cependant il me semble...
— Au fait, pourquoi ne vous le dirais-je pas? Il existe, n'est-ce pas, dans une contrée assez éloignée de celle-ci, une peuplade sauvage et féroce que l'on nomme les Sioux?
— Oui, et ce sont de mauvais garnements, je vous assure, niña; mais je ne saisis pas bien quel rapport...
— Vous allez le voir, interrompit-elle brusquement : je veux que cette femme, que vous enlèverez demain, soit livrée, comme esclave, aux Sioux.
Cette proposition était si monstrueuse, que Pedro Sandoval ne put s'empêcher de jeter un regard de stupeur sur l'Espagnole.
— M'avez-vous entendue? reprit-elle.
— Oui, reprit le pirate, mais je préfère la tuer. Ce sera plus tôt fait, et la pauvre enfant souffrira moins.
— Ah! vous la plaignez ! fit-elle avec un rire de démon ; le sort que je lui réserve est donc bien atroce? Eh bien! voilà justement ce que je veux ; il faut qu'elle vive et qu'elle souffre longtemps.
— Cette femme vous a donc bien grièvement offensée?
— Plus que je ne le puis dire !
— Réfléchissez à l'horrible supplice auquel vous la condamnez.
— Toutes mes réflexions sont faites, reprit la jeune fille d'une voix incisive, je le veux !
Le pirate courba silencieusement la tête.
— M'obéirez-vous ? dit-elle.
— Il le faudra bien ; est-ce que je ne suis pas votre esclave ?
Elle sourit avec orgueil.
— Prenez garde, niña ! j'ignore ce qui s'est passé entre cette jeune fille et vous, mais je sais, moi, que la vengeance produit souvent des fruits bien amers. Peut-être vous repentirez-vous un jour de ce que vous faites aujourd'hui !
— Qu'importe! je serai vengée ! Cette pensée me rendra forte et me donnera le courage de souffrir !
— Ainsi, vous êtes bien résolue !
— Irrévocablement.

— J'obéirai.
— Merci, mon bon père, dit-elle avec effusion, merci de ton dévouement.
— Ne me remerciez pas, répondit tristement le pirate, peut-être me maudirez-vous un jour.
— Oh! jamais!
— Dieu le veuille!
Sur ces dernières paroles, les deux complices se séparèrent.
Pedro rentra dans la tente qui lui avait été assignée; la Gazelle rejoignit Ellen qui dormait toujours de son tranquille sommeil, en souriant aux songes heureux qui la berçaient.
Curumilla était couché à l'entrée de la tente.


## XXVII

#### SCHAW

Nous avons dit que doña Clara avait disparu.
Au moment où la lutte était la plus acharnée, Valentin, saisissant doña Clara dans ses bras, s'était élancé du rebord de la hutte, d'où jusqu'alors il avait combattu, avait confié la jeune fille à Schaw, et s'était rejeté dans la mêlée, à la tête des Comanches, qui, revenus de la terreur causée par l'attaque imprévue de leurs implacables ennemis les Apaches, s'étaient peu à peu ralliés à la voix toute-puissante de leur chef, Pethonista.
— Veille sur elle, avait dit Valentin au fils du Cèdre-Rouge, veille sur elle et, quoi qu'il arrive, sauve-la!
Schaw saisit la jeune fille dans ses bras robustes, la jeta sur ses épaules, et l'œil étincelant, les lèvres frémissantes, brandissant de la main droite sa hache, cette terrible arme des squatters, qu'il n'abandonnait jamais, il se précipita, tête baissée, au milieu des Apaches, résolu à se faire tuer ou à rompre la barrière humaine qui se dressait menaçante devant lui.
Alors, tel que le sanglier acculé dans son fort, il poussa tout droit devant lui, brisant et renversant sans pitié tout ce qui, homme, femme ou enfant, semblait s'opposer à son passage.
Catapulte vivante, il s'avançait pas à pas sur un monceau de cadavres, baissant incessamment sa hache, qu'il relevait ruisselante de sang.
Il n'avait plus qu'une pensée, une seule : sauver doña Clara ou mourir!
En vain les Apaches se pressaient de toutes parts autour de lui, faucheur implacable, bûcheron fatal, il les abattait comme des épis mûrs; riant de ce rire sec et strident, contraction nerveuse qui saisit l'homme arrivé au paroxysme de la rage ou du délire.
En effet, en cet instant suprême, Schaw n'était plus un homme, c'était un démon.

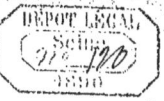

Lorsque le camp fut plongé dans le silence, Valentin se dirigea avec précaution où gisait attaché le guerrier apache.

Piétinant les corps palpitants qui roulaient en râlant sous les coups terribles de sa hache, sentant sur son épaule frémir le corps délicat de celle pour le salut de laquelle il combattait, il luttait, luttait toujours, sans s'arrêter dans cette tâche impossible, mais résolu à trouer, quand même, ce mur humain sans cesse renaissant devant lui.

Schaw était un homme d'un courage éprouvé, habitué de longue main aux combats, sans pitié contre les Peaux-Rouges. Mais seul, dans cette nuit, éclairée seulement par les reflets sanglants de l'incendie, entouré d'ennemis implacables, cerné comme dans un cercle fatal, il sentait malgré lui la peur l'envahir ! Il respirait avec effort, ses dents étaient serrées, une sueur glacée inondait son corps, et il fut sur le point de se laisser choir.

Tomber, c'était mourir !

Il aurait immédiatement disparu, sous l'implacable avalanche d'Indiens féroces qui hurlaient autour de lui.

Ce découragement n'eut que la durée d'un éclair. Le jeune homme, soutenu par l'espoir, si ancré dans le cœur de l'homme, et, disons-le, par son amour pour doña Clara, se prépara à continuer, quand même, cette lutte inégale.

Bondissant comme un jaguar, il se rejeta dans la mêlée.

Cette lutte d'un homme seul contre une foule d'ennemis avait je ne sais quoi de grandiose et de poignant !

Schaw, comme dans un cauchemar horrible, se débattait en vain contre des nuées d'assaillants sans cesse renaissants. En lui, tout sentiment intime du *moi* s'était évanoui, il ne pensait plus ; sa vie, pour ainsi dire, était devenue toute physique, ses mouvements étaient automatiques, et son bras se levait et se baissait avec la rigide régularité d'un balancier.

Il était parvenu, sans savoir comment, à franchir l'enceinte fortifiée du village ; à quelques pas de lui seulement, le Rio-Gila coulait silencieusement et lui apparaissait, aux rayons de la lune, comme un immense ruban d'argent.

S'il pouvait arriver au fleuve il était sauvé !

Mais il est une limite que les forces humaines, quelque grandes qu'elles soient, ne peuvent dépasser.

Schaw comprit que cette limite il venait de l'atteindre.

Il jeta un regard égaré autour de lui ; [de toutes parts les Apaches l'enveloppaient.

Il poussa un soupir, car il pensa qu'il allait mourir !

Alors, à cette seconde solennelle où tout allait lui faillir, un cri suprême s'élança de sa poitrine.

Cri d'agonie et de désespoir, d'une expression terrifiante, et qui fut répercuté au loin par les échos, dominant pour un instant tous les bruits du combat ; cri, dernière protestation de l'homme fort qui s'avoue enfin vaincu par la fatalité, et qui, avant de tomber, appelle son semblable à son secours ou implore l'aide de Dieu.

Il cria !

Un cri répondit au sien !

Schaw, étonné, n'osant compter sur un miracle, ses amis trop éloignés de lui et trop occupés d'eux-mêmes ne pouvant lui venir en aide, se crut sous l'impression d'un rêve ou d'une hallucination ; pourtant, rassemblant toute sa voix dans sa poitrine, sentant se rallumer l'espérance dans son âme, il jeta un second cri plus éclatant, plus vibrant que le premier.

— Courage ! «

Cette fois ce n'était pas l'écho qui lui répondait :

— Courage !

Ce seul mot arriva sur l'aile du vent, faible comme un soupir, et, malgré les horribles clameurs des Apaches, fut distinctement entendu du jeune homme !

C'est que, dans ces minutes de délire où l'homme est réduit aux abois, les sens acquièrent une perfection dont lui-même ne saurait se rendre compte.

Semblable au géant Antée, Schaw se redressant, semble reprendre des forces et renaître à la vie qui lui échappait déjà.

Il redoubla ses coups contre ses innombrables ennemis, et parvint enfin à rompre la barrière qu'ils lui opposaient.

Plusieurs chevaux apparurent galopant dans la plaine, des coups de feu illuminèrent les ténèbres de leur lueur passagère, et des hommes ou plutôt des démons se ruèrent à l'improviste au milieu des Apaches qui revenaient à la charge, et en firent un carnage horrible.

Les Peaux-Rouges, surpris par cette attaque subite, se précipitèrent vers le village en poussant des hurlements de frayeur.

Leur proie leur échappait !

Schaw avait lutté ferme et debout comme un roc jusqu'au dernier moment; lorsque ses ennemis eurent disparu, il s'affaisa sur lui-même et roula sur le sol.

Il était évanoui.

Combien de temps resta-t-il sans connaissance ?

Il n'aurait pu le dire.

Lorsqu'il reprit ses sens, il faisait nuit. Il crut d'abord que quelques heures seulement s'étaient écoulées depuis la lutte terrible qu'il avait soutenue.

Il jeta autour de lui un regard interrogateur.

Il était couché auprès d'un feu dans le centre d'une clairière.

Doña Clara était étendue à peu de distance de lui, faible et pâle comme un spectre.

Schaw poussa un cri de surprise et d'effroi en reconnaissant les hommes qui l'entouraient, et qui, probablement avaient répondu à son appel suprême et l'avaient sauvé.

Ces hommes étaient ses deux frères, Nathan et Sutter, Fray Ambrosio, Andrès Garote et une dizaine de gambusinos.

Par quel étrange hasard se trouvait-il réuni à ses compagnons qu'en ce moment il avait tant d'intérêt à fuir ?

Quel mauvais sort les avait jetés sur son passage ?

Le jeune homme laissa tomber sa tête sur sa poitrine, et se plongea dans une triste et sombre rêverie.

Du reste, ses compagnons, couchés ainsi que lui autour du feu, gardaient le plus obstiné silence et ne semblaient nullement pressés de l'interroger.

Nous profiterons du moment de répit laissé à Schaw par ses compagnons pour expliquer ce qui s'était passé dans l'île depuis que nous avons laissé la troupe du squatter poursuivre doña Clara, Ellen et les deux chasseurs canadiens.

Jusqu'au lever du soleil, nul dans le camp ne s'aperçut de la fuite des jeunes filles.

A l'heure du déjeuner, Nathan et Sutter, étonnés de ne pas voir paraître leur sœur, se hasardèrent à entrer dans la cabane en feuillage qui servait d'abri aux deux femmes.

Là tout leur fut expliqué.

Il retournèrent furieux près de Fray Ambrosio lui annoncer ce qu'ils avaient découvert.

Le moine compléta la nouvelle qu'ils lui donnaient en leur annonçant à son tour la fuite de Plume-d'Aigle, et celle de Dic et Harry, les deux chasseurs canadiens.

La fureur de deux frères n'eut plus de bornes.

Ils voulaient immédiatement lever le camp et se mettre à la poursuite des fugitifs.

Fray Ambrosio et son digne ami Garote eurent une peine infinie à leur faire comprendre que cela n'aboutirait à rien ; que les chasseurs avaient une avance considérable ; que, de plus, ils avaient pour guide un Indien parfaitement au courant de la topographie du pays, qui en connaissait à fond tous les repaires et qu'il y aurait folie à supposer que ceux qui s'étaient échappés n'avaient pas combiné leur fuite de façon à déjouer toutes les tentatives que l'on ferait pour s'emparer d'eux.

Une autre raison plus forte les obligeait à rester dans l'île, raison péremptoire, à laquelle les fils du squatter furent obligés de se rendre : c'est qu'en partant le Cèdre-Rouge avait ordonné que, sous aucun prétexte, on ne s'éloignât du poste qu'il avait choisi ; qu'il avait donné là rendez-vous à sa troupe, et que, s'il elle le quittait, il lui serait impossible de la rejoindre, puisqu'il ignorerait de quel côté elle se serait dirigée.

Les jeunes gens furent forcés de convenir que Fray Ambrosio avait raison ; mais, pour l'acquit de leur conscience, ils se mirent à la tête de quelques hommes résolus, traversèrent la rivière et battirent tous les environs.

Il va sans dire qu'ils ne trouvèrent rien.

A une lieue au plus des rives du Gila, les traces se perdaient pour ne plus reparaître.

Les jeunes gens étaient désespérés. Fray Ambrosio, au contraire, était ravi. Il n'avait qu'un désir, c'était de voir la troupe débarrassée de doña Clara, qui, à son avis, entravait ses mouvements et l'empêchait de marcher avec la célérité que les circonstances exigeaient ; et voilà qu'au lieu d'une femme, deux étaient parties !

Le digne moine ne se tenait plus de joie ; il écoutait d'un air narquois, avec des consolations banales, les avis et les plaintes de ses compagnons sur cette fuite extraordinaire ; mais au fond du cœur il était ravi.

Cependant, comme il n'existe pas dans ce monde de bonheur parfait, qu'il faut toujours que l'absinthe se mêle au miel, un incident imprévu vint tout à coup troubler la béatitude dont jouissait Fray Ambrosio au moment où il y pensait le moins.

En partant, le Cèdre-Rouge, tout en cachant le but de son voyage, avait laissé entrevoir à ses compagnons qu'il leur amènerait des auxiliaires : de plus, il leur avait annoncé que son excursion ne durerait que trois ou quatre jours au plus.

Dans le désert, surtout dans le Far West, il n'existe aucune route tracée ; les voyageurs sont obligés, la plupart du temps, de marcher la hache à la main et de s'ouvrir passage de vive force. Les gambusinos savaient cela par expérience ; aussi ne furent-ils pas étonnés de ne pas voir revenir le Cèdre-Rouge à l'époque que lui-même avait fixée.

Ils patientèrent, et comme les vivres commençaient à leur manquer, ils se dispersèrent de chaque côté de la rivière et organisèrent une grande chasse, afin de renouveler leurs provisions.

Mais les jours s'écoulèrent sans que le Cèdre-Rouge revînt ; un mois s'était passé déjà sans qu'aucune nouvelle et aucun indice vinssent apprendre aux gambusinos s'il reparaîtrait bientôt.

Après ce premier mois, quinze jours s'écoulèrent encore sans apporter de changement dans la position occupée par les chercheurs d'or.

Peu à peu le découragement se mit dans la troupe ; bientôt, sans que l'on sût comment, les nouvelles les plus sinistres circulèrent, d'abord à voix basse, puis, enfin, l'on arriva à acquérir la quasi-certitude que le squatter, surpris dans une embuscade par les Peaux-Rouges, avait été massacré et que, par conséquent, comme il était mort, il était inutile de l'attendre plus longtemps.

Ces bruits, auxquels dans le principe Fray Ambrosio attacha peu d'importance, devinrent bientôt tellement forts que malgré lui il s'en inquiéta et chercha à les dissiper ; mais cela était difficile, pour ne pas dire impossible. Fray Ambrosio, pas plus que les autres, ne savait rien sur le compte du Cèdre-Rouge ; son appréhension était au moins aussi grande que celle de ses compagnons, et, quoi qu'il fît, il fut forcé de convenir qu'il n'avait aucune bonne raison à leur donner et qu'il ignorait complètement le sort de leur chef commun.

Un matin, les gambusinos, au lieu de partir pour la chasse comme ils le faisaient chaque jour, se réunirent en tumulte devant la hutte en feuillage qui servait de quartier général au moine et aux deux fils du squatter, et ils leur signifièrent nettement qu'ils avaient attendu assez longtemps le Cèdre-Rouge ; que puisque depuis deux mois il n'avait pas donné de ses nouvelles, c'est qu'il était mort ; que conséquemment l'expédition était manquée et que, comme ils ne se souciaient nullement de tomber, un jour ou l'autre entre les mains de leurs ennemis les Peaux-Rouges, ils allaient immédiatement reprendre le chemin de Santa-Fé.

Fray Ambrosio eut beau leur faire observer qu'en supposant que le Cèdre-Rouge fût mort, ce qui n'était pas prouvé, bien que ce fût un malheur, pour cela l'expédition n'était pas manquée, puisque lui seul avait le secret du placer et qu'il se faisait fort de les y conduire.

Les gambusinos, qui n'avaient aucune confiance dans ses talents comme guide, et surtout dans son courage comme partisan, ne voulurent rien entendre, et, quoi qu'il pût faire pour les retenir, ils montèrent à cheval et s'éloignèrent.

De l'île, où il était resté avec les fils du Cèdre-Rouge, Andrès Garote et cinq ou six hommes qui seuls lui étaient demeurés fidèles, Fray Ambrosio les vit aborder en terre ferme, piquer des deux et s'enfoncer dans les hautes herbes, où bientôt ils disparurent.

Le moine se laissa tomber sur le sol avec accablement; il voyait détruits sans retour ses projets de fortune, projets qu'il caressait depuis si longtemps et qui étaient anéantis au moment même où il croyait les voir se réaliser.

Tout autre homme que Fray Ambrosio, après un tel désastre, se serait abandonné au désespoir; mais cet homme était doué d'une de ces natures énergiques que les difficultés ne font qu'exciter au lieu de les abattre, et, au lieu de renoncer à ses projets, il résolut de les poursuivre coûte que coûte.

Prenant carrément le commandement que Sutter et Nathan dédaignèrent de lui disputer, il résolut, puisque le Cèdre-Rouge ne revenait pas, de se mettre à sa recherche et de quitter l'île au plus tôt.

Une heure plus tard, la petite troupe se mettait en marche.

Par une coïncidence extraordinaire, ils s'étaient justement mis en route le jour où les Apaches se dirigeaient vers le village des Comanches, et, comme lorsque le hasard s'en mêle il ne fait rien à demi, il les conduisit aux environs du village, au moment où se livrait le combat acharné que nous avons décrit dans les précédents chapitres.

Leur instinct d'oiseaux de proie les engagea à se rapprocher du village, à la faveur des ténèbres, dans le but, fort lucratif pour eux, de récolter quelques chevelures indiennes.

Ce fut alors que les gambusinos entendirent le cri d'appel de Schaw, cri d'appel auquel ils répondirent en accourant à toute bride.

Ils s'élancèrent résolument dans la mêlée, enlevèrent le jeune homme et le précieux fardeau qu'il n'avait pas lâché; puis, après avoir égorgé quelques Indiens qu'ils scalpèrent consciencieusement, comme ils jugèrent qu'il n'était pas prudent pour eux de s'aventurer trop loin, ils repartirent aussi vite qu'ils étaient venus, et gagnèrent une forêt dans laquelle ils s'embusquèrent, se réservant de demander à Schaw, dès qu'il serait en état de leur répondre, comment il se faisait qu'il se trouvait à l'entrée de ce village, tenant doña Clara dans ses bras et combattant seul contre une nuée d'Indiens.

Le jeune homme était resté la journée tout entière sans connaissance. Bien que les blessures qu'il avait reçues ne fussent pas dangereuses, la grande quantité de sang qu'il avait perdue et les efforts extraordinaires qu'il avait été obligé de faire l'avaient plongé dans un état de prostration telle, que plusieurs heures s'écoulèrent encore, après qu'il fut revenu à lui, avant qu'il parût avoir remis assez d'ordre dans ses idées pour pouvoir rendre compte des événements qui s'étaient passés devant lui et dans lesquels il avait joué un rôle si important.

Fray Ambrosio fut donc d'avis de lui laisser le temps de bien rappeler ses souvenirs avant de commencer son interrogatoire; voilà d'où provenait l'indifférence affectée des gambusinos à son égard, indifférence dont il profitait pour chercher, dans son esprit, les moyens de leur fausser compagnie en leur enlevant une seconde fois doña Clara, si fatalement retombée entre leurs mains,

## XXVIII

### DÉPART.

Le lendemain de la bataille, aux premiers rayons du soleil, tout était en rumeur dans le village des Comanches.

Les crieurs ou *hachestos*, montés sur des amas de décombres, convoquaient les guerriers qui arrivaient les uns après les autres, encore fatigués des danses et des combats de la nuit.

Les sifflets de guerre, les conques, les tambours, les chichikoués faisaient un tapage infernal ; aussi bientôt toute la population fut-elle réunie.

L'Unicorne était un chef doué d'une grande prudence.

Sur le point d'entreprendre une expédition qui pouvait longtemps le retenir loin des siens, il ne voulait pas laisser exposés sans défense à une attaque semblable à celle de la veille les femmes et les enfants de sa tribu.

Comme la saison était avancée, il avait résolu d'abandonner définitivement le village et d'escorter ceux qui n'étaient pas désignés pour l'accompagner, jusqu'au village d'hiver de la nation, situé dans les profondeurs d'une forêt vierge peu éloignée, dans une position inexpugnable.

L'aspect qu'offrait le village était des plus pittoresques.

Les guerriers, peints et armés en guerre, formaient deux détachements de cent hommes d'infanterie massés sur la place, ayant sur les flancs deux pelotons de cavalerie de vingt-cinq hommes chacun.

Entre les deux détachements, les femmes, les enfants et les vieillards venaient se placer avec leurs chiens attelés aux *travails*, chargés de tous les ustensiles précieux, tels que meubles, fourrures, etc.

L'Unicorne, au milieu de son état-major, composé des chefs secondaires de la tribu, tenait en main le *totem*, et donnait ses ordres d'un mot ou d'un geste, ordres immédiatement exécutés avec une intelligence et une célérité qui auraient fait honneur à une nation plus civilisée.

Valentin se trouvait aussi sur la place avec ses compagnons et ses prisonniers.

Les deux jeunes filles, calmes et souriantes, étaient côte à côte, causant entre elles, tandis que Curumilla tenait la tête basse et les sourcils froncés.

Le Blood's Son s'était éloigné avec sa troupe, dès le point du jour, pour aller à son tour tâcher de surprendre le village des Apaches, situé à peu de distance.

Chose étrange, ce fut avec un sentiment de plaisir indicible que les chasseurs et les Mexicains virent s'éloigner cet homme qui, cependant, venait de leur rendre un immense service.

Certes, il leur eût été impossible d'expliquer d'où provenait ce sentiment qu'ils éprouvaient tous !

Cependant, lorsqu'il ne fut plus au milieu d'eux, leur poitrine se dilata, ils respirèrent plus à l'aise, enfin il leur sembla qu'un poids immense, qui pesait sur eux, leur était tout à coup enlevé.

Et pourtant, nous le répétons, les chasseurs et les Mexicains n'avaient eu qu'à se louer des procédés de cet homme.

D'où provenait cette répulsion instinctive qu'il leur inspirait?

C'est que le Blood's Son avait en lui quelque chose qui faisait éprouver à ceux que le hasard jetait sur son passage une espèce de dégoût mêlé de crainte.

Une grande rumeur s'éleva soudain sur la place, et deux ou trois Indiens accoururent parler au chef.

L'Unicorne poussa une exclamation de colère et feignit le plus grand désappointement.

— Que se passe-t-il donc, chef? demanda Valentin de l'air le plus indifférent qu'il put prendre.

— Notre plus important prisonnier apache, répondit l'Unicorne, a trouvé, je ne sais comment, le moyen de s'évader.

— C'est un malheur! repartit Valentin, cependant peut-être n'est-il pas irréparable.

— Comment cela?

— Qui sait? Peut-être ne s'est-il échappé que depuis peu de temps; si vous envoyiez des coureurs dans toutes les directions, il serait possible qu'on le rattrapât. Du reste, si cette mesure ne produisait pas le but que vous en attendez, ajouta-t-il en jetant à la jeune Espagnole un regard froid et sévère qui la fit tressaillir, elle servirait du moins à nous apprendre ce que sont devenus nos ennemis apaches, et s'ils n'ont pas laissé autour du village des espions chargés de surveiller nos mouvements.

La sachem sourit à cette proposition; il fit un geste, une dizaine de cavaliers s'élancèrent au galop dans la plaine.

En attendant le retour des éclaireurs, on se hâta de faire les derniers préparatifs de départ.

Après avoir surpris la conversation de l'Espagnole et des pirates, Curumilla avait rapporté à Valentin ce qu'il avait entendu.

Celui-ci l'avait remercié, tout en lui recommandant de se borner à surveiller les mouvements de la Gazelle-Blanche et de Pedro Sandoval.

Le conseil que Valentin avait donné au chef, conseil que celui-ci avait suivi avec empressement, avait pour but de démasquer les Apaches, de les obliger à se retirer, et d'ôter par là au pirate le secours sur lequel il comptait pour exécuter l'enlèvement projeté.

En effet, les Apaches, en voyant leurs ennemis se répandre de tous les côtés dans la plaine, ne connaissant pas leurs intentions, mais craignant d'être surpris par eux, se replièrent en arrière, et cela si brusquement, que les éclaireurs, après une course de deux heures, revinrent au village sans avoir rien découvert.

Sur le rapport qu'ils firent que tout était tranquille aux environs et que la route était parfaitement libre, l'Unicorne donna le signal du départ.

Certaine qu'elle était plongée dans un profond sommeil, elle se dirigea tout doucement du
côté du rideau de la hutte.

Alors l'immense caravane s'ébranla lentement et quitta le village au bruit
de tous les instruments de musique qui se mêlaient aux cris discordants des
guerriers et aux hurlements des chiens.

Valentin, pour plus de sûreté, avait placé les deux femmes en tête du
convoi, dans le groupe de cavaliers formé par les chefs subalternes de la
tribu.

La journée s'était ouverte avec un ciel pur et un soleil brillant; l'atmosphère, embaumée par les senteurs âcres des rives du Rio-Gila et les émanations des fleurs de la plaine, dilatait agréablement les poumons et causait aux voyageurs un bien-être indéfinissable.

La caravane se déroulait comme un immense serpent dans la prairie, s'avançant en bon ordre au milieu d'un pays enchanteur.

Les voyageurs traversaient en ce moment l'endroit nommé les *Mauvaises terres*, continuation de la côte Noire, que le Gila coupe dans ses environs.

La prairie s'étendait le long de la rivière, montait ensuite ondulée vers les montagnes, et était couverte de blocs de grès jaunes-bruns, offrant des couches diverses.

Tout autour s'élevait une merveilleuse chaîne de hautes montagnes nues, gris-blanc ou gris-brun, avec leurs sommets à formes extraordinaires et bizarres, tachetés de vert foncé par des couches d'arbres aciculaires.

Le Rio-Gila, assez étroit, se frayait avec peine un chemin à travers les crêtes élevées de schistes, de grès et d'argile, et la nature nue et morte qui l'entourait n'était que faiblement animée sur les rives par les peupliers et les buissons verts qui les bordaient.

Sur la droite, se trouvait un *village de chiens des prairies*.

Ces charmants petits animaux, qui ne sont nullement farouches, se tenaient sur les tertres aplatis de leurs gîtes, regardaient la caravane en remuant la queue avec rapidité et faisaient entendre leur cri aigu qui n'est pas un véritable aboiement; puis ils disparaissaient en s'enfonçant dans leurs tanières.

On s'avançait rapidement vers une forêt vierge, dont les sombres contreforts s'étendaient presque jusqu'au bord de la rivière, et qu'on atteignit après deux heures de marche.

Arrivée aux premiers arbres, la caravane s'arrêta quelques instants pour prendre les dernières dispositions nécessaires avant de s'enfoncer sous les sombres dômes qui devaient l'abriter pendant plusieurs mois.

L'Unicorne, avant de se mettre à la poursuite du Cèdre-Rouge, devait installer sa tribu dans le village d'hiver.

Avant de quitter ses amis les chasseurs blancs, le chef comanche fit faire une battue aux environs : battue sans résultat, aucune piste n'était visible; les Apaches semblaient avoir définitivement renoncé à la partie et s'être éloignés.

Du reste, c'eût été de leur part une insigne folie que de chercher à attaquer les Comanches, trois fois plus nombreux qu'eux, enorgueillis de leur dernier succès, et qui, avant de s'enfoncer dans la forêt, n'auraient pas demandé mieux que d'avoir, une fois encore, maille à partir avec leurs implacables ennemis.

Mais rien ne troubla le calme de la prairie.

— Mon frère peut continuer sa route, dit l'Unicorne à Valentin, les chiens apaches ont fui avec les pieds de l'antilope.

— Oh ! nous ne les craignons pas, répondit le chasseur avec dédain.

— Avant le huitième soleil, mon frère me reverra, reprit le chef.

— Bon.

— Adieu.
— Au revoir.
Et ils se séparèrent.
Les guerriers comanches entrèrent dans la forêt.
Quelque temps le bruit de leurs pas et le tintement des grelots attachés au cou des chiens résonnèrent sous les sombres arceaux de verdure ; puis peu à peu le silence se rétablit, les chasseurs se retrouvèrent seuls.
Ils étaient six hommes résolus, bien armés, ne redoutant aucun danger ; ils pouvaient en toute sûreté continuer leur route.
— Sommes-nous encore bien loin de l'île où est campée la troupe du Cèdre-Rouge ? demanda Valentin au sachem des Coras.
— Quatre lieues à peine, répondit la Plume-d'Aigle. Sans les détours énormes qu'il nous faut faire, nous y serions dans une heure ; mais nous n'arriverons qu'au dernier chant du *maukawis*.
— Bien ; vous et don Pablo, Plume-d'Aigle, marchez en avant avec la fille du squatter.
— Craignez-vous quelque chose ? demanda don Pablo.
— Rien ; mais je désire causer quelques instants avec l'Espagnole.
— C'est convenu.
Les deux hommes piquèrent des deux et s'éloignèrent avec la jeune fille.
Valentin tourna bride, et vint se placer à droite de la Gazelle, qui marchait, rêveuse, sans paraître s'occuper de son cheval.
Les révélations faites par Curumilla avaient d'autant frappé Valentin qu'il ne comprenait rien à la haine de l'Espagnole pour Ellen.
Tout sentiment, quel qu'il soit, a sa raison d'être ; toute haine a une cause : cette raison d'être et cette cause lui échappaient. En vain cherchait-il dans sa mémoire un fait qui vînt motiver, sinon excuser, l'étrange conduite de la Gazelle-Blanche, il ne trouvait rien qui le mît sur la voie.
Il se rappelait avoir vu plusieurs fois la jeune fille aux environs de l'hacienda de don Miguel Zarate, au Paso del Norte ; il se souvenait même que don Pablo lui avait rendu un léger service dans une circonstance où elle avait réclamé son appui ; mais ses relations avec le fils de l'hacendero s'étaient terminées là.
Il croyait être certain que, bien que la fille du Cèdre-Rouge habitât près de l'hacienda, elle ne l'avait jamais vu avant sa rencontre dans le village. Cependant, comme il connaissait l'amour de don Pablo pour Ellen, amour dont le jeune homme ne lui avait jamais parlé, mais qu'il avait, lui, deviné depuis longtemps ; comme la position était grave, qu'Ellen pouvait, d'un moment à l'autre, courir un danger quelconque, danger qu'il fallait éviter n'importe de quelle façon, Valentin avait résolu de causer avec la jeune fille et de tâcher, si cela était possible, de voir clair dans son cœur.
Mais si les moyens de douceur échouaient, il ne ménagerait plus rien et ne laisserait pas une douce et inoffensive créature en butte aux perfidies d'une femme cruelle, qu'aucune considération ne semblait devoir arrêter dans ses sinistres projets.

Valentin jeta un regard autour de lui.

Ellen était à deux cents pas en avant, entre la Plume-d'Aigle et don Pablo.

Rassuré provisoirement, il se tourna vers l'Espagnole qui, en ce moment, causait vivement, à voix basse, avec Pedro Sandoval.

La jeune fille rougit et cessa de parler. Valentin, sans paraître s'apercevoir du trouble que sa présence causait aux deux interlocuteurs, salua légèrement l'Espagnole et lui adressa la parole d'une voix calme et affectueuse :

— Je vous demande pardon, madame, lui dit-il, si j'interromps une conversation sans doute fort intéressante, mais j'ai besoin de vous entretenir quelques instants.

La jeune fille rougit encore davantage, son œil noir lança un éclair sous les longs cils qui le voilaient, mais elle répondit d'une voix tremblante en arrêtant son cheval :

— Je suis prête à vous écouter, señor caballero.

— Ne vous arrêtez pas, je vous prie, señora, dit Valentin; ce digne homme qui, sans doute, partage tous vos secrets, ajouta-t-il avec un sourire ironique, peut assister à notre entretien qui, du reste, le regarde.

— En effet, répondit la jeune fille avec un accent plus ferme, en rendant la main à son cheval, je n'ai rien de caché pour ce digne homme, ainsi que vous lui faites l'honneur de le nommer.

— Très bien, señora, reprit le chasseur, toujours froid. Maintenant, veuillez ne pas prendre en mauvaise part ce que je vais vous dire, et répondre à une question que je me permettrai de vous adresser.

— Est-ce donc un interrogatoire que vous prétendez me faire subir?

— Ce n'est pas mon intention, en ce moment du moins; il dépendra de vous, madame, que nous ne dépassions pas les bornes d'une conversation amicale.

— Parlez, monsieur; si la question que vous m'adressez est une de celles auxquelles on puisse répondre, je vous satisferai.

— Veuillez donc me dire, madame, si hier, après la conduite passablement cruelle que vous avez tenue avant et pendant l'attaque du village et envers la jeune femme qui marche devant nous, vous avez trouvé en nous des ennemis mal disposés à votre égard?

— Pourquoi cette question?

— Soyez assez bonne pour y répondre d'abord.

— Je n'ai eu qu'à me louer de votre conduite.

— Je vous remercie. Miss Ellen, comment a-t-elle été pour vous?

— Charmante.

— Bien. Vous n'ignorez pas, je pense, que par votre agression d'hier, agression qui peut être taxée de tentative de meurtre et de vol, puisque, n'étant pas en guerre avec les Indiens et appartenant à la race blanche, vous devez ne voir en nous que des amis, vous n'ignorez pas, dis-je, que vous vous êtes rendue passible de la loi des prairies, laquelle dit « œil pour œil, dent pour dent, » n'est-ce pas?

— Où voulez-vous en venir?

— Pardon, vous n'ignorez pas, n'est-il pas vrai, qu'au lieu de vous traiter comme je l'ai fait, de vous combler d'égards et d'avoir pour vous les soins les plus délicats, j'aurais eu parfaitement le droit de vous faire passer une corde autour du cou et, en compagnie de votre digne ami, de vous faire pendre aux branches du premier arbre venu, et il y en a de magnifiques dans ces régions !

— Monsieur ! s'écria la jeune fille en se redressant vivement et en devenant blême de colère.

— Pardon, continua impassiblement Valentin, je parle ici d'un droit incontestable que vous ne pouvez nier ; ne vous fâchez donc pas, et veuillez me répondre catégoriquement si vous le reconnaissez : oui ou non.

— Eh bien ! oui, monsieur, vous aviez ce droit, vous l'avez encore. Qui vous arrête ? pourquoi n'en usez-vous pas ? ajouta-t-elle en lui lançant un regard de défi.

— Parce que cela ne me convient pas en ce moment, dit froidement et sèchement Valentin.

Cette parole glacée fit tomber subitement la colère qui bouillonnait dans le cœur de la jeune fille.

Elle baissa les yeux et répondit :

— Est-ce tout ce que vous avez à me dire, monsieur ?

— Non, madame, ce n'est pas tout encore ; il me reste une dernière question à vous adresser.

— Parlez, monsieur, puisque je suis condamnée à vous entendre.

— Je n'abuserai pas longtemps de vos instants, madame.

— Oh ! monsieur, répondit-elle avec ironie, mes instants peuvent parfaitement être employés à causer avec vous, votre entretien est plein de charmes.

— Je vous remercie de la bonne opinion que vous voulez bien avoir d'un pauvre chasseur comme moi, répondit-il d'un ton de sarcasme, et j'arrive, madame, à la seconde question que je désire vous adresser.

— En effet, monsieur, il paraît que, de même que les *jueces de letras* (juges criminels), vos confrères, reprit-elle avec amertume, vous avez classé dans votre tête la série de questions qui composent mon interrogatoire, car, malgré ce que vous m'avez fait l'honneur de me dire, je persiste à ne voir qu'un interrogatoire dans ce qu'il vous plaît de nommer notre conversation.

— Comme bon vous semblera, madame, répondit Valentin avec un sang-froid imperturbable, seulement, veuillez m'expliquer comment il se fait que, de votre propre aveu, ayant été traitée aussi bien par nous et avec tant d'égards, vous ayez, mettant de côté toute reconnaissance et tout sentiment d'honneur, comploté cette nuit, avec deux scélérats, dans le village des Comanches, de faire enlever aujourd'hui la jeune fille à laquelle vous devez la vie, et de la livrer comme esclave aux Indiens les plus féroces des prairies, c'est-à-dire aux Sioux ?

## XXIX

### LE GUET-APENS

La foudre tombant aux pieds de l'Espagnole ne lui eût pas causé plus de frayeur que cette révélation à laquelle elle était loin de s'attendre, faite d'une voix claire, sèche et posée.

Son visage se contracta, le sang lui monta à la tête, elle chancela sur son cheval et serait tombée si Valentin ne l'eût retenue.

Mais domptant, à force de volonté, l'émotion terrible qui la troublait, elle repoussa le jeune homme en lui disant d'une voix ferme, avec un accent implacable :

— Vous êtes bien informé, monsieur, telle est mon intention.

Valentin eut un moment de stupeur. Il considéra cette femme, à peine sortie de l'enfance, dont les traits si beaux, défigurés par les passions qui l'agitaient, étaient devenus presque hideux ; il se rappela comme dans un songe une autre femme presque aussi cruelle qu'il avait connue jadis [1] ; un sentiment de tristesse indicible envahit son cœur à ce souvenir terrible subitement évoqué ; tant de perfidie lui parut dépasser les limites de la méchanceté humaine ; un instant il se crut presque en présence d'un démon.

— Et vous osez me l'avouer ? lui répondit-il enfin avec un effroi mal dissimulé.

— Et pourquoi non ? Que pouvez-vous me faire ? me tuer ? La belle vengeance pour un homme de cœur ! Et puis que m'importe la vie ! Qui sait ? peut-être, sans le vouloir et croyant me punir, me rendrez-vous un immense service en me tuant.

— Vous tuer ? Allons donc, fit le chasseur avec un sourire de mépris, on ne tue pas des créatures de votre espèce ! Dans un premier mouvement de colère, on les écrase comme des reptiles venimeux sous le talon de sa botte ; mais en y réfléchissant on préfère leur arracher les dents. C'est ce que j'ai fait, vipère ! A présent, mords si tu peux !

Une rage épouvantable s'empara de l'Espagnole.

Elle leva son fouet et, d'un mouvement plus rapide que la pensée, elle en souffleta Valentin en laissant passer ce seul mot à travers ses dents serrées :

— Lâche !..

A cette insulte, le chasseur perdit son sang-froid, saisit un pistolet et le déchargea à bout portant sur cette femme, qui, immobile devant lui, le regardait en ricanant.

Mais elle n'avait pas perdu un seul des mouvements du Français, et à l'instant où il lâchait la détente, elle fit faire un bond de côté à sa monture.

---

[1]. La Linda. — Voir *Le Grand Chef des Aucas*, 2 vol., Dentu, éditeur.

La balle siffla inoffensive à son oreille.

Au bruit de la pistoletade, le trouble s'était mis parmi les chasseurs, qui accoururent au galop vers le lieu de la scène pour s'informer de ce qui s'était passé.

A peine le coup était-il parti, que Pedro Sandoval, qui jusque-là était resté impassible, en apparence insensible à ce qui se disait, se précipita sur Valentin armé d'un long couteau qu'il était parvenu à cacher.

Le chasseur, qui avait repris sa présence d'esprit, l'attendit de pied ferme, et au moment où le pirate se jetait sur lui à corps perdu, il l'arrêta net en lui envoyant une balle à travers le corps.

Le misérable roula sur le sol avec un hurlement de rage.

L'Espagnole lança un regard de mépris autour d'elle, fit bondir son cheval et s'éloigna avec une vélocité incroyable au milieu des balles qui sifflaient autour d'elle de tous les côtés à la fois, en criant d'une voix stridente :

— Bientôt nous nous rencontrerons, don Valentin ; au revoir !

Le chasseur ne voulut pas qu'on la poursuivît.

Elle ne tarda pas à disparaître dans les hautes herbes.

— Eh ! eh ! voilà un gaillard qui me semble bien malade, fit le général, qui avait mis pied à terre ; il a, ma foi, la cuisse cassée : que diable allons-nous en faire à présent ?

— Le pendre ! dit sèchement Valentin.

— Tiens ! mais, reprit le général, c'est une idée cela ! De cette façon nous serons toujours débarrassés de l'un de ces coquins, et puis, en y réfléchissant, cela lui procurera le moyen de guérir de l'une de ses maladies.

— Finissons-en, interrompit don Miguel.

— *Caspita !* comme vous êtes pressé, mon ami, répondit le général. Hum ! je suis certain qu'il ne l'est pas autant que vous, lui ; n'est-ce pas, compagnon ?

— Eh ! fit Valentin avec cette expression railleuse qui tenait à sa nature parisienne et qui parfois lui revenait, il a de la chance, le camarade ; il est justement tombé au pied d'un arbre superbe, qui va lui faire un belvédère d'où il pourra, à son aise, admirer les environs. Curumilla, montez à cet arbre, mon brave ami, et courbez-moi cette branche le plus que vous pourrez.

Curumilla, selon sa louable habitude, exécuta immédiatement, mais sans prononcer un mot, l'ordre qui lui était donné.

— Maintenant, cher ami, continua le chasseur en s'adressant au blessé, si vous n'êtes pas positivement un païen et que vous vous rappeliez quelque bout de prière, vous ne ferez pas mal de vous en servir ; jamais ces prières ne vous auront été plus utiles qu'en ce moment.

Et soulevant dans ses bras Sandoval, qui gardait un morne silence, il lui passa la corde autour du cou.

— Un instant ! observa Curumilla en saisissant de la main gauche l'épaisse chevelure du bandit.

— C'est juste, dit le chasseur ; c'est votre droit, chef, usez-en.

L'Indien ne se fit pas répéter.

En un clin d'œil il scalpa l'Espagnol, qui le regardait avec des yeux flamboyants, et il mit froidement cette chevelure sanglante à sa ceinture.

Valentin, malgré lui, détourna la tête avec dégoût à ce hideux spectacle.

L'Espagnol ne proféra pas une plainte.

Dès qu'il eut passé le nœud coulant au cou du bandit, Valentin lança un bout de la corde à Curumilla qui remonta, l'amarra solidement et redescendit.

— Maintenant que justice est faite, partons, dit Valentin.

Les témoins de l'exécution se remirent en selle.

La branche qui avait été tenue courbée fut lâchée; elle se redressa en enlevant avec elle le corps du pirate.

Pedro Sandoval resta seul, agité par les dernières convulsions de l'agonie.

Aussitôt que Valentin et ses compagnons eurent disparu derrière un pli de terrain, plusieurs Indiens apaches, à la tête desquels se trouvaient le Cèdre-Rouge et la Gazelle-Blanche, surgirent des fourrés.

Un Apache grimpa sur l'arbre, coupa la corde, et le corps de l'Espagnol, reçu dans les bras de plusieurs individus, fut doucement posé sur le sol.

Il ne donnait plus aucun signe d'existence.

La jeune fille et le Cèdre-Rouge se hâtèrent de lui porter secours, afin de rappeler, si cela était possible, un reste de vie dans ce pauvre corps si horriblement mutilé.

Mais tous les soins semblaient devoir être inutiles.

Pedro Sandoval restait froid et inerte entre les bras de ses amis.

En vain l'avait-on débarrassé du nœud coulant qui lui serrait la gorge, ses veines gonflées et bleuâtres ne diminuaient pas, le sang ne circulait plus.

Tout paraissait fini.

En désespoir de cause, un Apache saisit une outre pleine d'eau et en versa le contenu sur le crâne dénudé et saignant de l'Espagnol.

Au contact de cette eau glacée, le crâne eut un frémissement général.

Un profond soupir souleva avec effort sa poitrine oppressée, et le moribond ouvrit péniblement les yeux en fixant sur ceux qui l'entouraient un regard morne et languissant.

— Dieu soit loué ! s'écria l'Espagnole, il n'est pas mort.

Le bandit regarda la jeune fille de cet œil vitreux et égaré, signe infaillible d'une fin prochaine; un pénible sourire plissa ses lèvres violettes, et il murmura d'une voix basse et inarticulée :

— Non, je ne suis pas mort, mais je le serai bientôt.

Puis il ferma les yeux et retomba en apparence dans son insensibilité première.

Les assistants suivaient d'un regard anxieux les progrès de cet effroyable agonie.

La Gazelle-Blanche fronça les sourcils et, se penchant sur le blessé, elle approcha la bouche de son oreille.

— M'entendez-vous, Sandoval? lui dit-elle.

Le bandit tressaillit soudain comme s'il avait reçu une commotion électrique; il se tourna vers celle qui avait parlé et entr'ouvrit les yeux.

— Qui est auprès de moi? demanda-t-il.

*Le moine se laissa tomber sur le sol avec accablement.*

— Moi, Pedro ; ne me reconnais-tu pas, mon vieux camarade ? dit le Cèdre-Rouge.

— Si, répondit au bout d'un instant le pirate, je te reconnais, mais ce n'est pas toi que j'aurais voulu voir.

— De qui veux-tu parler ?

— De la niña ; m'aurait-elle aussi abandonné, elle pour qui je meurs ?

— Non, je ne vous ai pas abandonné, s'écria la jeune fille vivement ; votre reproche est injuste, car c'est moi qui vous ai secouru... Me voilà, mon père.

— Ah ! fit-il avec un soupir de satisfaction, vous êtes là, niña, tant mieux ! Dieu, si toutefois il en existe un, vous récompensera de ce que vous avez fait.

— Ne parlez pas de cela, mais apprenez-moi pourquoi vous m'avez demandée, mon père.

— Ne me donnez pas ce nom, interrompit le bandit avec violence, je ne suis pas votre père.

Il y eut un moment de silence.

Enfin le pirate reprit d'une voix presque indistincte et comme se parlant à lui-même :

— La main de Dieu est là !... C'est lui qui a voulu qu'au moment suprême la fille de la victime aidât l'un des principaux assassins à mourir !

Il secoua la tête avec découragement, soupira et ajouta tristement :

— La main de Dieu est là !

Les assistants se regardaient silencieusement; une crainte instinctive, une espèce de terreur superstitieuse s'était emparée d'eux, ils n'osaient interroger cet homme.

Quelques minutes se passèrent.

— Oh ! que je souffre !... murmura-t-il tout à coup, ma tête est une fournaise ardente !... à boire !...

On se hâta de lui présenter de l'eau.

Il la repoussa en disant :

— Non, pas d'eau ! pas d'eau ! j'ai besoin de prendre des forces.

— Que voulez-vous alors ? lui demanda le Cèdre-Rouge.

— Donnez-moi de l'aguardiente.

— Oh ! lui dit la jeune fille avec prière, ne buvez pas de liqueur forte, cela vous tuerait.

Le bandit eut un ricanement horrible.

— Me tuer ! fit-il ; eh ! ne suis-je pas mort déjà, pauvre folle ?

La Gazelle-Blanche interrogea de l'œil le Cèdre-Rouge.

— Faites ce qu'il veut, répondit celui-ci à voix basse, il est perdu !

— De l'aguardiente, reprit le blessé ; hâtez-vous si vous ne voulez pas que je meure avant d'avoir parlé.

Il s'affaissa sur lui-même en fermant les yeux.

Le Cèdre-Rouge saisit sa gourde, et, malgré les supplications de la Gazelle, il s'empresssa d'en introduire le goulot dans la bouche du pirate.

Sandoval but à longs traits.

— Ah ! fit-il avec un soupir de satisfaction, à présent je me sens fort... Je ne croyais pas qu'il fût si difficile de mourir !... Enfin, s'il y a un Dieu, que sa volonté soit faite... Cèdre-Rouge, donne-moi un de tes pistolets et laisse-moi ta gourde.

Le squatter fit ce que lui demandait son compagnon.

— Très bien, reprit-il. Maintenant, éloignez-vous tous un peu... j'ai à parler à la niña.

Le Cèdre-Rouge ne put dissimuler un mouvement de mauvaise humeur.

— A quoi bon te fatiguer? dit-il; mieux vaudrait pour toi nous laisser te donner les soins que ton état réclame.

— Oui, fit le bandit en ricanant, je te comprends; tu préférerais me voir trépasser comme un chien, sans proférer une parole, car tu te doutes de ce que je vais dire; mais j'en suis fâché pour toi, compère, je parlerai, il le faut.

Le squatter haussa les épaules.

— Que m'importent tes divagations? fit-il; seul, l'intérêt que je te porte...

— Il suffit, interrompit Sandoval d'une voix brève. Tais-toi. Je veux parler et je parlerai; aucune puissance humaine ne saurait, à ma dernière heure, me contraindre à garder le silence : depuis assez longtemps ce secret me brûle la poitrine.

— Mon bon père..., murmura la jeune fille.

— Paix! reprit le bandit avec autorité; ne vous opposez pas à ma volonté. Niña, il faut que vous appreniez de moi certaines choses avant que j'aille rendre mes comptes à Celui qui voit tout.

Le Cèdre-Rouge fixa un œil ardent sur le moribond en serrant convulsivement la crosse d'un pistolet passé à sa ceinture; mais soudain il repoussa l'arme, et, souriant avec ironie :

— Que m'importe? dit-il; maintenant, il est trop tard.

Sandoval l'entendit.

— Peut-être, répondit-il. Dieu le sait.

— Nous verrons! fit le squatter d'un ton de sarcasme.

Il fit un geste.

Les Apaches s'éloignèrent silencieusement à sa suite.

La jeune fille resta seule auprès du moribond.

L'Espagnole était en proie à une émotion extraordinaire dont elle ne pouvait se rendre compte.

Elle éprouvait une curiosité mêlée de terreur, qui lui causait une oppression et un trouble étranges.

Elle considérait cet homme étendu à demi mort à ses pieds et qui, tout en se tordant dans d'atroces douleurs, fixait sur elle un regard chargé d'une expression indicible de pitié et d'ironie.

Elle redoutait et désirait tout à la fois que le bandit lui fît la sinistre confidence qu'elle attendait; quelque chose lui disait intérieurement que de cet homme dépendait sa vie, son avenir.

Lui, restait sombre et muet.

## XXX

### LA CONFESSION DU PIRATE

Quelques minutes se passèrent, le pirate semblait rassembler péniblement ses souvenirs avant de parler.

La Gazelle-Blanche, les yeux fixés sur lui, attendait avec une curiosité anxieuse.

Enfin le bandit saisit la gourde, la porta à ses lèvres une seconde fois, et après en avoir bu un large coup, il la replaça à ses côtés.

Une rougeur fébrile envahit immédiatement les pommettes violacées de ses joues, ses yeux se ranimèrent, et il dit d'une voix plus ferme qu'on aurait pu le supposer :

— Écoutez-moi bien, enfant, et faites votre profit de ce que vous allez entendre. Je vais mourir; on ne ment pas à ce moment. Les paroles que je vous dirai sont vraies, vous allez me connaître.

Il s'arrêta quelques secondes, puis il continua avec effort :

— Je n'ai pas toujours été un pirate des prairies, un tigre à face humaine, un de ces misérables auxquels il est permis de faire la chasse comme à une bête fauve. Non! Il fut un temps où j'étais jeune, beau et riche. A cette époque si éloignée de nous maintenant, je me nommais Walter Steepleton, et j'étais riche à ne pas connaître le chiffre de ma fortune. Comme tout le monde vous m'avez cru Espagnol, ainsi que tout le monde vous vous êtes trompée : je suis citoyen des États-Unis, descendant d'une vieille famille puritaine établie depuis longtemps à New-York. Mes parents moururent lorsque je n'avais pas encore vingt ans. Maître d'une fortune immense, je m'étais lié avec tous les mauvais sujets de la ville; deux surtout devinrent mes amis intimes, et parvinrent en peu de temps à si bien s'emparer de mon esprit que je n'agissais plus que sous leur impulsion et d'après leurs suggestions. L'un était né à New-York comme moi, l'autre était Mexicain. Tous deux étaient, ainsi que moi, jeunes, beaux et riches, ou du moins ils le paraissaient, car ils jetaient à l'envi l'argent par les fenêtres. Mes amis se nommaient... Mais à quoi bon vous dire leurs noms? reprit-il; il ne s'agit pas d'eux ici, mais de moi seulement. Un jour le Mexicain vint me trouver. Il tenait à la main une lettre, sa famille le rappelait auprès d'elle, il devait entrer dans les ordres; mais mon ami ne voulait pas quitter New-York, ou du moins il ne le pouvait pas en ce moment. La raison, je l'ai toujours ignorée; seulement, un mois plus tard nous étions tous trois contraints de fuir et de nous réfugier au Mexique, après une lugubre tragédie dans laquelle mes deux amis jouèrent les principaux rôles, laissant derrière nous une large traînée de sang. Que s'était-il passé? Je vous le répète, je l'ai toujours ignoré.

En ce moment, un léger frémissement se fit entendre dans les broussailles contre lesquelles le bandit était appuyé; la Gazelle, dominée par l'intérêt croissant du récit du pirate, ne le remarqua pas.

Il y eut une interruption de quelques minutes; Pedro Sandoval faiblissait de plus en plus.

— Il faut pourtant que j'achève, dit-il; et, faisant un effort sur lui-même, il continua : Nous étions à Mexico, où nous menions grand train; en peu de temps, je m'étais fait la réputation d'un cavalier accompli. Grand joueur et adoré des femmes, vous dirai-je les folies et les extravagances qui remplissaient mes jours? A quoi bon? Qu'il vous suffise de savoir que cette réputation, je la méritais sous tous les rapports. Un jour, un étranger arriva à Mexico; c'était, disait-on, un caballero d'un État de l'intérieur, riche à millions, qui voyageait pour son plaisir. Cet homme, en peu de temps, sut accomplir de si folles excentricités, jeta si bien l'argent par les fenêtres, sans seulement paraître s'en douter, que bientôt sa réputation égala et même surpassa la mienne. Moi, qui jusque-là avais été le premier en tout et partout, je me vis relégué au second rang. Mes amis riaient de ce brusque changement qui s'était opéré, et par leurs incessantes plaisanteries augmentaient encore ma colère et ma haine pour ce don Sébastien de Tudela, ainsi se nommait cet homme. Plusieurs fois déjà nous nous étions rencontrés face à face dans des tertulias, et chaque fois nos regards s'étaient croisés comme des lames d'épées. Je comprenais que cet homme me haïssait; de mon côté, une sourde jalousie me dévorait lorsque son nom était prononcé devant moi.

« Une crise était imminente : tous deux nous la cherchions. Un soir que nous nous trouvions à la tertulia du gouverneur d'Arispe, une partie de monte s'organisa.

« Vous connaissez ce jeu, qui est la passion dominante des Mexicains.

« Je tenais la banque depuis deux heures déjà, et une veine incroyable m'avait fait gagner des sommes immenses, qui étaient entassées pêle-mêle devant moi et remplissaient presque toute la circonférence de la table.

« Les joueurs, effrayés de ce constant bonheur, s'étaient retirés successivement. J'allais faire ramasser et emporter mon argent, lorsque j'entendis à quelques pas de moi don Sébastien qui disait d'une voix ironique, dans un groupe :

« — Je ne suis pas jaloux de l'heureuse chance de sir Walter; je l'ai laissé jouer afin de rétablir sa fortune écornée, et de lui procurer les moyens d'apaiser les criailleries de ses créanciers, qui hurlent depuis trop longtemps déjà après ses chausses.

« Ces paroles me blessèrent d'autant plus que ce que cet homme disait était vrai. Ma fortune, hypothéquée au-dessus de sa valeur, n'existait plus que sur le papier, et de nombreux créanciers m'assiégeaient sans relâche.

« Je m'avançai vers don Sébastien, et, le regardant bien en face :

« — Pour vous prouver que je ne crains pas de perdre, lui dis-je, je vous propose de jouer en une fois ce que j'ai mis si longtemps à gagner.

« L'étranger me regarda, à son tour, pendant une seconde, puis il me dit de sa voix incisive et du ton moqueur qui lui était habituel :

« — Vous avez tort, cher monsieur; cet argent vous est fort nécessaire, et si j'étais assez fou pour jouer avec vous, je vons avertis que vous perdriez.

« Il me rit au nez et me tourna le dos.

« — Oh ! lui dis-je, vous avez peur ! Et puis, vous ne possédez probablement pas le quart de la somme qui se trouve là, voilà pourquoi vous n'osez jouer !

« Don Sébastien haussa les épaules sans me répondre, et, s'adressant au plus riche banquier d'Arispe, qui se trouvait auprès de lui :

« — Señor don Julio Baldomero, lui dit-il, combien pensez-vous qu'il y ait sur cette table ?

« Le banquier jeta un regard de mon côté, puis répondit :

« — Six cent mille piastres, à peu près, monsieur.

« — Très bien, reprit le Mexicain. Don Julio, veuillez, je vous prie, me faire un bon de douze cent mille piastres, payable à vue sur votre caisse.

« Le banquier s'inclina sans répondre, tira son carnet, écrivit quelques mots sur une feuille qu'il déchira et qu'il présenta à don Sébastien.

« — Croyez-vous, monsieur, me dit alors le Mexicain, que ce bon à vue représente la somme qui se trouve devant vous ?

« Ces paroles étaient accompagnées du sourire sarcastique que cet homme avait continuellement stéréotypé sur les lèvres, et qui me faisait damner.

« — Oui, lui répondis-je avec hauteur, et j'attends votre détermination.

« — Elle est prise, dit-il ; demandez des cartes neuves et commençons. Seulement, vous pouvez encore vous dédire.

« — Allons donc ! fis-je en décachetant un nouveau paquet de cartes.

« Bien que notre altercation eût été courte, comme chacun connaissait la lutte sourde engagée entre nous, les conversations avaient été interrompues et toutes les personnes qui assistaient à la tertulia étaient venues se grouper autour de nous. Un profond silence régnait dans le salon ; les physionomies exprimaient la curiosité et l'intérêt qu'excitait cette scène étrange.

« Après avoir assez longtemps mêlé les cartes, je les donnai à couper à mon adversaire.

« L'étranger posa la main droite sur le jeu, et, me regardant d'un air moqueur :

« — Il est encore temps, me dit-il d'un ton ironique

« Je haussai les épaules sans répondre.

« Il coupa.

« Je commençai la taille.

« Au quatrième coup, j'avais perdu. J'étais ruiné.

Le pirate s'arrêta. Depuis quelques instants sa voix s'affaiblissait, et ce n'était qu'en faisant des efforts extrêmes qu'il parvenait à parler distinctement.

— A boire ! dit-il, si bas que ce fut à peine si la jeune fille l'entendit.

Elle saisit une outre pleine d'eau.

— Non, fit-il, de l'eau-de-vie !

La Gazelle-Blanche obéit.

Le pirate but avidement plusieurs gorgées de liqueur.

— Tout était dit, reprit-il d'une voix ferme, l'œil étincelant et le visage animé par la fièvre qui le minait.

« Renfermant ma rage au fond de mon cœur, ce fut le sourire sur les lèvres que je me préparai à quitter la table.

« — Un instant, monsieur, me dit mon adversaire, la partie n'est pas finie encore.

« — Que voulez-vous de plus, lui répondis-je, n'avez-vous pas gagné?

« — Oh! fit-il avec un geste de superbe dédain, c'est vrai; j'ai gagné cette misérable somme, mais vous avez un enjeu à risquer encore.

« — Je ne vous comprends pas, monsieur.

« — Peut-être! Écoutez-moi : Il y a sur cette table dix-huit cent mille piastres, c'est-à-dire une fortune fabuleuse et qui ferait le bonheur de dix familles.

« — Eh bien! répondis-je étonné.

« — Eh bien! je vous les joue, si vous voulez. Dame, cher monsieur, je me trouve en veine en ce moment. Je ne veux pas laisser échapper la fortune tandis que je la tiens.

« Toutes les paroles prononcées pendant cette soirée fatale, fit le pirate en s'interrompant, sont présentes à ma mémoire comme si je les avais entendues hier.

Après cette réflexion, il reprit son récit :

— Je n'ai plus rien à jouer, monsieur, vous le savez, répondis-je d'une voix haute et fière; je ne comprends donc pas où vous voulez en venir.

« — A ceci, répondit-il sans se déconcerter le moins du monde : vous aimez doña Isabel Izaguirre?

« — Que vous importe?

« — Si j'en crois le bruit public, vous devez l'épouser dans quelques jours, continua-t-il impassiblement. Eh bien! moi aussi, j'aime doña Isabel! A tort ou à raison, j'ai mis dans ma tête qu'elle serait à moi.

« — Et? interrompis-je avec violence.

« — Et je vous la joue, si vous voulez, contre ces dix-huit cent mille piastres, en deux coups. Vous voyez que je suis beau joueur! ajouta-t-il en allumant négligemment son *panatellas*.

« — *Canario!* la superbe partie! quel magnifique enjeu! l'on n'agit pas plus galamment! Telles étaient les exclamations que poussaient autour de moi les témoins de cette scène.

« — Vous hésitez? me demanda don Sébastien de sa voix ironique, en fixant sur moi son œil fauve.

« Je lançai un regard de défi autour de moi: nul ne sourcilla.

« — Non! répondis-je d'une voix sourde et les dents serrées par la rage, j'accepte!

« Les assistants poussèrent un cri d'admiration.

« Jamais, de mémoire de joueur, à Arispe, aucune partie de *monte* n'avait offert autant d'intérêt.

« Les assistants se pressèrent avidement autour de la table.

« J'avais pour doña Isabel Izaguirre un de ces amours profonds qui sont toute l'existence d'un homme.

« — Qui taillera? demandai-je à mon adversaire.

« — Vous! répondit-il avec son infernal sourire.

« Cinq minutes plus tard, j'avais perdu ma maîtresse. »

Il y eut un silence.

Un tremblement nerveux s'était emparé du pirate, et depuis quelques instants ce n'était qu'avec des peines inouïes qu'il parvenait à articuler péniblement ces paroles qui semblaient lui déchirer la gorge. On voyait que la plaie de son cœur était aussi vive qu'au premier jour, et qu'un intérêt puissant lui donnait seul le courage de la raviver.

— Enfin, reprit-il avec une certaine volubilité, en essuyant la sueur froide qui perlait sur son front et se mêlait au sang qui coulait de sa blessure, l'étranger s'approcha de moi.

« — Êtes-vous satisfait? me dit-il.

« — Pas encore! répliquai-je d'une voix sombre; il nous reste une dernière partie à jouer.

« — Ah! fit-il avec ironie, je croyais que vous n'aviez plus rien à perdre.

« — Vous vous trompez; vous avez encore ma vie à me gagner.

« — C'est juste, reprit-il, et, vive Dieu! je vous la gagnerai. Je veux être avec vous beau joueur jusqu'à la fin; sortons!

« — Pourquoi donc cela? lui dis-je, cette table a servi d'arène pour les deux premières parties, sur elle se décidera la troisième.

« — Topez-là! me dit-il. Vrai Dieu! vous êtes un rude homme! Je puis vous tuer, mais je serai fier de ma victoire!

« On chercha en vain à empêcher ce combat. Ni l'étranger ni moi ne voulûmes rien entendre. De guerre lasse, on consentit à nous donner les armes que nous demandions; et puis ce combat étrange, dans ce salon jonché de fleurs, sur cette table couverte d'or, au milieu de ces belles jeunes femmes dont l'éclat des lumières relevait encore la fraîcheur et la beauté, avait quelque chose de fatal qui enflammait les imaginations.

« Les deux héros d'Arispe, ceux qui depuis si longtemps défrayaient à eux seuls toutes les conversations et occupaient tous les esprits, avaient enfin décidé entre eux à qui resterait définitivement la palme.

« Je montai sur la table.

« D'un bond, mon adversaire se trouva en face de moi, l'épée à la main.

« Je jouissais d'une réputation de bretteur bien établie, et pourtant, à la deuxième passe, je tombai, la poitrine traversée de part en part.

« Trois mois je restai entre la vie et la mort.

« Lorsque la jeunesse et la force de ma constitution eurent triomphé de mon horrible blessure et que j'entrai en convalescence, je m'informai de mon adversaire.

« Le lendemain de notre combat, cet homme avait épousé doña Isabel; huit jours après, tous deux avaient disparu, sans que personne pût m'indiquer la direction qu'ils avaient prise.

« Je n'avais plus qu'un but, un désir : me venger de don Sébastien.

« Aussitôt que je fus assez bien rétabli pour me lever, je vendis le peu qui me restait et je quittai Arispe à mon tour, suivi de mes amis, aussi pauvres que moi, car le coup qui m'avait frappé les avait frappés aussi,

Les témoins de l'exécution se remirent en selle.

et, comme moi, ils n'avaient plus qu'un but, un désir : se venger de don Sébastien!

« Longtemps nos recherches furent vaines; bien des années s'écoulèrent sans que je me fatiguasse de chercher leurs traces.

« Nous n'étions plus que deux à les chercher; le troisième nous avait abandonnés.

« Qu'était-il devenu? Je ne sais; mais un jour, par hasard, dans un village de la frontière anglo-américaine où j'étais allé vendre des fourrures, le démon me mit tout à coup en présence de cet ami que je ne pensais plus revoir.

« Il portait un costume de moine.

« Dès qu'il m'aperçut, il vint vers moi.

« La première parole qu'il m'adressa après une si longue séparation fut celle-ci :

« — Je les ai retrouvés.

« Je le compris sans avoir besoin qu'il s'expliquât davantage, tant ma haine avait creusé de profondes racines dans mon cœur. Que vous dirai-je de plus, niña? ajouta-t-il avec effort, tandis qu'un horrible sourire crispait ses lèvres bleues, je me vengeai!... Oh! elle avait été longue à venir, cette vengeance, mais elle fut terrible!... Notre ennemi était devenu un des plus riches hacenderos du Texas; il vivait heureux avec sa femme et ses enfants, riche et considéré, aimé de tous ceux qui l'entouraient. J'achetai une hacienda voisine de la sienne, et là, l'œil au guet comme le jaguar qui attend sa proie, je surveillai tous ses mouvements, je m'introduisis dans sa famille. Tant de temps s'était écoulé depuis notre dernière rencontre, qu'il ne me reconnut pas, bien qu'un secret pressentiment semblât tout d'abord l'avertir que j'étais son ennemi.

« Une nuit, à la tête d'une bande de pirates et d'Indiens apaches, mes deux amis et moi, après nous être assurés que tout était tranquille et dormait paisiblement dans l'hacienda de don Sébastien, nous nous glissâmes comme des serpents dans les ténèbres; les murs furent escaladés, et la vengeance commença. L'hacienda fut livrée aux flammes; don Sébastien et sa femme, surpris dans leur sommeil et tombés entre nos mains, furent impitoyablement massacrés, après avoir enduré des tortures atroces. Vous et leur autre fille, je vous arrachai toutes deux des bras de votre mère mourante qui sanglotait à nos pieds en me suppliant de vous épargner à cause de mon ancien amour pour elle.

« Je le lui jurai.

« J'ai tenu ma promesse.

« Votre sœur, je ne sais ce qu'elle devint, je ne m'en occupai même pas. Quant à vous, répondez, niña, avez-vous eu jamais un reproche à m'adresser?

La jeune fille avait écouté cette affreuse révélation les sourcils froncés et la pâleur au front.

Lorsque le bandit s'arrêta :

— Ainsi, lui dit-elle d'une voix brève, vous êtes le meurtrier de mon père et de ma mère?

— Oui, répondit-il, mais non pas seul; nous étions trois; nous nous sommes vengés!

— Misérable!... s'écria-t-elle avec explosion. Vil assassin!...

La jeune fille prononça ces paroles d'un accent tellement implacable que le bandit frissonna.

— Ah! fit-il en ricanant, je reconnais la lionne. Voilà bien la fille de mon ennemi! Courage, enfant, courage! Assassine-moi à ton tour! Venge sur moi ton père et ta mère! Qui t'arrête? Arrache-moi ce reste de vie qui va bientôt s'éteindre; hâte-toi seulement, car Dieu te ravirait ta vengeance.

Et il fixa sur elle son œil fier encore, mais déjà voilé par les atteintes de la mort.

La jeune fille ne répondit rien.

— Tu préfères me voir mourir. Eh bien! reçois ce dernier présent, ajouta-t-il en arrachant de sa poitrine un sachet pendu à une chaîne d'acier; là tu trouveras deux lettres, une de ton père et une de ta mère; tu sauras qui tu es et quel nom tu dois porter dans le monde, car celui que je t'ai dit est faux; j'ai voulu te tromper jusqu'à la fin. Ce nom est ma dernière vengeance... Niña! tu te souviendras de moi.

La jeune fille se précipita sur le sachet et s'en empara.

— Maintenant, adieu! fit le pirate. Mon œuvre est accomplie sur la terre, que Dieu me juge!

Et saisissant le pistolet que le Cèdre-Rouge lui avait laissé, il se fit sauter la cervelle en fixant sur la jeune fille un regard d'une expression étrange.

Celle-ci ne parut pas s'apercevoir de cette fin tragique.

Elle déchirait le sachet avec ses dents.

Lorsqu'elle parvint à l'ouvrir, elle déplia les papiers qu'il contenait et les parcourut rapidement.

Tout à coup elle poussa un cri de désespoir et tomba à la renverse en serrant les deux lettres dans ses doigts crispés.

Les Indiens et les pirates accoururent vers elle pour lui porter secours.

Mais, plus prompt que la foudre, un cavalier s'élança des halliers, en arrivant près de la jeune fille sans ralentir la course de son cheval; il se pencha de côté, enleva la jeune fille d'un bras robuste, la jeta en croupe et passa comme un tourbillon au milieu des assistants ébahis!

— A bientôt, Cèdre-Rouge! cria-t-il d'une voix stridente en arrivant près du squatter.

Avant que celui-ci et ses compagnons fussent revenus de leur surprise, le cavalier avait disparu au loin dans un flot de poussière.

Ce cavalier était le Blood's Son!

Le Cèdre-Rouge secoua tristement la tête.

— Est-ce que les prêtres diraient vrai? murmura-t-il; existerait-il donc une Providence?

## XXXI

### AMOUR

Après la tragique exécution du pirate, les chasseurs avaient lentement continué leur route.

Les scènes que nous avons rapportées dans nos précédents chapitres avaient répandu parmi eux un voile de tristesse que rien ne parvenait à dissiper.

Depuis la disparition de sa fille, don Miguel Zarate, subitement tombé du haut de toutes ses espérances, gardait un silence morne et farouche.

Cet homme si fort et si énergique, vaincu enfin par le malheur, s'en allait silencieux à la suite de ses compagnons qui respectaient sa douleur et l'entouraient de ces délicates attentions si sensibles aux âmes blessées.

Valentin et le général Ibañez causaient vivement à voix basse.

Les deux Indiens, Curumilla et Moukapec, marchaient en avant, surveillant les environs et servant de guides à la caravane.

Don Pablo et Ellen allaient côte à côte : eux seuls de la petite troupe paraissaient heureux et laissaient parfois sur leur visage errer un sourire.

C'est que, seuls de la petite troupe, les deux jeunes gens avaient la faculté d'oublier les peines passées, grâce à la joie présente.

Pendant l'exécution de Sandoval, la jeune fille avait été tenue à l'écart ; elle ignorait donc ce qui s'était passé, et rien ne venait assombrir le plaisir qu'elle éprouvait de se voir réunie à celui auquel elle avait mentalement donné son cœur.

Un des privilèges de l'amour est d'oublier.

Les deux jeunes gens, tout entiers à leur passion, ne se souvenaient de rien, sinon qu'ils étaient heureux d'être réunis.

Le mot amour n'avait pas été prononcé ; pourtant il respirait si bien dans leurs regards et dans leurs sourires, qu'ils s'entendaient à merveille.

Ellen racontait à don Pablo comment doña Clara et elle s'étaient échappées du camp du Cèdre-Rouge, protégées par les deux chasseurs canadiens et le sachem coras.

— Et, fit don Pablo, à propos de ces chasseurs, que sont-ils donc devenus ?

— Hélas ! répondit Ellen, l'un a été tué par les Apaches, et l'autre...

— L'autre ?...

— Voyez-le, dit-elle. Oh ! c'est une âme d'élite, il m'est dévoué corps et âme.

Don Pablo se retourna avec un mouvement de mauvaise humeur, une sourde jalousie s'éveillait en lui.

Il fixa le chasseur qui marchait à quelques pas en arrière.

A la vue de ce visage franc et loyal sur lequel une teinte de mélancolie était répandue, le jeune homme se reprocha sérieusement ses appréhensions.

Il s'avança vivement vers le chasseur, tandis qu'Ellen les regardait en souriant.

Quand il fut auprès du Canadien, il lui tendit la main.

— Merci, lui dit-il simplement, de ce que vous avez fait pour elle.

Harry serra cette main et répondit avec tristesse, mais avec cœur :

— J'ai fait mon devoir, j'ai juré de la défendre et de mourir pour elle ; vienne l'heure, je saurai accomplir mon serment.

Don Pablo sourit gracieusement.

— Pourquoi ne vous tenez-vous pas auprès de nous ? demanda-t-il.

— Non, répondit Harry avec un soupir en secouant négativement la tête, je ne dois ni ne veux entrer en tiers dans votre conversation. Vous vous aimez, soyez heureux. Moi, mon rôle est de veiller sur votre bonheur; laissez-moi à ma place et restez à la vôtre.

Don Pablo réfléchit un instant à ces paroles, puis il serra une seconde fois la main du chasseur.

— Vous êtes un noble cœur, lui dit-il, je vous comprends.

Et il rejoignit sa compagne.

Un triste sourire se dessina sur les lèvres pâles du Canadien.

— Oui, murmura-t-il dès qu'il fut seul, oui, je l'aime. Pauvre Ellen, elle sera heureuse; et après, qu'importe ce que je deviendrai!

Il reprit alors son apparence impassible, mais parfois il regardait avec une expression de douloureux plaisir les jeunes gens qui avaient renoué leur conversation.

— N'est-ce pas que c'est un brave cœur? dit Ellen au jeune homme en désignant le chasseur.

— Je le crois.

— Et moi j'en suis sûre depuis bien longtemps. Harry veille sur moi, toujours je l'ai trouvé à mes côtés à l'heure du danger; pour me suivre, il a tout abandonné, patrie, amis, famille, sans hésiter, sans réfléchir, et cela sans espoir d'être un jour récompensé de tant d'abnégation et de dévouement.

Don Pablo soupira.

— Vous l'aimez, murmura-t-il.

La jeune fille sourit.

— Si par ces mots vous entendez que j'ai en lui une confiance sans bornes, que j'éprouve pour lui une sincère et profonde affection, dans ce sens-là, oui, je l'aime, répondit-elle.

Don Pablo secoua la tête.

— Ce n'est pas ainsi que je l'entends, fit-il.

Elle lui jeta un long regard et resta silencieuse quelques minutes.

Le Mexicain n'osait l'interroger.

Enfin elle se tourna vers lui et appuya sa main sur son épaule.

A cet attouchement, le jeune homme tressaillit et releva vivement la tête.

— Écoutez, don Pablo, lui dit-elle de sa voix pénétrante et harmonieuse.

— J'écoute, répondit-il.

— Le hasard nous a mis un jour en présence, répondit-elle avec une sorte d'animation fébrile, dans une circonstance extraordinaire. A votre vue, je ne sais ce qui se passa en moi, j'éprouvai une sensation à la fois douce et douloureuse; mon cœur se serra, et lorsque, après avoir défié mes frères, vous partîtes, je vous suivis du regard aussi longtemps que je pus vous apercevoir à travers les arbres de la forêt. Ensuite je rentrai rêveuse sous le toit de notre hutte, car je sentais que mon sort venait de se décider; vos paroles résonnaient à mes oreilles, votre image était dans mon cœur, et pourtant c'était en ennemi que vous m'étiez apparu; les mots que vous aviez prononcés devant moi étaient des menaces. D'où provenait donc cette émotion étrange qui m'agitait?

Elle s'arrêta.

— Oh! c'est que vous m'aimiez, s'écria impétueusement le jeune homme.

— Oui, n'est-ce pas? reprit-elle; c'est ce qu'on appelle de l'amour, hélas! ajouta-t-elle d'une voix émue pendant que deux larmes tombaient de ses longs cils et coulaient sur ses joues pâles. A quoi aboutira cet amour? Fille d'une race proscrite, je suis auprès de vous, non pas comme amie, mais comme prisonnière, ou tout au moins comme otage; j'inspire à vos compagnons du mépris, de la haine peut-être, car je suis la fille de leur implacable ennemi, de l'homme qu'ils ont juré de sacrifier à leur vengeance.

Don Pablo courba la tête en soupirant.

— Ce que je dis est vrai, n'est-ce pas? continua-t-elle; vous-même êtes forcé d'en convenir.

— Oh! je vous protégerai, je vous sauverai, s'écria-t-il avec élan.

— Non, dit-elle d'une voix forte, non, don Pablo, car c'est contre votre père qu'il vous faudrait me défendre; vous ne l'oseriez pas, et si vous l'osiez, ajouta-t-elle avec un éclair dans le regard, moi je ne le souffrirais pas!

Il y eut un instant de silence.

Ellen reprit:

— Laissez-moi accomplir ma destinée, don Pablo; renoncez à cet amour qui ne peut avoir qu'un résultat, notre malheur mutuel; oubliez-moi!

— Jamais! s'écria-t-il, jamais! Je vous aime, Ellen, à sacrifier tout pour vous, ma vie même si vous l'ordonniez.

— Et moi, répondit-elle, croyez-vous donc que je ne vous aime pas?... Ne vous ai-je pas donné assez de preuves de cet amour?... moi qui pour vous ai trahi mon père!... Mais vous le voyez, je suis forte; imitez-moi, ne vous engagez pas dans une lutte insensée.

— Quoi qu'il arrive, je vous aimerai toujours, Ellen! Que m'importe votre famille? Les enfants ne sont pas responsables des fautes des pères. Vous êtes noble, vous êtes sainte! Je vous aime, Ellen, je vous aime!

— Et croyez-vous donc que j'en doute? répondit-elle; oui, vous m'aimez, don Pablo, je le sais, j'en suis sûre, et, vous l'avouerai-je? cet amour qui fait mon désespoir fait mon bonheur aussi. Eh bien! il faut m'oublier, il le faut.

— Jamais! répéta-t-il avec exaltation.

— Écoutez, don Pablo, vous êtes avec vos compagnons à la recherche de mon père; si, ce qui est presque certain, vous le rencontrez, rien, ni larmes, ni prières, ne pourront le sauver, vous le tuerez.

— Hélas! murmura le jeune homme.

— Vous comprenez, dit-elle avec agitation, que je ne puis, moi, assister, spectatrice indifférente, à la mort de celui auquel je dois la vie, n'est-ce pas?... Cet homme que vous haïssez, dont vous voulez vous venger, cet homme est mon père; toujours il a été bon pour moi, toujours il m'a entourée de soins. Soyez bon, don Pablo!

— Parlez, Ellen; quoi que vous me demandiez, je le ferai, je vous le jure.

Elle fixa sur lui un regard d'une expression étrange.

— Est-ce bien vrai? Puis-je compter sur votre parole? demanda-t-elle avec une hésitation attentive.

— Ordonnez! j'obéirai.

— Ce soir, lorsque nous arriverons à l'endroit où nous devons camper, lorsque vos compagnons seront endormis, eh bien...

— Eh bien? fit-il en voyant qu'elle s'arrêtait.

— Laissez-moi fuir, don Pablo, je vous en supplie!

— Oh! pauvre enfant, s'écria-t-il, vous laisser fuir; mais que deviendrez-vous seule et perdue dans ce désert?

— Dieu veillera sur moi.

— Hélas! c'est la mort que vous demandez.

— Qu'importe? si j'ai fait mon devoir.

— Votre devoir, Ellen!

— Ne dois-je pas sauver mon père?

Don Pablo ne répondit pas.

— Vous hésitez... vous refusez..., dit-elle avec amertume.

— Non, répondit-il; vous l'exigez, que votre volonté soit faite! vous partirez.

— Merci! fit-elle en lui tendant la main.

Le jeune homme la porta à ses lèvres.

— Maintenant, dit-elle, un dernier service.

— Parlez, Ellen!

Elle prit une petite boîte cachée dans son sein et la remit à son compagnon.

— Prenez cette boîte, reprit-elle; je ne sais ce qu'elle contient, je l'ai soustraite à mon père avant de m'échapper de son camp avec votre sœur. Gardez-la précieusement, afin que si Dieu permet que nous nous retrouvions un jour réunis, vous puissiez me la rendre.

— Je vous le promets.

— Maintenant, don Pablo, quoi qu'il arrive, sachez que je vous aime et que votre nom sera le dernier qui viendra sur mes lèvres à mon dernier soupir.

— Oh! laissez-moi croire, laissez-moi espérer qu'un jour peut-être...

— Jamais! s'écria-t-elle à son tour avec un accent impossible à rendre; quelque grand que soit mon amour, le sang de mon père nous séparera éternellement!

Le jeune homme courba le front avec accablement sous cette parole, sinistre imprécation qui le foudroyait en lui faisant mesurer la profondeur de l'abîme dans lequel il était tombé.

Ils continuèrent à marcher silencieusement aux côtés l'un de l'autre.

Le sachem des Coras servait, ainsi que nous l'avons dit, de guide à la petite troupe. Arrivé à un endroit où la sente qu'il suivait faisait un crochet assez roide en se rapprochant de la rive du fleuve, il s'arrêta et imita le cri de la pie.

A ce signal, Valentin fit sentir l'éperon à son cheval et le rejoignit au galop.

— Qu'y a-t-il de nouveau? demanda-t-il.
— Rien, répondit le chef, sinon que dans quelques minutes nous serons arrivés en face de l'île où le Cèdre-Rouge a établi son camp.
— Ah! ah! fit Valentin; arrêtons-nous alors.
Les chasseurs mirent pied à terre et se cachèrent derrière les buissons. Le plus grand silence régnait sur les bords du fleuve.
— Hum! murmura Valentin, je crois que l'oiseau est déniché.
— Nous allons le savoir, répondit la Plume-d'Aigle.
Alors, avec cette prudence qui caractérise les hommes de sa race, il se glissa avec précaution d'arbre en arbre et disparut bientôt aux yeux de ses compagnons.
Ceux-ci attendirent immobiles, les yeux fixés sur la place où il s'était, pour ainsi dire, évanoui.
Leur attente fut longue.
Enfin, au bout d'une heure au moins, un léger frôlement se fit entendre dans les broussailles, et l'Indien se dressa devant eux.
Il était facile de voir qu'il sortait du fleuve, son corps ruisselait d'eau.
— Eh bien? lui demanda Valentin.
— Partis.
— Tous?
— Tous.
— Depuis longtemps?
— Depuis deux jours au moins, les feux sont froids.
— Je m'en doutais, fit le chasseur comme se parlant à lui-même.
— Oh! s'écria don Miguel, ce démon nous échappera donc toujours!
— Patience! répondit Valentin; à moins d'avoir comme un poisson glissé sous l'eau, ou comme un oiseau volé dans l'air, nous retrouverons ses traces, je vous le jure.
— Mais qu'allons-nous faire?
— Attendre, dit le chasseur. Il est tard, nous passerons la nuit ici; demain, au point du jour, nous nous mettrons à la poursuite de notre ennemi.
Don Miguel poussa un soupir et ne répondit pas.
Les préparatifs d'un campement de chasseurs ne sont pas longs. Harry et la Plume-d'Aigle allumèrent un feu, dessellèrent les chevaux qui furent entravés, puis on s'occupa activement des apprêts du souper.
Excepté don Miguel et son fils, qui, chacun pour une cause différente, ne mangèrent que quelques bouchées, les chasseurs firent honneur au frugal repas, que les fatigues du jour leur faisaient trouver délicieux.
Aussitôt que le souper fut fini, Valentin se leva, jeta son rifle sur l'épaule, et, d'un signe, invita Curumilla à le suivre.
— Où allez-vous? demanda don Miguel.
— Dans l'île où se trouvait le camp des gambusinos, répondit le chasseur.
— Je vais avec vous.
— Pardieu! moi aussi, dit le général.
— Soit.

Elle poussa un cri de désespoir et tomba à la renverse.

Les quatre hommes s'éloignèrent; il ne restait au camp que don Pablo, le chef des Coras, Harry et Ellen.

Dès que les pas des chasseurs se furent éteints dans l'éloignement, la jeune fille se tourna vers don Pablo.

— Voilà l'heure, dit-elle.

Le Mexicain ne put réprimer un tressaillement nerveux.

— Vous le voulez? lui répondit-il tristement.
— Il le faut! reprit-elle en étouffant un soupir.
Elle se leva et s'approcha de Harry.
— Frère, lui dit-elle, je pars.
— Bien! fit le chasseur.
Sans autre explication, il se leva, sella deux chevaux, puis il attendit, impassible en apparence.
Moukapec dormait ou feignait de dormir.
Ellen tendit la main à don Pablo, et d'une voix émue :
— Adieu! lui dit-elle.
— Oh! s'écria le jeune homme, restez, Ellen, je vous en conjure!
La fille du squatter secoua tristement la tête.
— Je dois rejoindre mon père, murmura-t-elle; don Pablo, laissez-moi partir.
— Ellen! Ellen!...
— Adieu, don Pablo!
— Oh! fit le jeune homme avec désespoir, rien ne peut donc vous fléchir?
Le visage de l'Américaine était inondé de larmes; son sein haletait.
— Ingrat! murmura-t-elle d'un ton d'amer reproche; ingrat! qui ne comprend pas combien je l'aime...
Don Pablo fit un effort suprême; il se roidit contre la douleur, et, d'une voix entrecoupée :
— Partez donc! dit-il, et que Dieu vous protège!
— Adieu.
— Oh! non, pas adieu! au revoir! s'écria-t-il.
La jeune fille secoua tristement la tête et s'élança sur le cheval que le Canadien tenait prêt.
— Harry, dit don Pablo, veillez sur elle!
— Comme sur ma sœur, répondit le Canadien d'une voix profonde.
Ellen fit un dernier signe d'adieu à don Pablo et lâcha la bride.
Le jeune homme se laissa aller sur le sol avec désespoir.
— Oh! tout mon bonheur! murmura-t-il d'une voix brisée.
Moukapec n'avait pas fait un mouvement. Il fallait que son sommeil fût bien profond.
Deux heures plus tard, Valentin et ses compagnons revinrent de leur excursion à l'île.
Don Miguel s'aperçut immédiatement de l'absence d'Ellen.
— Où est la fille du squatter? demanda-t-il vivement.
— Partie... murmura don Pablo.
— Et vous l'avez laissée fuir! s'écria l'hacendero.
— Elle n'était pas prisonnière, je n'avais donc pas le droit de m'opposer à son départ.
— Et le chasseur canadien?
— Parti aussi.
— Oh! s'écria don Miguel, il faut nous mettre à leur poursuite sans perdre un instant.

Un frisson d'épouvante et de joie parcourut le corps du jeune homme, qui pâlit à cette parole.

Valentin lui lança un regard investigateur, et, posant la main sur l'épaule de son ami :

— Gardons-nous-en bien, dit-il avec un sourire expressif: laissons, au contraire, la fille du Cèdre-Rouge s'éloigner tranquillement.

— Mais... fit don Miguel.

Valentin se pencha à son oreille et lui dit quelques mots à voix basse; l'hacendero tressaillit.

— Vous avez raison, murmura-t-il.

— Maintenant, reprit le chasseur, dormons, car je vous promets que la journée de demain sera rude pour nous.

Chacun parut comprendre la justesse de cette recommandation, et, un quart d'heure à peine après qu'elle fut faite, les chasseurs dormaient étendus autour du feu.

Seul, Curumilla, appuyé sur son rifle, debout contre un mélèze, avec lequel il semblait faire corps, veillait à la sûreté commune.

## XXXII

### FRAY AMBROSIO

Nous retournerons maintenant auprès des gambusinos.

Sutter et Nathan n'avaient pas dit un mot à leur frère ; lui, de son côté, n'avait pas semblé les reconnaître.

Lorsque chacun se fut accommodé pour dormir, Schaw s'étendit, lui aussi, sur le sol, tout en se rapprochant imperceptiblement de doña Clara.

La jeune fille, la tête dans les deux mains, les coudes appuyés sur les genoux, pleurait silencieusement.

Ces pleurs brisaient le cœur de Schaw. Il aurait donné sa vie pour les tarir.

Cependant la nuit se faisait de plus en plus sombre ; la lune, voilée par les nuages épais qui passaient incessamment sur son disque blafard, ne projetait que des rayons sans clarté, trop faibles pour percer le dôme de feuillage sous lequel les gambusinos avaient cherché un abri.

Schaw, rassuré par l'immobilité complète de ses compagnons et le silence lugubre qui planait dans la clairière, se hasarda à toucher légèrement le bras de la jeune fille.

— Que me voulez-vous? lui demanda-t-elle d'une voix triste.

— Parlez bas, répondit-il, au nom du Ciel, parlez bas, señora, un des hommes qui sont étendus là n'aurait qu'à nous entendre! ces maudits ont l'oreille si fine, que le moindre soupir du vent à travers le feuillage suffit pour les éveiller et les mettre sur leurs gardes.

— Qu'importe qu'ils s'éveillent? reprit-elle d'un ton de reproche; grâce à vous, à qui je me suis fiée, ne suis-je pas retombée entre leurs mains?

— Oh! fit-il en se tordant les bras avec désespoir, vous ne me croyez pas capable d'une si odieuse trahison, madame!

— Cependant vous voyez où nous sommes.

— Hélas! madame, je ne suis pas coupable; c'est la fatalité qui a tout fait. Un sourire d'incrédulité plissa les lèvres pâles de la jeune fille.

— Ayez au moins le courage de votre mauvaise action, monsieur, soyez franchement bandit comme ces hommes qui dorment là. Oh! ajouta-t-elle avec amertume, je n'ai pas de reproches à vous adresser; je devrais, au contraire, vous admirer, car, bien que vous soyez fort jeune encore, vous avez, monsieur, déployé en cette circonstance une habileté et une astuce que j'étais loin de vous soupçonner; vous avez joué votre rôle avec un talent consommé.

Chacune de ces paroles cruelles entrait comme une pointe de poignard dans le cœur du malheureux jeune homme et lui faisait endurer des tortures atroces.

— Oui, fit-il avec découragement, les apparences sont contre moi; c'est en vain que je chercherais à vous persuader de mon innocence, vous ne me croiriez pas, madame, et pourtant Dieu m'est témoin que tout ce qu'il est humainement possible de faire, je l'ai tenté pour vous sauver.

— Vous avez été bien malheureux, alors, monsieur, reprit-elle d'un ton de sarcasme; car il faut avouer que toutes ces tentatives dont vous vous vantez ont étrangement tourné contre vous.

Schaw poussa un profond soupir.

— Mon Dieu! dit-il, quelle preuve pourrais-je vous donner de mon dévouement?

— Aucune, répondit-elle froidement.

— Oh! madame.

— Monsieur, interrompit-elle d'une voix ferme et ironique, faites-moi grâce, je vous prie, de vos lamentations, à la sincérité desquelles je ne veux pas croire, trop de preuves irrécusables s'élèvent contre vous; ce qu'il y a de plus odieux que la trahison, ce sont les hypocrites protestations d'un traître. Vous avez réussi, que demandez-vous de plus? Jouissez de votre triomphe. Je vous le répète, je ne vous adresse pas de reproches, vous avez agi comme vos instincts et votre éducation vous poussaient à le faire; vous avez été ogique avec vous-même, fidèle à vos antécédents : tout est dit. Maintenant, s'il m'est permis de vous adresser une prière, brisons là un entretien sans but et sans intérêt désormais, puisque vous ne parviendrez pas à détruire mes convictions à votre égard; imitez l'exemple de vos compagnons, et laissez-moi me livrer sans obstacle à ma douleur.

Schaw fut foudroyé par ces paroles, prononcées d'un ton qui n'admettait pas de réplique; il mesura la profondeur de l'abîme dans lequel il se débattait en vain, et une colère insensée s'empara de lui.

Doña Clara avait laissé retomber sa tête dans ses mains; elle pleurait.
Le jeune homme sentit un sanglot déchirer sa poitrine.
— Oh! dit-il, madame, comme vous prenez plaisir à me torturer le cœur! Moi, vous avoir trahi, moi, qui vous aime!
Doña Clara se redressa hautaine, implacable.
— Oui, répondit-elle avec ironie, oui, vous m'aimez, monsieur, mais vous m'aimez à la façon des bêtes fauves, qui entraînent leur proie dans leur antre afin de la déchirer à loisir; votre amour, c'est l'amour du tigre!
Schaw lui saisit le bras avec force, et, plongeant son regard dans le sien :
— Encore un mot, encore une insulte, madame, dit-il d'une voix saccadée, et je me poignarde à vos pieds; quand vous aurez vu mon cadavre rouler sur le sol, peut-être alors croirez-vous à mon innocence!
Doña Clara, étonnée, le regarda fixement.
— Que m'importe? dit-elle froidement.
— Oh! s'écria le jeune homme désespéré, soyez satisfaite, madame.
Et, d'un geste prompt comme la pensée, il dégaina son poignard.
Soudain une main se posa rudement sur son bras.
Doña Clara n'avait pas bougé.
Schaw se retourna.
Fray Ambrosio, debout derrière lui, le regardait en souriant, mais sans lâcher le bras qu'il avait saisi.
— Laissez-moi, lui dit le jeune homme d'une voix sourde.
— Non pas, mon fils, répondit doucement le moine, à moins que vous ne me promettiez premièrement de renoncer à votre projet homicide.
— Mais, s'écria Schaw avec désespoir, vous ne voyez donc pas qu'elle me croit coupable!
— Cela doit être; laissez-moi le soin de lui prouver le contraire.
— Oh! si vous faisiez cela... murmura le jeune homme avec un accent de doute.
— Je le ferai, mon fils, reprit en souriant toujours Fray Ambrosio; seulement, soyez raisonnable.
Schaw hésita un instant, puis il laissa tomber l'arme en murmurant d'une voix sourde :
— Il sera toujours temps.
— Parfaitement raisonné, dit le moine. Là, maintenant, asseyez-vous et causons. Fiez-vous à moi; bientôt il ne restera plus à la señora les moindres doutes sur votre innocence.
Schaw secoua la tête d'un air découragé.
— Vous allez voir, fit le moine de ce ton narquois qui lui était habituel.
Pendant toute cette scène, doña Clara était restée immobile comme une statue de la douleur, semblant ne prendre aucun intérêt à ce qui se passait entre les deux hommes.
Le moine se tourna vers elle.
— Ce jeune homme vous a dit la vérité tout entière, madame, fit-il; c'est une justice que je me plais à lui rendre. Je ne sais quelle cause le poussait à agir ainsi; mais, pour vous sauver, il a fait plus que l'impossible : il a lutté,

vous tenant entre ses bras crispés, contre une nuée de Peaux-Rouges altérés de sang. Lorsque Dieu nous a si miraculeusement envoyés à son secours, il allait succomber, et il a roulé sans connaissance aux pieds de nos chevaux, serrant encore contre sa poitrine saignante le précieux fardeau qui lui avait été confié sans doute et dont il avait juré de ne se séparer que mort. Voilà la vérité vraie, madame; je vous le jure sur l'honneur.

Doña Clara sourit avec ironie.

— Oh! répondit-elle, gardez pour vous ces protestations menteuses et inutiles, mon père; j'ai appris à vous connaître aussi, grâce à Dieu, depuis quelque temps, et je sais quel fonds on peut faire sur votre parole.

Le moine se mordit les lèvres avec dépit.

— Peut-être vous trompez-vous, madame, répondit-il en s'inclinant humblement, et ajoutez-vous trop facilement foi à des apparences menteuses.

— Bien menteuses, en effet, s'écria la jeune fille, lorsque votre conduite, jusqu'à ce jour, n'a fait qu'en prouver l'exactitude.

Un éclair jaillit de l'œil fauve du moine, éclair aussitôt éteint qu'allumé; il composa son visage et reprit avec une douceur inaltérable :

— Moi aussi, vous me jugez mal, madame; le malheur vous rend injuste. Vous oubliez que je dois tout à votre père.

— Ce n'est pas moi, c'est vous qui l'avez oublié, dit-elle vivement.

— Et qui vous dit, madame, fit-il avec une certaine animation, que, si je suis dans les rangs de vos ennemis, ce n'est pas afin de mieux vous servir?

— Oh! répondit-elle avec ironie, il vous serait difficile de me donner des preuves de ce beau dévouement, monsieur.

— Pas autant que vous le supposez peut-être, madame; j'en tiens en ce moment une à ma disposition que vous ne pourrez pas révoquer en doute.

— Et cette preuve? dit-elle avec ironie.

— Cette preuve, la voici, madame : mes compagnons dorment; à cinquante pas d'ici, dans la forêt, par mes soins, deux chevaux ont été attachés, je vais vous conduire auprès d'eux, et, guidée par ce malheureux jeune homme qui vous est dévoué, bien que vous ayez été cruelle envers lui, après les périls auxquels pour vous il s'est exposé, il vous sera facile, en quelques heures de vous mettre hors de notre atteinte et de vous dérober à notre poursuite. Voilà cette preuve, madame; direz-vous encore que je vous abuse?

— Et qui me prouve, monsieur, reprit-elle, que cette feinte sollicitude que vous me témoignez et qui vous est venue bien subitement, à mon avis, ne cache pas un nouveau piège?

— Madame, répondit le moine toujours impassible, les moments sont précieux, toute seconde qui s'écoule est une chance de salut que vous vous enlevez. Je ne discuterai pas avec vous, je me bornerai à vous dire ceci : A quoi me servirait de feindre de vous laisser échapper?

— Le sais-je, monsieur? Puis-je deviner les causes qui vous font agir?

— Très bien, madame, faites comme vous le jugerez convenable, mais Dieu m'est témoin que j'ai fait tout ce que j'ai pu pour vous sauver, et que c'est vous qui avez refusé.

Le moine prononça ces paroles avec un tel accent de conviction, que malgré elle, doña Clara se sentit ébranlée; la dernière observation de Fray Ambrosio était juste. A quoi bon feindre de la laisser échapper, puisqu'il l'avait en son pouvoir?

Elle réfléchit un instant.

— Écoutez, lui dit-elle, j'ai fait le sacrifice de ma vie. Je ne sais si vous êtes sincère, je voudrais le croire, mais comme il ne peut rien m'arriver de pire que ce qui me menace ici, je me fie à vous; conduisez-moi, je saurai bientôt si vos intentions sont bonnes et si je me suis trompée à votre égard.

Un furtif sourire éclaira le visage du moine, il poussa un soupir de satisfaction.

— Venez, dit-il, suivez-moi; surtout marchez avec précaution, afin de ne pas réveiller nos compagnons, qui ne sont probablement pas aussi bien disposés que moi envers vous.

Doña Clara et Schaw se levèrent et suivirent sans bruit le moine.

Le fils du squatter marchait devant la jeune fille, écartant tous les obstacles qui se trouvaient sur son passage.

Les ténèbres étaient épaisses, aussi était-il difficile de se diriger dans ces fourrés encombrés de lianes et de plantes parasites; doña Clara trébuchait à chaque pas.

Enfin, au bout d'une demi-heure, ils arrivèrent à la lisière de la forêt.

Deux chevaux attachés auprès d'un fourré broutaient tranquillement les jeunes pousses des arbres.

— Eh bien! dit le moine avec un accent de triomphe, me croyez-vous à présent, señora?

— Je ne suis pas sauvée encore, répondit-elle avec mélancolie.

Et elle se prépara à se mettre en selle.

Soudain les branches et les buissons s'écartèrent avec bruit, six ou huit hommes s'élancèrent brusquement des halliers où ils étaient cachés, et enveloppèrent nos trois personnages avant qu'il leur eût été possible de faire un geste pour se mettre en défense.

Schaw saisit vivement un pistolet et se prépara à vendre chèrement sa vie.

— Arrêtez, Schaw, lui dit doña Clara d'une voix douce; maintenant je reconnais que vous étiez fidèle. Je vous pardonne. Ne vous faites pas inutilement tuer; vous le voyez, ce serait une folie de résister.

Le jeune homme courba la tête et repassa son pistolet à la ceinture.

— Eh! s'écria une voix goguenarde qui fit courir un frisson de terreur sur tout le corps des fugitifs, je savais bien, moi, que ces chevaux appartenaient à quelqu'un! Voyons, qui avons-nous ici? Holà, l'Ourson! une torche! que nous sachions un peu à quoi nous en tenir.

— C'est inutile, Cèdre-Rouge, nous sommes des amis.

— Des amis! reprit brutalement le Cèdre-Rouge, car c'était effectivement lui; c'est possible. Je ne serais pourtant pas fâché de m'en assurer. Allume toujours la torche, garçon!

Il y eut un instant de silence. L'Ourson avait allumé une branche d'arbre-chandelle.

— Eh! eh! fit en ricanant le squatter, en effet, nous sommes en pays de connaissance. Où diable alliez-vous donc à cette heure de nuit, señor padre?

— Nous retournions au camp, dont nous nous sommes un peu écartés, afin de faire une promenade, répondit imperturbablement le moine.

Le Cèdre-Rouge lui lança un regard soupçonneux.

— Une promenade, grommela-t-il entre ses dents; singulier temps pour la promenade!

« Vous voilà, Schaw! soyez le bienvenu, garçon, quoique je comptasse peu vous rencontrer, surtout en compagnie de cette charmante colombe, fit-il avec un sourire sardonique.

— Oui, me voilà, mon père, répondit le jeune homme d'une voix sombre.

— C'est bien, c'est bien; plus tard vous m'apprendrez ce que vous êtes devenu depuis si longtemps, mais ce n'est pas le moment. Ne m'avez-vous pas dit que votre camp était près d'ici, señor padre, bien que je veuille que le diable me torde le cou si je puis comprendre comment cela se fait, moi qui allais vous chercher dans l'île où je vous ai laissés?

— Nous avons été contraints de la quitter.

— C'est bien, nous n'avons pas de temps à perdre en bavardages. Conduisez-nous au camp, mon maître; plus tard tout s'éclaircira, soyez tranquille.

Guidé par le moine, le Cèdre-Rouge entra dans la forêt, suivi par les pirates, qui conduisaient au milieu d'eux doña Clara et Schaw. Cette rencontre imprévue venait une fois encore de briser entre ses mains l'espoir d'une délivrance prochaine.

Quant à Fray Ambrosio, il marchait aussi tranquille en apparence que s'il ne lui était rien arrivé d'extraordinaire.

## XXXIII

### LA PISTE

L'aube commençait à peine à nuancer l'horizon de fugitives lueurs couleur d'opale.

Dans les sombres profondeurs du ciel, quelques étoiles scintillaient encore.

Les bêtes fauves quittaient leurs abreuvoirs ignorés et regagnaient à pas lents leurs repaires, troublant par intervalles le silence solennel du désert par leurs rugissements sinistres ou leurs sourds rauquements.

Valentin ouvrit les yeux, regarda autour de lui avec inquiétude, et après quelques moments employés à chasser les dernières atteintes du sommeil, il se leva lentement et alla réveiller ses compagnons, qui, roulés dans leurs manteaux et étendus çà et là, dormaient encore.

LES PIRATES DES PRAIRIES 209

Schaw s'étendit sur le sol tout en se rapprochant de doña Clara.

Bientôt, toute la petite troupe fut réunie autour du feu dans lequel le chasseur avait jeté quelques brassées de bois sec et dont les flammes brillantes servaient en ce moment aux apprêts du déjeuner.

Les Mexicains, les yeux fixés sur le chasseur, attendaient silencieusement qu'il s'expliquât; ils devinaient qu'il avait d'importantes communications à leur faire.

Liv. 125. F. ROY, édit. — Reproduction interdite.    27 PIRATES DES PRAIRIES.

Mais leur attente fut trompée, provisoirement du moins; Valentin se renferma dans un mutisme complet.

Lorsque le déjeuner fut préparé, le Français invita d'un geste ses compagnons à manger, et pendant une vingtaine de minutes, l'on n'entendit d'autre bruit que celui causé par le formidable appétit des chasseurs.

Le repas terminé, Valentin alluma tranquillement sa pipe indienne, puis il fit signe à ses compagnons qu'il désirait parler.

Chacun se tourna vers lui.

— Mes amis, dit-il de sa voix sympathique, ce que j'avais craint est arrivé, le Cèdre-Rouge a abandonné son camp de l'île; il a, si je ne me trompe, plusieurs jours d'avance sur nous; c'est en vain que j'ai essayé hier au soir de relever ses traces et de découvrir sa piste; cela m'a été impossible. Le Cèdre-Rouge est un scélérat d'une férocité heureusement peu commune, dont nous avons juré la perte, serment que nous tiendrons, je l'espère; mais il est une justice que l'impartialité m'oblige à lui rendre, c'est un des plus expérimentés chasseurs du Far West; nul mieux que lui ne sait, quand cela lui plaît, dissimuler ses traces et découvrir celle des autres. Nous allons donc lutter corps à corps avec lui, lutte toute de patience, car il a approfondi toutes les ruses des Peaux-Rouges, auxquels je ne crains pas d'avouer qu'il est supérieur en fourberie.

— Hélas! murmura don Miguel.

— Je vous ai juré de vous rendre votre fille, mon ami, continua Valentin; avec l'aide de Dieu, je tiendrai mon serment; mais c'est un travail de géant que je vais entreprendre; j'exige donc de vous tous, mes amis, l'obéissance la plus complète; votre ignorance du désert pourrait, dans certaines circonstances, nous causer de graves préjudices et nous faire perdre en quelques minutes le fruit de nos longues recherches; j'exige donc de votre amitié que vous vous laissiez entièrement guider par mon expérience.

— Mon ami, répondit don Miguel avec un accent empreint d'une majesté suprême, quoi que vous ordonniez, nous le ferons, car vous seul pouvez mener à bien l'entreprise difficile dans laquelle nous sommes engagés.

— Bien! je vous remercie de cette obéissance que vous me promettez, mon ami; sans elle il nous serait impossible de réussir. Maintenant, laissez-moi me concerter avec les chefs indiens.

Valentin se leva, fit un signe à Curumilla et à la Tête-d'Aigle, et tous trois allèrent s'asseoir en cercle un peu à l'écart.

Valentin passa son calumet à l'Araucan, celui-ci fuma quelques secondes et le donna à la Tête-d'Aigle, qui, après avoir fumé, lui aussi, le rendit au chasseur.

— Mes frères savent pourquoi je les ai convoqués en conseil, dit alors Valentin.

Les deux chefs inclinèrent la tête sans répondre.

— Fort bien, continua-t-il; maintenant quel est l'avis de mes frères? Que le sachem des Coras parle le premier, c'est un chef sage dont les conseils ne peuvent qu'être bons.

Moukapec s'inclina.

— Pourquoi Koutonepi demande-t-il l'avis de ses frères rouges? dit-il. Koutonepi est un grand guerrier, il a l'œil du *quantilli* (aigle), le flair du *ytzcuintli* (chien), le courage du *miztli* (lion) et la prudence du *coalt* (serpent); nul mieux que lui ne sait découvrir sur le sable une trace perdue; ce que fera Koutonepi sera bien, ses frères le suivront.

— Merci, chef, reprit Valentin; mais dans quelle direction devons-nous nous diriger?

— Le Cèdre-Rouge est l'ami de Stanapat; après sa défaite, le chasseur de chevelures se sera réfugié auprès de son ami.

— Cet avis est aussi le mien, observa le chasseur; qu'en pensez-vous, chef? dit-il en se tournant vers Curumilla.

L'Araucan secoua la tête.

— Non, dit-il, le Cèdre-Rouge aime l'or.

— C'est juste, fit Valentin en secouant la tête, les Apaches sont d'ailleurs trop près de nous, vous avez raison, chef; c'est donc vers le nord qu'il faut nous diriger?

Curumilla baissa affirmativement la tête.

— Pas de chevaux, dit-il, ils effacent les traces.

— C'est juste, nous irons à pied. Avez-vous la mesure du Cèdre-Rouge?

Curumilla fouilla dans son sac à la médecine et en tira un vieux moksens déchiré.

— Oh! fit Valentin joyeux, ceci vaut mieux; partons sans plus tarder.

Ils se levèrent.

— Mes amis, dit le chasseur aux Mexicains, voici ce que nous avons résolu : vous trois seulement serez à cheval; chacun de vous conduira un de nos chevaux en bride afin que nous puissions, au premier signal, nous mettre en selle; les deux chefs et moi, nous cheminerons à pied, afin de ne laisser échapper aucun indice; vous vous tiendrez à deux cents pas en arrière de nous; j'ai remarqué que sur la rivière il y a en ce moment beaucoup de cygnes trompettes [1], le cri de cet oiseau nous servira de ralliement. Tout cela est bien convenu, n'est-ce pas?

— Oui, répondirent d'une seule voix les trois hommes.

— Bon! maintenant, en route, tâchez seulement de ne nous jamais perdre de vue.

— Soyez tranquille, ami, dit le général, nous avons un trop grand intérêt à ne pas vous quitter. *Canario!* que deviendrions-nous, seuls, perdus dans ce désert maudit!

— Allons, allons, quelque chose me dit que nous réussirons, fit gaiement Valentin, courage donc!

— Dieu veuille que vous ne vous trompiez pas, mon ami! répondit tristement don Miguel. Ma pauvre fille!

— Nous la délivrerons, j'ai suivi des pistes plus difficiles.

Sur ces consolantes paroles, les deux Indiens et le chasseur se mirent en route.

---

1. *Cygnus buccinator*.

Au lieu de prendre la file indienne, ordinairement adoptée dans les prairies, et de marcher à la suite l'un de l'autre, ils s'étendirent au contraire en éventail, afin d'avoir un plus grand espace à explorer et ne pas laisser échapper le plus petit indice.

Dès que les éclaireurs furent à la distance convenue, les Mexicains montèrent à cheval et les suivirent de loin au pas, sans cependant les perdre de vue, autant que cela leur était possible.

Lorsqu'il avait dit à don Miguel Zarate qu'il avait suivi des pistes plus difficiles, où Valentin s'était vanté, ou bien, ce qui est plus probable à cause du caractère franc du chasseur, il avait voulu rendre l'espoir à son ami.

Pour suivre une piste, il faut qu'il y en ait une.

Le Cèdre-Rouge était un trop vieux coureur des bois pour négliger les moindres précautions; il savait trop bien que si grand que soit le désert, un homme habitué à le parcourir parvient toujours, si bien qu'il soit caché, à y découvrir celui qu'il cherche.

Il savait aussi qu'il était poursuivi par le chasseur le plus expérimenté du Far West, celui que, d'un commun accord, trappeurs blancs ou métis et les Peaux-Rouges eux-mêmes avaient surnommé le *Chercheur de pistes*.

Aussi s'était-il surpassé lui-même. Rien n'apparaissait.

Valentin et ses deux compagnons avaient beau interroger le désert, le désert restait muet et impénétrable comme un livre fermé.

Depuis cinq heures déjà ils marchaient sans que rien fût venu donner un corps à leurs soupçons et leur prouver qu'ils étaient sur la bonne voie.

Cependant, avec cette patience qui caractérise les hommes habitués à la vie des prairies, et dont aucun mot ne peut exprimer la ténacité, les trois hommes marchaient toujours, s'avançant lentement, pas à pas, le corps courbé, les yeux fixés sur le sol, ne se rebutant pas des difficultés insurmontables qu'ils avaient à vaincre, mais au contraire excités par ces difficultés mêmes qui leur prouvaient qu'ils avaient affaire à un adversaire digne d'eux.

Valentin marchait au centre: à sa droite, il avait Curumilla; à sa gauche, la Plume-d'Aigle.

Ils parcouraient en ce moment une plaine assez plate où la vue pouvait sans empêchement s'étendre assez loin; d'un côté s'élevaient les premiers plans d'une forêt vierge, de l'autre le Rio-Gila qui coulait sur un lit de sable.

Arrivé sur le bord d'un petit ruisseau dont les rives étaient obstruées par les broussailles, Valentin remarqua tout à coup que deux ou trois petites branches étaient cassées à quelques pouces de terre.

Le chasseur s'arrêta et, afin de mieux regarder, il se campa sur le sol, examinant avec soin les brisures du bois en glissant sa tête dans le fourré.

Soudain il se releva vivement sur les genoux en poussant un cri de joie.

A ce cri ses deux compagnons accoururent.

— Ah! vive Dieu! s'écria Valentin avec joie, à présent je le tiens. Voyez, voyez!

Et il montra aux Indiens quelques crins de cheval qu'il tenait à la main.

Curumilla examina attentivement ces crins que Valentin lui avait remis, tandis que la Plume-d'Aigle allait sans dire un mot élever avec des pierres et de la terre une espèce de digue en travers du ruisseau, large à peine de quelques mètres.

— Eh bien, qu'en dites-vous, chef? demanda Valentin, ai-je deviné?
— *Ooah!* fit l'Indien, Koutonepi a bien vu, ces crins viennent du cheval du Cèdre-Rouge.
— N'est-ce pas? J'ai observé que la couleur du cheval qu'il montait était gris de fer.
— Oui, mais il doit boiter.
— Je le sais, de la jambe de devant hors montoir.

En ce moment le Coras poussa un cri d'appel.

L'Indien avait détourné le lit du ruisseau. On voyait distinctement dans le sable des traces des pieds d'un cheval.

— Vous voyez? dit Valentin.
— Oui, reprit Curumilla, mais il est seul.
— Pardieu! fit le chasseur.

Les deux guerriers le regardèrent avec étonnement.

— Écoutez, dit-il, ceci est une fausse piste. Arrivé à ce ruisseau où il lui était impossible de ne pas laisser de traces, le Cèdre-Rouge, supposant que nous le chercherions dans l'eau, a payé d'audace, il a traversé seul le ruisseau, bien que pour des hommes moins habitués que nous au désert il serait facile de supposer que toute une troupe a passé ici. Voyez là-bas, de l'autre côté, les pas du cheval. Le Cèdre-Rouge a voulu être trop fin : nous montrer une trace, c'est ce qui l'a perdu. Au lieu de traverser, le reste de la troupe, qu'il a rejoint plus tard, a descendu le lit du ruisseau jusqu'au Gila, où elle s'est embarquée et passée de l'autre côté de la rivière.

Les deux Indiens, à cette explication si claire, ne purent retenir un cri d'admiration.

Valentin rompit la digue, et, aidé de ses compagnons, en établit une autre à une centaine de mètres au-dessous, à peu de distance du Gila.

A peine le lit du ruisseau fut-il à sec, que les deux Indiens frappèrent des mains en poussant des cris de joie.

Valentin avait deviné juste; cette fois il avait découvert la véritable piste, le fond du ruisseau était piétiné par une troupe nombreuse de chevaux.

— Oh! oh! fit Valentin, je crois que nous avons pris la bonne route.

Il imita alors le cri du cygne. Les Mexicains, intrigués des mouvements qu'ils avaient vu faire aux chasseurs, et qui avaient hâte d'apprendre des nouvelles, piquèrent des deux et accoururent au galop.

— Eh bien? s'écria don Miguel.
— Bonnes nouvelles, répondit Valentin.
— Vous tenez la piste! demanda vivement le général.
— Je crois que oui, répondit modestement le chasseur.
— Oh! fit don Pablo avec joie, nous rejoindrons bientôt ce misérable alors.
— Je l'espère. Il nous faut maintenant traverser la rivière; seulement, laissez-nous passer devant.

— Faites, dit don Pablo.

Les trois chasseurs sautèrent sur leurs chevaux et entrèrent dans la rivière, suivis de loin par leurs compagnons.

Arrivés de l'autre côté du Gila, au lieu de monter sur la rive ils suivirent assez longtemps le courant, examinant avec attention le rivage qu'ils côtoyaient.

— Eh! fit tout à coup Valentin en arrêtant son cheval, je crois que c'est là que ceux que nous suivons ont pris terre.

— C'est là, dit Curumilla en baissant affirmativement la tête.

— Oui, appuya Moukapec, c'est facile à voir.

En effet, cet endroit était des plus convenables pour débarquer sans laisser de traces. La rive était bordée, pendant près de cent mètres, de larges roches plates en forme de pierres tumulaires, où les chevaux pouvaient poser les pieds sans qu'on redoutât qu'on vît la place où ils avaient passé.

Ces pierres s'étendaient à une assez grande distance dans la plaine, et formaient ainsi une espèce de chaussée naturelle large de près d'un kilomètre.

Seulement, chose que personne n'avait pu prévoir et qui sans doute serait passée inaperçue si Valentin ne l'avait pas devinée, lui, un des chevaux, en grimpant sur les roches, avait mal calculé son élan et avait glissé, si bien qu'une ligne presque imperceptible laissée par son sabot sur le rocher avait dénoncé au perspicace chasseur où la troupe avait pris terre.

Les chasseurs suivirent le même chemin; mais, dès qu'ils furent à terre, la piste disparut de nouveau.

Les éclaireurs eurent beau regarder de tous les côtés avec les soins les plus minutieux, ils ne trouvèrent rien qui vînt leur indiquer la route prise, en sortant de l'eau, par ceux qu'ils poursuivaient.

Valentin, les deux mains appuyées sur l'extrémité du canon de son rifle, réfléchissait profondément, tantôt regardant à terre, tantôt levant les yeux vers le ciel, comme un homme préoccupé de la solution d'un problème qui lui semble impossible à résoudre, lorsqu'il aperçut un aigle à la tête blanche qui planait en longs cercles au-dessus d'un chaos de rochers situé un peu sur la droite de l'endroit où il se tenait.

— Hum! fit le chasseur en suivant de l'œil l'oiseau roi dont les cercles se rétrécissaient de plus en plus. A qui en veut donc cet aigle? je serais curieux de le savoir.

Et, faisant un cri d'appel à ses deux compagnons, il jeta son rifle sur l'épaule et s'avança à grands pas vers l'endroit au-dessus duquel l'oiseau de proie continuait à planer.

Valentin communiqua aux deux Indiens les soupçons qui venaient de naître dans son esprit, et les trois hommes commencèrent à gravir péniblement la masse de rochers bizarrement entassés les uns sur les autres, qui s'élevaient comme une colline de médiocre hauteur au milieu de la prairie.

En arrivant au sommet, les chasseurs s'arrêtèrent essoufflés. L'aigle, effrayé de leur présence imprévue, avait pris son vol au plus haut des airs.

Il se trouvaient sur une espèce de plate-forme qui devait incontestablement avoir servi jadis de sépulture à un chef indien renommé, car plusieurs débris informes gisaient çà et là auprès d'une cavité assez large et profonde d'une dizaine de mètres.

Valentin se pencha sur le bord de cette cavité ; mais l'obscurité était tellement épaisse à cause de la forme renflée du trou, qu'il ne put rien apercevoir, seulement son odorat fut désagréablement saisi par une odeur de chair pourrie qui lui monta immédiatement aux narines.

— Eh! qu'est cela ? fit-il.

Sans parler, Curumilla avait allumé une torche de bois-chandelle qu'il tendit au chasseur.

Valentin se pencha de nouveau et regarda.

— Oh! s'écria-t-il, le cheval du Cèdre-Rouge! Ah! compagnon, je te tiens à présent. Mais comment ce démon est-il parvenu à monter cet animal ici sans laisser de traces? Puis au bout d'un instant il ajouta : Eh! que je suis bête! le cheval n'était pas encore mort, il l'a amené jusqu'ici, puis l'a poussé dans le trou, pardieu! C'est bien joué. Il faut avouer que le Cèdre-Rouge est un coquin bien remarquable, et que sans l'aigle je n'aurais pu découvrir où il avait passé ; mais maintenant je le tiens ; serait-il dix fois plus malin, il ne m'échappera plus.

Et tout joyeux, Valentin rejoignit les Mexicains qui attendaient avec inquiétude le résultat de ses recherches.

## XXXIV

### LA CHASSE

— Ainsi, demanda don Miguel au chasseur, vous croyez, mon ami, que nous sommes sur la bonne voie et que cet homme ne peut nous échapper?

— Je suis convaincu, répondit le chasseur, que jusqu'à présent nous avons suivi sa piste. Quant à vous assurer qu'il ne nous échappera pas, je ne saurai vous le dire ; je puis seulement vous certifier que je le découvrirai.

— C'est ce que je voulais dire, fit l'hacendero avec un soupir.

On se remit en route.

La prairie se faisait plus accidentée ; çà et là des bouquets d'arbres coupaient le paysage, et de distance en distance s'élevaient des collines, premiers contreforts de la Sierra-Madre qui dentelaient l'horizon bleuâtre et formaient des ondulations de terrain.

Les chasseurs arrivèrent ainsi une heure environ avant le coucher du soleil aux premiers arbres d'une immense forêt vierge qui s'étendait comme un rideau de verdure et leur masquait complètement les lointains de la prairie.

— *Ooah !* fit Curumilla en se baissant subitement et ramassant un objet qu'il présenta à Valentin.

— Eh ! mais, s'écria celui-ci, voilà, si je ne me trompe, la croix de doña Clara.

— Donnez ! donnez ! mon ami, dit don Miguel en s'avançant rapidement.

Il saisit l'objet que lui remit le chasseur : c'était, en effet, une petite croix en diamant que la jeune fille portait habituellement au cou.

L'hacendero la porta à ses lèvres avec une joie mêlée de douleur.

— Mon Dieu ! mon Dieu ! s'écria-t-il, qu'est-il arrivé à ma pauvre enfant ?

— Rien, répondit Valentin. Rassurez-vous, mon ami ; la chaîne se sera cassée probablement, et doña Clara l'aura perdue, voilà tout.

Don Miguel soupira, deux larmes jaillirent de ses yeux, mais il ne prononça pas une parole.

A l'entrée de la forêt, Valentin s'arrêta.

— Il n'est pas prudent, dit-il, de s'engager ainsi pendant la nuit sous ces grands arbres ; peut-être ceux que nous cherchons nous attendent-ils pour nous attaquer à l'abri. Si vous m'en croyez, nous camperons ici.

Personne ne fit d'observation à cette proposition ; en conséquence, le camp fut établi.

La nuit était complètement venue ; les chasseurs, après avoir pris leur repas, s'étaient roulés et endormis dans leurs couvertures. Seuls, Valentin, Curumilla et la Plume-d'Aigle, gravement assis autour du feu, causaient entre eux à voix basse, tout en surveillant avec soin les environs.

Tout à coup Valentin saisit brusquement l'ulmen au col et l'obligea à se coucher sur le sol ; au même instant, un éclair brilla, un coup de feu retentit et une balle vint ricocher sur les tisons en faisant jaillir un millier d'étincelles.

Les Mexicains, réveillés en sursaut par l'explosion, se levèrent en saisissant leurs armes.

Les trois chasseurs avaient disparu.

— Que signifie cela ? fit don Miguel en regardant vainement dans l'obscurité.

— Ma foi, dit le général, je me trompe fort, ou nous sommes attaqués.

— Attaqués ! reprit l'hacendero, mais par qui ?

— Dame, par des ennemis, probablement, fit le général : seulement, quels sont ces ennemis ? voilà ce que je ne saurais dire.

— Où sont donc nos amis ? demanda don Pablo.

— En chasse, je suppose, répondit le général.

— Tenez, les voici qui reviennent, dit don Miguel.

En effet, les chasseurs revenaient, mais ils n'étaient pas seuls.

Ils amenaient un prisonnier.

Ce prisonnier, c'était l'Ourson, le pirate.

L'Ourson était un petit homme gros et trapu, à la face bestiale, qui aurait eu l'air stupide si ses yeux, brillants comme des escarboucles, n'avaient pas donné à sa physionomie une expression de finesse diabolique.

Dès qu'il fut amené au campement, Valentin le fit solidement garrotter et le considéra quelques instants avec une profonde attention.

Soudain il se releva vivement sur les genoux en poussant un cri de joie.

Le bandit supporta cet examen avec une feinte insouciance qui, si bien jouée qu'elle était, ne réussit cependant pas à tromper le Français.

— Hum! murmura-t-il à part lui, voilà un drôle qui me fait l'effet d'être madré; voyons un peu si je me trompe. Qui es-tu, coquin? lui demanda-t-il rudement,

— Moi? fit l'autre d'un air niais.

— Oui, toi.
— Je suis un chasseur.
— Chasseur de chevelures, je suppose, reprit Valentin.
— Pourquoi? fit l'autre.
— Dame! je ne pense pas que tu nous aies pris pour des bêtes fauves.
— Je ne comprends pas, dit le bandit d'un air stupide.
— C'est possible, fit Valentin. Comment te nommes-tu?
— L'Ourson.
— Hum! joli nom. Et que fais-tu à rôder ainsi autour de notre campement?
— La nuit est sombre, je vous ai pris pour des Apaches.
— C'est pour cela que tu as tiré sur nous?
— Oui.
— Tu ne comptais pas nous tuer tous les six, je suppose, avec ton coup de fusil.
— Je n'ai pas cherché à vous tuer.
— Ah! ah! tu voulais nous saluer, sans doute, n'est-ce pas? fit le chasseur en ricanant.
— Non, mais je voulais attirer votre attention.
— Ah! eh bien, tu as réussi. Pourquoi t'es-tu sauvé alors?
— Je ne me suis pas sauvé, puisque je me suis au contraire laissé prendre.
— Hum! fit Valentin. Enfin, c'est égal, nous te tenons; maintenant, si tu nous échappes, tu seras bien adroit.
— Qui sait? murmura le pirate.
— Où allais-tu?
— J'allais rejoindre mes amis, de l'autre côté du fleuve
— Quels amis?
— Des amis à moi.
— Probablement.
— Cet homme est idiot, fit le général en haussant les épaules.
Valentin lui lança un regard significatif.
— Vous croyez? dit-il.
Le général ne répondit pas.
Valentin reprit l'interrogatoire du bandit.
— Mais quels sont les amis que tu allais rejoindre?
— Je vous l'ai dit, des chasseurs.
— Fort bien, mais ces chasseurs ont un nom.
— Est-ce que vous n'en avez pas, vous?
— Écoute, mon drôle, dit Valentin, que les réponses du pirate commençaient à impatienter, je t'avertis que si tu ne veux pas répondre catégoriquement à mes questions, je serai forcé de te brûler la cervelle.
L'Ourson fit un bond en arrière.
— Me brûler la cervelle, s'écria-t-il, à moi! Allons donc, vous n'oseriez pas.
— Pourquoi cela, mon compagnon?
— Parce que le Cèdre-Rouge me vengerait.

— Ah! ah! tu connais le Cèdre-Rouge.
— *By God!* si je le connais! puisque je vais le rejoindre.
— Oui-da! fit Valentin avec méfiance. Et où cela donc?
— Eh! où il est, probablement.
— C'est juste; ainsi tu sais où est le Cèdre-Rouge?
— Oui.
— Alors tu vas nous conduire près de lui.
— Je ne demande pas mieux, fit vivement le pirate.

Valentin se tourna vers son ami.

— Cet homme est un traître, dit-il, il nous a été envoyé pour nous tendre un piège, auquel, grâce à Dieu, nous ne nous laisserons pas prendre. Curumilla, attachez une corde à une branche de ce chêne-liège.

— Pourquoi donc? demanda don Miguel.

— Pardieu! pour pendre ce drôle, qui a l'air de croire que nous sommes des niais et des imbéciles.

L'Ourson frissonna de terreur.

— Un moment, dit-il.

— Pourquoi cela? fit le chasseur.

— Eh! mais, parce que je ne veux pas être pendu donc!

— C'est cependant ce qui va vous arriver avant dix minutes, mon brave; ainsi vous ferez aussi bien d'en prendre votre parti.

— Du tout, du tout, puisque je vous offre de vous conduire auprès du Cèdre-Rouge.

— Très bien, mais je préfère y aller seul.

— A votre aise, alors laissez-moi m'en aller.

— Voilà ce qui n'est pas possible.

— Pourquoi donc?

— Je vais vous le dire : parce que si nous vous rendons la liberté, vous irez rendre compte de ce que vous avez vu à celui qui vous a envoyé, et je ne le veux pas; d'ailleurs, je sais à présent aussi bien que vous où est le Cèdre-Rouge.

— Le Cèdre-Rouge ne se cache pas, il n'est pas difficile à trouver.

— Fort bien; vous avez cinq minutes pour vous recommander à Dieu et lui jeter votre âme à la tête; c'est plus que vous ne méritez.

L'Ourson comprit, à l'accent du chasseur, qu'il était perdu; il prit bravement son parti.

— Bravo! dit-il, c'est bien joué.

Valentin le regarda.

— Vous êtes un homme de cœur, lui dit-il, je veux faire quelque chose pour vous. Curumilla, déliez-lui les bras.

L'Indien obéit.

— Tenez, dit Valentin en lui présentant un pistolet, brûlez-vous la cervelle, cela sera plus tôt fait et vous souffrirez moins.

Le bandit s'empara de l'arme avec un rire diabolique, et d'un mouvement rapide comme la pensée, il ajusta le chasseur et fit feu.

Mais Curumilla le surveillait.

Il lui fendit le crâne d'un coup de hache.
La balle siffla inoffensive aux oreilles de Valentin.
— Merci ! dit le bandit, et il roula sur le sol.
— Quels hommes ! s'écria don Miguel.
— *Canarios!* ami, dit le général, vous l'avez échappé belle !
Les chasseurs creusèrent une fosse dans laquelle ils jetèrent le corps du bandit.
La nuit se passa sans autre incident.
Au point du jour, la chasse recommença.
Vers le milieu de la journée, les chasseurs se retrouvèrent sur le bord de la rivière. Deux pirogues indiennes descendaient le fleuve en se laissant aller au courant.
— En arrière, en arrière ! cria tout à coup Valentin.
Chacun se coucha dans l'herbe. Au même instant une grêle de flèches et de balles vinrent faire crépiter les feuilles et ricocher contre les arbres : personne ne fut blessé.
Valentin dédaigna de riposter.
— Ce sont des Apaches, dit-il, n'usons pas inutilement notre poudre, d'ailleurs ils sont hors de portée.
Ils se remirent en route.
Cependant peu à peu la forêt s'éclaircit, les arbres devinrent plus rares, et ils débouchèrent enfin dans une vaste prairie.
— Arrêtez, dit Valentin, nous devons approcher. Je crois que nous ferons bien, maintenant que nous avons de l'espace devant nous, d'explorer un peu l'horizon.
Il monta sur son cheval, sur lequel il se tint debout, et commença à regarder avec soin de tous les côtés.
Enfin il redescendit.
— Rien, dit-il.
En ce moment il vit briller quelque chose dans l'herbe sur le bord du fleuve.
— Qu'est cela ? dit-il.
Et il se baissa.
Mais au lieu de se relever il resta courbé vers la terre.
Au bout d'un instant il se retourna vers Curumilla.
— Le moksens? dit-il.
L'indien le lui remit.
— Voyez ! fit le chasseur.
En cet endroit le sable était mouillé, et sur un amas de feuilles apparaissait, claire et distincte, la trace d'un pied d'homme dont la pointe se perdait dans l'eau.
— Ils ne nous précèdent que de deux heures au plus, dit Valentin; l'un d'eux a perdu ici un grelot de cheval.
— Ils ont traversé la rivière, dit la Plume-d'Aigle.
— C'est facile à voir, appuya le général.
Valentin sourit et regarda Curumilla; l'Indien secoua négativement la tête.

— Non, dit le chasseur, c'est une ruse; mais je ne m'y laisserai pas prendre.

Faisant alors à ses amis signe de ne pas bouger d'où ils étaient, Valentin tourna le dos au fleuve, et s'avança rapidement vers une colline couverte d'arbres qui s'élevait à peu de distance.

— Venez, cria-t-il dès qu'il fut à son sommet.

Ses compagnons accoururent.

Plusieurs arbres morts gisaient étendus dans un endroit découvert; aidé par Curumilla, Valentin se mit en devoir de les déranger.

Les Mexicains, dont l'intérêt était éveillé au plus haut point, l'aidèrent activement.

Au bout de quelques instants, plusieurs arbres furent roulés de côté.

Valentin enleva alors les feuilles qui jonchaient la terre et découvrit les restes d'un feu.

Les cendres étaient encore chaudes.

— Allons, allons, fit-il, le Cèdre-Rouge n'est pas aussi fin que je le croyais.

Don Miguel, son fils et le général étaient émerveillés.

Le chasseur sourit.

— Ce n'est rien, dit-il; mais voici l'ombre du soleil qui s'allonge à l'horizon, dans trois heures au plus la nuit descendra sur le désert, restons ici; dès que l'ombre sera épaisse, nous nous remettrons en route.

On campa.

— Maintenant, dormez, dit le chasseur, je vous réveillerai quand il en sera temps; nous aurons cette nuit une rude besogne.

Et joignant l'exemple au précepte, Valentin s'étendit sur le sol, ferma les yeux et s'endormit.

Une heure environ après le coucher du soleil, le Français se réveilla.

Il regarda autour de lui; ses compagnons dormaient encore, un seul manquait, Curumilla.

— Bon, fit mentalement Valentin, le chef aura vu quelque chose et sera allé aux renseignements.

Il finissait à peine cet aparté, qu'il aperçut vaguement deux ombres se dessiner dans la nuit; le chasseur s'effaça derrière un arbre, arma son rifle et mit en joue.

Au même instant le cri du cygne trompette se fit entendre à peu de distance.

— Tiens! tiens! dit Valentin en redressant son rifle, est-ce que Curumilla aurait fait encore un prisonnier, par hasard? Voyons donc un peu.

Quelques minutes plus tard, Curumilla arriva près de lui; un Indien le suivait : cet Indien était le Chat-Noir.

En l'apercevant, Valentin réprima avec peine un cri de surprise.

— Mon frère est le bienvenu, dit-il.

— J'attendais mon frère, répondit simplement le chef apache.

— Comment cela? fit Valentin.

— Mon frère est sur la piste du Cèdre-Rouge?

— Oui.

— Le Cèdre-Rouge est là, dit le Chat-Noir en étendant le bras dans la direction du fleuve.
— Loin?
— A une demi-heure.
— Bon. Comment mon frère rouge le sait-il? demanda le chasseur avec une méfiance mal dissimulée.
— Le grand guerrier pâle est le frère du Chat-Noir; il lui a sauvé la vie. Les Peaux-Rouges ont la mémoire longue. Le Chat-Noir a réuni ses jeunes gens, et il a suivi le Cèdre-Rouge pour le livrer à son frère Koutonepi.

Valentin ne douta pas un instant de la bonne foi du chef apache; il savait avec quelle religion les Indiens gardent leurs serments; le Chat-Noir avait fait alliance avec lui, il pouvait avoir pleine confiance en ses paroles.

— Bon, dit-il, je vais éveiller les guerriers pâles, mon frère nous guidera.

L'Indien s'inclina en croisant les bras sur sa poitrine.

Un quart d'heure plus tard, les chasseurs arrivèrent au campement des Peaux-Rouges.

Le Chat-Noir n'avait pas menti, il avait avec lui cent guerriers d'élite.

Les Apaches étaient si bien cachés dans l'herbe, qu'à dix pas il était impossible de les apercevoir.

Le Chat-Noir prit Valentin à part, et le conduisant à une légère distance du camp :

— Que mon frère regarde, dit-il.

Alors le chasseur aperçut à une courte distance les feux des gambusinos.

Le Cèdre-Rouge avait appuyé son camp à une colline, ce qui faisait que les chasseurs n'avaient pu le voir.

Le squatter croyait avoir dépisté Valentin. Ce soir-là, pour la première fois, depuis qu'il se savait poursuivi, il avait permis à ses gens d'allumer du feu.

## XXXV

#### COMBAT

Le camp du Cèdre-Rouge était plongé dans le silence; tout dormait, à part trois ou quatre gambusinos qui, appuyés sur leur rifle, l'œil et l'oreille au guet, veillaient sur le repos de leurs compagnons et deux personnages nonchalamment étendus devant une tente élevée au centre du camp, et qui causaient à voix basse.

Ces deux personnages étaient le Cèdre-Rouge et Fray Ambrosio.

Le squatter paraissait en proie à une vive inquiétude; le regard fixé dans l'espace, on eût dit qu'il voulait sonder les ténèbres et deviner les mystères que portait dans son sein la nuit profonde qui l'entourait.

— Compère, dit le moine, croyez-vous que nous soyons parvenus à dissimuler nos traces aux chasseurs blancs?

— Ces misérables sont des chiens dont je me ris; ma femme suffirait pour les chasser à coups de fouet, répondit le Cèdre-Rouge avec dédain; je connais tous les détours de la prairie, j'ai fait pour le mieux.

— Ainsi, nous voilà enfin débarrassés de nos ennemis? fit le moine, avec un soupir de soulagement.

— Oui, compère, dit le squatter en ricanant; maintenant vous pouvez dormir tranquille.

— Ah! dit le moine, tant mieux.

Soudain un coup de feu retentit, une balle passa en sifflant au-dessus de la tête de l'Espagnol et s'aplatit contre un des piliers de la tente.

— Malédiction! s'écria le squatter en se relevant, encore ces loups enragés! Aux armes, enfants! voilà les Peaux-Rouges.

En quelques secondes, tous les gambusinos furent debout et embusqués derrière les ballots qui formaient l'enceinte du camp.

Au même moment, des cris effroyables, suivis d'une décharge terrible, mêlée à une nuée de flèches, éclatèrent dans la prairie.

La troupe du squatter comptait encore une vingtaine d'hommes résolus, grâce aux pirates qu'il avait amenés.

Les gambusinos ne se laissèrent pas intimider; ils répondirent par une décharge à bout portant, faite sur une nombreuse troupe de cavaliers qui arrivaient à toute bride sur le camp.

Les Indiens couraient au galop dans toutes les directions en poussant des hurlements féroces et en brandissant des torches ardentes qu'ils lançaient à toute volée dans le camp.

Les Indiens n'attaquent ordinairement leurs ennemis que par surprise; comme ils n'ont d'autre but que le pillage, dès qu'ils se voient découverts et qu'ils trouvent une vigoureuse défense, ils cessent un combat devenu pour eux sans motif.

Mais cette fois les Peaux-Rouges semblaient avoir renoncé à leur tactique habituelle, tant ils mettaient d'acharnement à assaillir les retranchements des gambusinos; souvent repoussés, ils revenaient avec une nouvelle ardeur, combattant à découvert et cherchant par leur nombre à écraser leurs ennemis.

Le Cèdre-Rouge, effrayé de la durée de ce combat dans lequel avaient péri ses plus braves compagnons, résolut de tenter un dernier effort et de vaincre les Indiens à force d'audace et de témérité.

D'un geste il réunit autour de lui ses trois fils, Andrès Garote et Fray Ambrosio; mais les Indiens ne lui laissèrent pas le temps d'exécuter le projet qu'il avait formé: ils revinrent à l'assaut avec une furie nouvelle, et une nuée de flèches incendiaires et de torches allumées s'abattirent sur le camp de tous les côtés à la fois.

L'incendie vint ajouter ses lueurs sinistres aux horreurs du combat; le camp ne fut plus bientôt qu'une vaste fournaise.

Les Peaux-Rouges, profitant habilement du désordre causé parmi les gambusinos par l'incendie, escaladèrent les ballots, envahirent le camp, se précipitèrent sur les blancs, et un combat corps à corps s'engagea.

Malgré leur courage et leur habileté dans le maniement des armes, les gambusinos furent accablés par la masse considérable de leurs ennemis.

Quelques minutes encore et c'en était fait de la troupe du Cèdre-Rouge.

Le squatter résolut de tenter un effort suprême pour sauver les hommes qui lui restaient; alors, prenant à part Fray Ambrosio, qui, depuis le commencement de la lutte, avait constamment combattu à ses côtés, il lui expliqua ses intentions, et, lorsqu'il fut certain que le moine allait exécuter ses ordres, il se rejeta avec une rage indicible au plus fort de la mêlée, et assommant ou poignardant tous les Peaux-Rouges qui se trouvaient sur son passage, il parvint à pénétrer dans la tente.

Doña Clara, le corps penché en avant, le cou tendu et l'oreille au guet, semblait écouter avec anxiété les bruits du dehors. A deux pas d'elle, étendue sur le sol, le crâne fracassé par une balle, la femme du squatter se tordait dans les dernières convulsions de l'agonie.

A la vue du Cèdre-Rouge, la jeune fille croisa les bras sur la poitrine et attendit.

— *Voto á Dios!* s'écria le bandit, elle est encore là. Suivez-moi, señora, il faut partir.

— Non! répondit résolument l'Espagnole, je ne partirai pas.

— Voyons, enfant, obéissez, ne m'obligez pas à employer la violence ; le temps est précieux.

— Je ne partirai pas, vous dis-je, reprit la jeune fille.

— Pour la dernière fois, voulez-vous me suivre, oui ou non?

Doña Clara haussa les épaules.

Le squatter vit que toute discussion était inutile, qu'il fallait violemment trancher la question; alors, sautant par-dessus le cadavre de sa femme, il chercha à saisir la jeune fille.

Mais celle-ci, qui du regard épiait tous ses mouvements, bondit comme une biche effarouchée, tira un poignard de sa poitrine, et, l'œil étincelant, les narines gonflées, les lèvres frémissantes, elle se prépara à soutenir une lutte désespérée.

Il fallait en finir ; le squatter leva son sabre, et, du plat, en cingla un coup si terrible sur le bras délicat de la jeune fille, que celle-ci laissa échapper le poignard en poussant un cri de douleur. Mais la malheureuse enfant se baissa aussitôt pour ramasser son arme de la main gauche. Le Cèdre-Rouge profita de ce mouvement, s'élança sur elle et lui fit une ceinture de ses bras nerveux. Alors la jeune fille, qui jusque-là s'était défendue en silence, cria avec toute l'énergie du désespoir :

— A moi, Schaw ! à moi !

— Ah ! hurla le Cèdre-Rouge, c'est donc lui qui m'a trahi ! Qu'il vienne, s'il l'ose !

Et enlevant la jeune fille dans ses bras, il courut vers l'entrée de la tente.

Mais il recula tout à coup en poussant un blasphème.

Un homme lui barrait le passage.

Cet homme, c'était Valentin.

Il aperçut vaguement deux ombres se dessiner dans la nuit.

— Ah! ah! fit le chasseur avec un rire sardonique, c'est encore vous, Cèdre-Rouge, *Caraï!* mon maître, vous n'y allez pas de main morte!
— Passage! hurla le squatter en armant un pistolet.
— Passage! répondit Valentin en ricanant, tout en surveillant avec soin les mouvements du bandit, vous êtes bien pressé de nous fausser compagnie. D'abord, pas de menaces, ou sinon je vous tue comme un chien!

— C'est moi qui te tuerai, maudit! s'écria le Cèdre-Rouge en pressant, d'un mouvement convulsif, la gâchette de son pistolet.

Le coup partit.

Quelque rapide que fût le geste du squatter, celui du chasseur ne fut pas moins prompt; il se baissa vivement pour éviter la balle, qui ne l'atteignit pas, et il épaula vivement son rifle; mais il n'osa faire feu.

Le Cèdre-Rouge s'était rejeté au fond de la tente et se servait du corps de la jeune fille comme d'un bouclier.

Au bruit du coup de feu, les compagnons de Valentin se précipitèrent dans la tente, qui fut en même temps envahie par les Indiens.

Les quelques gambusinos qui survivaient à leurs camarades, sept ou huit environ, que Fray Ambrosio avait réunis d'après les ordres du squatter, devinant ce qui se passait et désirant venir en aide à leur chef, se rapprochèrent à pas de loup, et, saisissant les cordes qui maintenaient la tente, ils les tranchèrent toutes à la fois.

Alors, cette masse de toile, n'étant plus soutenue, s'affaissa sur elle-même, entraînant et enveloppant dans sa chute tous les individus qui se trouvaient sous elle.

Il y eut parmi les Indiens et les chasseurs un moment de tumulte effroyable, dont le Cèdre-Rouge profita habilement pour se glisser hors de la tente et sauter sur un cheval que Fray Ambrosio lui tenait prêt.

Mais à l'instant où il allait s'élancer en avant, Schaw lui barra le passage.

— Arrêtez, père! s'écria-t-il en saisissant résolument la bride du cheval; rendez-moi cette jeune fille!

— Arrière! maudit, hurla le squatter en grinçant des dents, arrière!

— Vous ne passerez pas, reprit Schaw; doña Clara, rendez-moi doña Clara!

Le Cèdre-Rouge se vit perdu.

Valentin, don Miguel et leurs compagnons, débarrassés enfin de la tente, accouraient en toute hâte.

— Misérable! s'écria-t-il.

Et, faisant bondir son cheval, il asséna un coup de sabre sur la tête de son fils, qui roula sur le sol.

Les assistants poussèrent un cri d'horreur.

Les gambusinos, lancés à fond de train, passèrent comme un ouragan au milieu de la masse compacte que leur opposaient les assistants.

— Oh! hurla don Miguel, je veux sauver ma fille.

Et, sautant sur un cheval, il se rua à la poursuite des bandits.

Les chasseurs et les Indiens, abandonnant le camp incendié à quelques pillards, partirent sur leurs traces.

Mais tout à coup il se passa une chose inouïe, incompréhensible.

Un bruit terrible, surhumain, se fit entendre; les chevaux, lancés à toute bride, s'arrêtèrent subitement sur leurs jarrets tremblants en hennissant avec terreur, et les pirates, les chasseurs et les Peaux-Rouges, levant instinctivement les yeux au ciel, ne purent retenir un cri d'épouvante.

— Oh ! s'écria le Cèdre-Rouge avec un accent de rage impossible à rendre, malgré Dieu, malgré l'enfer, j'échapperai !
Et il enfonça les éperons dans les flancs de son cheval.
L'animal poussa un hennissement de douleur, mais resta immobile.
— Ma fille, ma fille ! s'écria don Miguel en cherchant vainement à joindre le pirate.
— Viens la prendre, chien ! hurla le bandit, Je ne te la donnerai que morte

## XXXVI

### CATACLYSME

Un changement effrayant s'était subitement opéré dans la nature.
La voûte céleste avait pris l'apparence d'une immense lame de cuivre jaune.
La lune immobile et blafarde était sans rayons. L'atmosphère avait une transparence telle que les objets les plus éloignés se faisaient visibles.
Une chaleur étouffante pesait sur la terre, dans l'air il n'y avait plus aucun souffle qui agitât les feuilles des arbres. Le Rio-Gila avait subitement cessé de couler.
Le grondement sourd qui s'était déjà fait entendre se renouvela avec une force dix fois plus grande.
La rivière, soulevée tout entière comme par une main puissante et invisible, monta à une hauteur énorme et s'abattit subitement sur la prairie qu'elle envahit avec une rapidité incroyable ; les montagnes oscillèrent sur leur base, précipitant dans la plaine d'énormes blocs de rochers qui roulèrent avec un bruit sinistre ; la terre, s'entr'ouvrant de toutes parts, combla les vallées, abaissa les collines, fit jaillir de son sein des torrents d'eau sulfureuse qui lançait vers le ciel des pierres et de la boue brûlante, et commença à s'agiter dans un mouvement lent et continu.
— *Terremoto !* (tremblement de terre) s'écrièrent les chasseurs et les gambusinos en se signant et en récitant toutes les prières qui leur revenaient à la mémoire.
C'était en effet un tremblement de terre, le plus épouvantable fléau de ces régions.
Le sol semblait bouillir, si l'on peut se servir de cette expression, montant et descendant incessamment comme les flots de la mer pendant la tempête. Le lit des ruisseaux et des rivières changeait à chaque instant, et des gouffres d'une profondeur insondable s'ouvraient de toutes parts sous les pas des hommes atterrés.
Les bêtes fauves, chassées de leurs repaires, repoussées par la rivière dont le flot montait toujours, vinrent, folles de terreur, se mêler aux hommes.

D'innombrables troupeaux de buffles et de bisons parcouraient la plaine en poussant de sourds mugissements, se culbutant les uns sur les autres, rebroussant chemin subitement pour éviter les précipices qui s'ouvraient sous leurs pieds, et menaçaient dans leur course insensée d'écraser tout ce qui leur ferait obstacle.

Les jaguars, les panthères, les cougouars, les ours gris, les coyotes, pêle-mêle avec les daims, les antilopes, les asshatas et les bighorns, poussaient des hurlements et des rauquements plaintifs et ne songeaient pas à les attaquer, tant la frayeur neutralisait leurs instincts sanguinaires!

Les oiseaux tournoyaient, en poussant des cris sinistres, dans l'air imprégné d'une odeur de soufre et de bitume, et se laissaient lourdement tomber sur le sol, foudroyés par la peur, palpitants, les ailes étendues et les plumes hérissées.

Un second fléau vint se joindre au premier et ajouter, s'il est possible, à l'horreur de cette scène.

Le feu mis par les Indiens au camp des gambusinos avait de proche en proche gagné les hautes herbes de la prairie; soudain il se révéla dans sa majestueuse et terrible splendeur, embrasant tout sur son passage et projetant au loin des millions d'étincelles avec des sifflements terribles.

Il faut avoir assisté à un incendie dans les prairies du Far West pour se faire une idée de la splendide horreur d'un tel spectacle.

Des forêts vierges brûlent tout entières, leurs arbres séculaires se tordent avec des râles d'agonie, des frémissements et des tressaillements de douleur, poussant comme des créatures humaines des plaintes et des cris. Les montagnes incandescentes ressemblent à des phares lugubres et sinistres dont les immenses flammes montent en tournoyant vers le ciel qu'elles colorent au loin de reflets sanglants.

La terre continuait par intervalles à ressentir de violentes secousses : vers le nord-est, les flots du Rio-Gila s'avançaient en bondissant; au sud-ouest, le feu se précipitait par sauts rapides et saccadés.

Les malheureux Peaux-Rouges, les chasseurs et les pirates leurs ennemis voyaient avec une terreur indicible l'espace se resserrer d'instants en instants autour d'eux, et les chances de salut leur échapper toutes à la fois.

Dans ce moment suprême, où tout sentiment de haine aurait dû s'éteindre dans leur cœur, le Cèdre-Rouge et les chasseurs, ne songeant qu'à leur vengeance, continuaient leur course rapide, courant comme des démons à travers la prairie, qui bientôt allait sans doute leur servir de sépulcre.

Cependant les deux fléaux marchaient l'un vers l'autre; déjà les blancs et les Peaux-Rouges pouvaient calculer avec certitude combien de minutes il leur restait encore à vivre avant que leur dernier refuge fût englouti sous les eaux ou dévoré par les flammes.

A cette heure terrible, les Apaches se tournèrent tous vers Valentin comme vers le seul homme qui pût les sauver.

A cet appel suprême, le chasseur abandonna pour quelques secondes la poursuite du Cèdre-Rouge.

— Que demandent mes frères ? dit-il.

LA GAZELLE-BLANCHE.
(VOKIVOKAMMAST)

— Que le grand chasseur des Visages-Pâles les sauve, répondit sans hésiter le Chat-Noir.

Valentin sourit avec tristesse en jetant un long regard sur tous ces hommes qui attendaient de lui leur salut.

— Dieu seul peut vous sauver! murmura-t-il, car il est tout-puissant; sa main s'est cruellement appesantie sur nous, Que puis-je faire, hélas! moi qui ne suis qu'une faible créature?

— Que le chasseur pâle nous sauve! reprit le chef apache.

Le chasseur poussa un soupir.

— J'essayerai, dit-il.

Les Indiens se groupèrent autour de lui avec empressement. Ces hommes simples se figuraient que ce chasseur qu'ils étaient accoutumés à admirer et auquel ils avaient vu accomplir tant d'actions surprenantes disposait d'un pouvoir surhumain; ils avaient en lui une foi superstitieuse.

— Que mes frères écoutent, reprit Valentin; il ne leur reste plus qu'une chance de salut, chance bien faible, mais qui est à présent la seule qu'ils puissent tenter. Que chacun saisisse ses armes et, sans perdre de temps, tue les bisons qui courent affolés dans la prairie; leurs peaux serviront de pirogues pour fuir le feu qui menace de tout dévorer.

Les Indiens poussèrent un cri de joie et d'espoir et, sans plus hésiter, ils coururent sus aux bisons qui, demi-fous de terreur, se laissaient tuer sans opposer la moindre résistance.

Dès que Valentin vit que ses alliés suivaient son conseil et s'occupaient activement de confectionner leurs pirogues, il songea de nouveau aux pirates.

Ceux-ci, non plus, n'étaient pas resté oisifs.

Dirigés par le Cèdre-Rouge, ils avaient rassemblé quelques arbres déracinés, dont la rivière charriait un grand nombre, ils les avaient attachés les uns aux autres avec leurs lassos, et après avoir ainsi confectionné à la hâte un radeau capable de les porter tous, ils l'avaient lancé dans l'eau et s'étaient abandonnés au courant.

Don Pablo, voyant son ennemi sur le point de lui échapper une seconde fois, n'hésita pas et le mit en joue. Mais Andrès Garote avait une vengeance à tirer du Mexicain; profitant de l'occasion qui s'offrait à lui, il épaula vivement son rifle et fit feu.

La balle, dérangée par l'oscillation du radeau, n'arriva pas au but que s'était proposé le ranchero, mais elle brisa le rifle du jeune homme dans ses mains, au moment où il allait appuyer le doigt sur la détente.

Les pirates poussèrent un cri de triomphe, qui se changea subitement en un cri de colère : le señor Andrès Garote venait de tomber entre leurs bras, la poitrine traversée par Curumilla, qui lui avait envoyé son coup de feu.

Sur ces entrefaites, le jour se leva, le soleil apparut montant splendide à l'horizon, éclairant de ses rayons le sublime tableau de la nature en travail, et rendant un peu de courage aux hommes.

Les Peaux-Rouges, après avoir confectionné, avec cette vivacité et cette adresse qui les distinguent, une vingtaine de pirogues, commençaient à les lancer déjà dans les flots.

Les chasseurs cherchaient à lasser le radeau et à le tirer à eux, tandis que les pirates faisaient au contraire les plus grands efforts pour le maintenir dans le courant.

Curumilla avait réussi à jeter son lasso de façon à l'engager fortement dans les troncs d'arbres, mais deux fois le Cèdre-Rouge l'avait tranché avec son couteau.

— Il faut en finir avec ce bandit, fit Valentin ; tuons-le, coûte que coûte !

— Un instant ! je vous en supplie, s'écria don Miguel ; laissez-moi auparavant lui parler, peut-être parviendrai-je à l'attendrir.

— Hum ! murmura le chasseur en reposant à terre la crosse de son rifle, il serait plus facile d'attendrir un tigre.

Don Miguel fit quelques pas en avant.

— Cèdre-Rouge ! s'écria-t-il, ayez pitié de moi, rendez-moi ma fille !

Le pirate ricana sans répondre.

— Cèdre-Rouge, reprit don Miguel, ayez pitié de moi, je vous en supplie, je vous payerai la rançon que vous me demanderez ; mais, au nom de ce qu'il y a de plus sacré au monde, rendez-moi mon enfant ! souvenez-vous que vous me devez la vie !

— Je ne vous dois rien, répondit le squatter brutalement ; cette vie que vous m'avez sauvée, vous avez voulu me la reprendre : nous sommes quittes.

— Ma fille ! rendez-moi ma fille !

— Où est la mienne ? où est mon Ellen ? rendez-la-moi ; peut-être après consentirai-je à vous donner votre fille.

— Elle n'est pas parmi nous, Cèdre-Rouge, je vous le jure, elle est partie pour vous rejoindre.

— Mensonge ! hurla le pirate, mensonge !

En ce moment doña Clara, dont on ne songeait pas à surveiller les mouvements, profita d'une seconde pendant laquelle elle n'était pas épiée par le squatter, et se jeta résolument à la nage.

Mais, au bruit de la chute, le Cèdre-Rouge se retourna et plongea à sa poursuite en poussant un cri de rage.

Les chasseurs recommencèrent alors à tirer sur le pirate, qui, comme s'il avait été protégé par un talisman, secouait la tête avec un rire sardonique à chaque balle qui frappait l'eau à ses côtés.

— A moi ! criait la jeune fille d'une voix haletante. Valentin ! mon père ! à moi ! à mon secours !

— Me voilà ! repondit don Miguel ; courage ! mon enfant, courage !

Et, n'écoutant que l'amour paternel, don Miguel s'élança.

Mais, sur un geste de Valentin, Curumilla et la Plume-d'Aigle l'arrêtèrent, malgré tous ses efforts pour leur échapper.

Le chasseur mit son couteau entre ses dents et se jeta dans la rivière.

— Viens ! mon père, répétait doña Clara ; où es-tu ? où es-tu ?

— Me voilà ! me voilà ! répétait don Miguel.

— Courage ! courage ! cria Valentin.

Le chasseur fit un effort terrible pour se rapprocher de la jeune fille ; les deux ennemis se trouvèrent en présence au milieu des flots agités du Gila.

Oubliant alors tout sentiment de conservation, ils se précipitèrent l'un vers l'autre le couteau à la main.

En ce moment un bruit formidable, semblable à la détonation d'un parc d'artillerie, sortit des entrailles de la terre, une secousse terrible agita le sol, et la rivière fut refoulée dans son lit avec une force irrésistible.

Le Cèdre-Rouge et Valentin, saisis par le colossal remous causé par cette effroyable secousse, tournoyèrent quelques secondes, furent brusquement séparés l'un de l'autre, et un gouffre infranchissable s'ouvrit entre eux.

Au même instant, un cri d'agonie horrible traversa l'espace.

— Tiens! hurla le Cèdre-Rouge, je t'ai dit que je ne te rendrais ta fille que morte, viens la prendre!

Et avec un rire de démon, il enfonça son couteau dans le sein de doña Clara.

La pauvre enfant tomba sur les genoux; joignit les mains, et expira en criant une dernière fois d'une voix éteinte :

— Mon père! mon père!

— Oh! s'écria don Miguel, malheur! malheur! Et il roula évanoui sur le sol.

A la vue de ce lâche assassinat, Valentin, réduit à l'impuissance, se tordait les mains avec désespoir.

Curumilla épaula son rifle, et, avant que le Cèdre-Rouge pût lancer son cheval au galop, il fit feu ; mais la balle, mal dirigée, n'atteignit pas le bandit, qui poussa un hurlement de triomphe et s'enfuit à toute bride.

— Oh! fit Valentin, je jure Dieu que j'aurai la vie de ce monstre!

La secousse dont nous avons parlé plus haut fut le dernier effort du tremblement de terre; il y eut encore quelques oscillations, mais à peine sensibles, comme si la terre eût cherché à reprendre son équilibre un instant perdu.

Les Apaches, emportés par leurs pirogues, étaient loin déjà; l'incendie commençait à s'éteindre faute d'aliment, dans ce terrain bouleversé et inondé par les flots de la rivière.

Malgré les secours que lui prodiguaient ses amis, don Miguel ne revenait pas à la vie.

Le général s'approcha du chasseur, qui restait sombre et pensif, appuyé sur son rifle, les yeux fixés dans l'espace.

— Que faisons-nous ici? lui dit-il, pourquoi ne reprenons-nous pas la poursuite de ce misérable?

— Parce que, répondit Valentin d'une voix triste, il nous faut d'abord rendre les derniers devoirs à la victime.

Le général s'inclina.

Une heure plus tard, les chasseurs confièrent à la terre le corps de doña Clara.

Don Miguel, soutenu par son fils et le général Ibañez, pleurait tristement penché sur la tombe qui renfermait son enfant.

Lorsque les chefs indiens eurent comblé la fosse et placé dessus des quartiers de roche pour qu'elle ne fût pas profanée par les bêtes fauves, Valentin saisit la main de son ami et, la serrant avec force :

— Don Miguel, lui dit-il, les femmes pleurent, les hommes se vengent !

— Oh ! oui, s'écria l'hacendero avec une énergie sauvage : Vengeance ! vengeance !

Mais, hélas ! ce cri, poussé sur une tombe à peine fermée s'éteignit sans écho !

Le Cèdre-Rouge et ses compagnons avaient disparu dans les inextricables méandres du désert.

Bien des jours devaient s'écouler encore avant que sonnât l'heure si désirée de cette vengeance !

Dieu, dont les desseins sont insondables, n'avait pas dit : Assez !

Peut-être préparait-il au Cèdre-Rouge un châtiment exemplaire !

*AVIS. — La livraison 131 contiendra une gravure coloriée* (**La fille du Cèdre-Rouge**) *que nous donnons en prime à tous nos lecteurs.*

# CATALOGUE DES OUVRAGES DE LA MAISON F. ROY
## 222, Boulevard Saint-Germain, PARIS

### OUVRAGES DE XAVIER DE MONTÉPIN

| | | franco. |
|---|---|---|
| Le Mari de Marguerite... complet. | 9 » | 10 50 |
| La Bigame... » | 6 » | 7 » |
| Les Tragédies de Paris... » | 8 » | 9 50 |
| La Vicomtesse Germaine... » | 6 » | 7 » |
| Suite des *Tragédies de Paris*. | | |
| Le Secret de la Comtesse... | 6 » | 7 » |
| La Bâtarde... » | 5 50 | 6 » |
| La Médecin des folles... » | 11 » | 12 » |
| Sa Majesté l'Argent... » | 10 » | 11 » |
| Son Altesse l'Amour... » | 12 » | 13 » |
| Les Maris de Valentine... » | 8 » | 9 » |
| Les Filles de bronze... » | 12 » | 13 » |
| La Fiacre N° 13 ?... » | 13 » | 14 » |
| La Fille de Marguerite... » | 12 » | 13 » |
| La Porteuse de pain... » | 15 » | 16 » |
| La Belle Angèle... » | 12 » | 13 » |
| Simone et Marie... » | 15 » | 16 » |
| Drames de la folie. Le duc d'Altaï. » | 9 » | 10 » |

### OUVRAGES D'ÉTIENNE ÉNAULT

| | | |
|---|---|---|
| L'Enfant trouvé... complet. | 6 » | 7 » |
| Le Vagabond... » | 3 » | 3 50 |
| L'Homme de minuit... » | 3 » | 3 50 |
| Les Jeunes Filles de Paris... » | 9 » | 10 » |
| Les Drames d'une conscience. » | 3 » | 3 50 |

### OUVRAGES D'ÉMILE RICHEBOURG

| | | |
|---|---|---|
| La Dame voilée... complet. | 4 » | 4 50 |
| L'Enfant du faubourg... » | 6 » | 7 » |
| La Fille maudite... » | 8 » | 9 » |
| Les Deux Berceaux... » | 6 » | 6 50 |
| Deux Mères... » | 7 50 | 8 » |
| Le Fils... » | 8 » | 9 » |
| Andréa la charmeuse... » | 7 » | 8 » |
| L'Idiote... » | 9 » | 10 » |
| La Comtesse Paule... » | 9 » | 10 » |

### SIRVEN ET LEVERDIER

| | | |
|---|---|---|
| La Fille de Nana... complet. | 9 » | 10 » |

### ADOLPHE BELOT

| | | |
|---|---|---|
| Fleur-de-Crime... complet. | 5 50 | 6 50 |
| Reine de beauté... » | 7 » | 8 » |
| Hélène et Mathilde... » | 1 50 | 2 » |
| Mademoiselle Giraud (édition de luxe). | 8 » | |
| La Femme de feu (édition de luxe)... | 8 » | |
| Méfinite (édition de luxe)... | 8 » | |
| La Bouche de M*me* X... (édition de luxe). | 8 » | |

### OUVRAGE DE PIERRE ZACCONE

| | | |
|---|---|---|
| Les Pieuvres de Paris... complet. | 6 50 | 7 » |

### OUVRAGE DE A. MORTIER

| | | |
|---|---|---|
| Le Monstre amoureux... complet. | 3 » | 3 50 |

### OUVRAGE DE A. LAPOINTE

| | | |
|---|---|---|
| L'Abandonnée... complet. | 3 50 | 4 » |

### OUVRAGE D'EUGÈNE SCRIBE

| | | |
|---|---|---|
| Piquillo Alliaga... complet. | 10 » | 11 50 |

### OUVRAGES D'ÉLIE BERTHET

| | | |
|---|---|---|
| Les Catacombes de Paris... complet. | 5 » | 5 50 |
| La Jeunesse de Cartouche. 2e partie. » | 3 » | 3 50 |
| Les Crimes du sorcier... » | 3 » | 3 50 |

### GABRIEL FERRY

| | | |
|---|---|---|
| Le Coureur des Bois... complet. | 10 » | 11 » |

### RICHARD CORTAMBERT

| | | |
|---|---|---|
| Un Drame au fond de la mer. complet. | 2 50 | 3 » |

### G. DE LA LANDELLE
*ROMANS MARITIMES*

| | | |
|---|---|---|
| Une Haine à bord... complet. | 3 50 | 4 » |
| La Gorgone... » | 8 » | 9 » |

### MICHEL MASSON

| | | |
|---|---|---|
| Les Contes de l'atelier... complet. | 7 » | 8 » |

### ARNOLD BOSCOWITZ

| | | |
|---|---|---|
| Les Tremblements de terre... | 4 » | 5 » |
| Les Volcans, édition de luxe... | 5 » | 6 » |

### OUVRAGES DE GUSTAVE AIMARD

| | | franco. |
|---|---|---|
| Le Cœur loyal... complet. | 1 60 | 1 80 |
| Les Rôdeurs de frontières... » | 1 60 | 1 80 |
| Les Francs-tireurs... » | 1 90 | 2 20 |
| Le Scalpeur blanc... » | 1 80 | 2 » |
| L'Éclaireur... » | 2 10 | 2 30 |
| Balle-Franche... » | 1 90 | 2 20 |
| Les Outlaws du Missouri... » | 1 95 | 2 20 |
| Le Batteur de sentiers. Sacramenta... » | 1 30 | 1 50 |
| Les Gambusinos... » | 1 60 | 1 80 |
| Le Grand Chef des Aucas (1re Partie). | 3 » | 3 25 |

### OUVRAGES DE PAUL SAUNIÈRE

| | | |
|---|---|---|
| Flamberge... complet. | 6 » | 7 » |
| La Belle Argentière... » | 6 » | 7 » |
| La Meunière de Moulin-Galant. » | 7 » | 8 » |
| Le Roi Misère... » | 4 50 | 5 » |

### CH. MÉROUVEL

| | | |
|---|---|---|
| Le Roi Crésus... » | 9 » | 10 » |

### OUVRAGES DE PAUL FÉVAL

| | | |
|---|---|---|
| Le Bossu... complet. | 6 » | 7 » |
| Le Fils du diable... » | 10 » | 11 50 |

### H. GOURDON DE GENOUILLAC

| | | |
|---|---|---|
| Histoire nationale de la Bastille. comp. | » 75 | 1 » |

### PAUL MAX

Les Drapeaux français avec gravures coloriées. Complet » 75
franco... 1 »

### OUVRAGE DE CLÉMENCE ROBERT

Les Quatre Sergents de la Rochelle. 1 vol. orné du médaillon des quatre sergents, d'après David d'Angers. Franco, 4 fr.

Les Mille et une Nuits, *Contes arabes*, traduits en français par GALLAND. 2 beaux vol. illustrés. Complets, 10 fr.; franco, 11 fr.
Cartonnés, tranches dorées... 1 »

Les Mémoires de Canler, ancien chef de la police de sûreté. Complet en 2 volumes... 6 fr.; franco, 7 fr.

*Romans comiques pour rire et dépoiler la rate*

### PAR A. HUMBERT
Auteur de la *Lanterne de Boquillon*

| | | |
|---|---|---|
| Les Noces de Coquibus... | 2 » | 2 50 |
| Le Carnaval d'un pharmacien... | 1 50 | 2 » |
| Vie et aventures d'Onésime Boquillon. 2 volumes... | 4 » | 5 » |

## OUVRAGES HISTORIQUES
*Éditions splendidement illustrées*

**Paris à travers les siècles**, histoire de Paris et des Parisiens depuis la fondation de Lutèce jusqu'à nos jours, par H. GOURDON DE GENOUILLAC, avec une préface de M. HENRI MARTIN. 5 vol. Chaque volume contient 120 gravures dans le texte, 80 belles gravures hors texte et 16 costumes coloriés avec soin. Chaque volume broché... 12 fr.; franco, 13 fr.
En série... 75 centimes; franco, 80 c.

**La France et les Français à travers les siècles**, par AUGUSTIN CHALLAMEL. (Ouvrage couronné par l'Académie française.) En vente les quatre volumes illustrés chacun de 130 gravures dans le texte, 65 gravures tirées à part et de 24 costumes coloriés. Le volume broché... 15 fr.; franco, 16 fr.
Chaque série... 75 centimes; franco, 80 c.

**Les Costumes civils et militaires des Français à toutes les époques**, belle édition de luxe coloriée avec soin, représentant les personnages célèbres de tous les siècles. Chaque série... 60 centimes; franco, 65 c.
Sont parues 24 séries.

**Histoire populaire des ballons et ascensions célèbres**, avec préface de NADAR, dessins de TISSANDIER. Un beau volume illustré, broché... 6 fr.
Cartonné, tranches dorées... 10 fr.

---

La Belle Gabrielle, par Auguste MAQUET. Le vol. broché. 7 »
La Maison du baigneur (suite de la Belle Gabrielle), par Auguste MAQUET. Le volume broché... 4 »
Les Confessions de Marion Delorme, par Eugène de MIRECOURT. Prix, broché... 10 50
Mémoires de Ninon de Lenclos, par Eugène de MIRECOURT. Prix du volume broché... 9 50
L'Article 47, par Adolphe BELOT. Prix du volume broché. 1 60
Le Parricide, par Adolphe BELOT et Jules DAUTIN. Prix... 3 50
Les Contes de Boccace. 1 beau volume broché... 10 »
Vies des Dames galantes, par le seigneur de BRANTÔME. Prix du volume broché... 3 »
Histoire des amoureux et amoureuses célèbres de tous les temps et de tous les pays, par Henri de KOCK. Prix du volume broché... 5 »
Les Femmes infidèles, par Henri de KOCK. Fort volume de 100 livraisons, orné de 100 magnifiques gravures. Prix... 10 »

La Belle Gabrielle, nouvelle édition de luxe avec nombreuses gravures inédites. Complet... 15 »
Histoire des Bagnes depuis leur création jusqu'à nos jours, par Pierre ZACCONE. Un magnifique volume... 12 50
Histoire de la Bastille depuis sa fondation, 1374, jusqu'à sa destruction, 1789, par MM. ARNOULD, AMBOISE et A. MAQUET. Prix du volume broché... 10 »
Le Donjon de Vincennes (suite de la Bastille). Un beau volume... 10 »
Histoire des Conspirateurs anciens et modernes, par Pierre ZACCONE et Constant GUÉROULT. Le volume broché... 6 »
Les Grands Drames de l'Inde. Procès des Thugs étrangleurs, par René de PONT-JEST. Prix... 7 »
Réimpression in-extenso du Journal officiel de la Commune, des numéros du dimanche 19 mars au mercredi 24 mai 1871, dernier numéro paru. Ouvrage complet... 10 »

---

Sceaux. — Imprimerie Charaire et fils.

www.ingramcontent.com/pod-product-compliance
Lightning Source LLC
Chambersburg PA
CBHW060121170426
43198CB00010B/976